Wer hat Angst vor DNS?
Die Karriere des Themas Gentechnik in der deutschen Tagespresse
von 1973 - 1989

SPRACHE
IN DER GESELLSCHAFT

BEITRÄGE ZUR SPRACHWISSENSCHAFT

Herausgegeben von Jörg Hennig, Erich Straßner und Rainer Rath

Band 20

PETER LANG
Frankfurt am Main · Berlin · Bern · New York · Paris · Wien

Kirsten Brodde

Wer hat Angst vor DNS?

Die Karriere des Themas Gentechnik
in der deutschen Tagespresse von 1973-1989

PETER LANG

Frankfurt am Main · Berlin · Bern · New York · Paris · Wien

Die Deutsche Bibliothek - CIP-Einheitsaufnahme

Brodde, Kirsten:

Wer hat Angst vor DNS? : die Karriere des Themas Gentechnik in der deutschen Tagespresse von 1973 - 1989 / Kirsten Brodde. - Frankfurt am Main ; Berlin ; Bern ; New York ; Paris ; Wien : Lang, 1992
   (Sprache in der Gesellschaft ; Bd. 20)
   Zugl.: Hamburg, Univ., Diss., 1992
   ISBN 3-631-44399-4

NE: GT

D 18
ISSN 0721-4081
ISBN 3-631-44399-4

© Verlag Peter Lang GmbH, Frankfurt am Main 1992
Alle Rechte vorbehalten.

Das Werk einschließlich aller seiner Teile ist urheberrechtlich geschützt. Jede Verwertung außerhalb der engen Grenzen des Urheberrechtsgesetzes ist ohne Zustimmung des Verlages unzulässig und strafbar. Das gilt insbesondere für Vervielfältigungen, Übersetzungen, Mikroverfilmungen und die Einspeicherung und Verarbeitung in elektronischen Systemen.

Printed in Germany 1 2 4 5 6 7

I

> Wer hat Angst vorm Schwarzen Mann?
> - Niemand.
> Und wenn er kommt?
> - Dann laufen wir.

VORBEMERKUNG

Die Gentechnik ist heute wohl das vielversprechendste und umstrittenste Gebiet wissenschaftlicher Forschung. Die öffentliche Debatte, die sich an der Gentechnik entzündete, zerrieb sich mit der Zeit zwischen grenzenlosem Fortschrittsglauben und apokalyptischen Horrorvisionen. Heute ist sie weitgehend in eine Sackgasse geraten. Im Laufe der Debatte wurde die Zustimmung des Publikums zum vorrangigen Ziel der beteiligten Akteure. Der Berichterstattung als massenmedialer Öffentlichkeit wurde die Funktion des Türöffners zur Mehrheitsmeinung der Bürger zugeschrieben. Befürworter wie Kritiker der Gentechnik versuchten, die Berichterstattung zu instrumentalisieren. Behauptungen, wie die Berichterstattung sei und wie sie sein sollte, gehören mittlerweile zum festen Repertoire aller Kontrahenten. Von Befürwortern der Gentechnik laut beklagt wird die "Emotionalität" der journalistischen Produkte. Die emotionale Einseitigkeit der Berichterstattung verhindere die sachliche Auseinandersetzung. Die Kritik gipfelt in dem Vorwurf, die Berichterstattung erzeuge Angst.

Der Auslöser für die hier vorgelegte Untersuchung ist der Grenzgang der Autorin zwischen zwei Welten. Als Wissenschaftsjournalistin bin ich an der inkriminierten Berichterstattung beteiligt. Als Sprachwissenschaftlerin bin ich daran interessiert herauszufinden, welche Textmerkmale der Berichterstattung sie ins Kreuzfeuer der Kritik geraten lassen. In beiden Rollen bin ich kein urteilsloses Wesen. Doch meine Position zur Gentechnik ist gespalten. Horrorszenarien wie die von gezüchteten Menschen eröffnen irreale Kriegsschauplätze und stumpfen auf Dauer ab. Die Gentechnik ist janusköpfig; eine pauschale Verurteilung ist nicht angemessen. Wer gegen gentherapeutische Behandlung bestimmter Krankheiten ist, kann für die gentechnische Produktion von Insulin oder für den Einsatz gentechnischer Methoden in der Pflanzenzucht sein. Die Gentechnik gibt aber auch ohne Fiktion genügend Anlaß zur Sorge. In der Medizin eröffnet sie eine Reihe von diagnostischen Anwendungen, die therapeutischen Möglichkeiten bleiben dahinter weit zurück. Ein beunruhigendes Beispiel ist die genetische Analyse im Rahmen der vorgeburtlichen Diagnostik. Obwohl kein Gesetz eine genetische Untersuchung des Ungeborenen vorschreibt, wächst doch der moralische Druck auf die Frauen, sich dem Test zu unterziehen. Stellt der Test eine Erbkrankheit fest, so ist das Ergebnis meist keine Behandlung, sondern eine Abtreibung. Lehnt die Schwangere den Test ab und das Kind kommt behindert zur Welt, so besteht die Gefahr, daß die Behinderung in den Augen der Gesellschaft als "selbstverschuldet" angesehen wird und damit Toleranz nicht mehr nötig ist.

Trotz meiner gespaltenen Einstellung zur Gentechnik ist die vorliegende Untersuchung eine wissenschaftliche Arbeit und keine Propagandaschrift. Ich habe mich bemüht, alles, was ich behaupte, zu belegen und argumentativ herzuleiten. In diesem Sinne hoffe ich, einen Beitrag zur Versachlichung der Diskussion um die Berichterstattung zu leisten.

Die vorliegende Arbeit wurde im Juni 1991 vom Fachbereich Sprachwissenschaften der Universität Hamburg als Dissertation angenommen.

Ich danke all denen, die das Zustandekommen der Arbeit unterstützt haben: den Zeitungsverlagen, die mir Zugang zu den Archiven gewährten; den Wissenschaftsjournalisten, die mir Rede und Antwort standen; Gunnar Roters, der mir mit seiner Expertise bei der Auswertung der Daten entscheidend half; Jürgen für seine unendliche Ruhe und Geduld.

Dieter Möhn begleitete alle Phasen der Arbeit mit kritischen Nachfragen und hilfreichen Ratschlägen. Mein Doktorvater Jörg Hennig hat mir über fachliche Anregungen hinaus auch persönlichen Rückhalt gegeben. Ihm verdanke ich die Einsicht, daß eine Dissertation sich nicht ausschließlich im stillen Kämmerlein, sondern ebenso im Gespräch entwickelt. Dafür stand er stets bereit.

Inhaltsverzeichnis

Abkürzungen IX

I PROBLEM 1

1.	GENTECHNIK ALS MEDIENTHEMA	1
1.1.	Modethema Gentechnik	1
	Exkurs: Gentechnik in fiktionalen Texten	2
1.2.	Gentechnik-Berichterstattung zwischen Hysterie und Euphorie	6
1.3.	Gentechnik-Berichterstattung als Herausforderung	9
1.3.1.	Transferproblem Wissenschaft und Öffentlichkeit	10
1.3.2.	Funktionen der Berichterstattung	13
1.4.	Medienwirkungen - Reaktion oder Aktion?	16
1.4.1.	Gentechnik in der Meinungsforschung	16
1.4.2.	Der Agenda-Setting-Ansatz	20
2.	GENTECHNIK ALS POLITISCHES THEMA	23
3.	GENTECHNIK ALS WISSENSCHAFTSTHEMA	27
3.1.	Was ist Gentechnik?	27
3.2.	Stand der Forschung	31
4.	FRAGESTELLUNG UND METHODEN	33

II FORSCHUNGSSTAND UND FORSCHUNGSPROGRAMM 37

| 1. | DAS PARADIGMA KERNENERGIE-BERICHTERSTATTUNG | 37 |

1.1.	Wissenschaftsjournalismus als Forschungsthema	37
1.2.	Kernenergie und Medien als Forschungsthema	39
1.3.	Zusammenfassung	45
2.	GENTECHNIK-BERICHTERSTATTUNG ALS FORSCHUNGSTHEMA	47
2.1.	Die amerikanische rDNA-Debatte	47
2.2.	Deutsche Voruntersuchungen	53
2.3.	Zusammenfassung	66
3.	DAS PARADIGMA "THEMA"	68
3.1.	Thema "Thema"	68
3.2.	Karriere eines Themas	72
3.2.1.	Luhmanns Ansatz	72
3.2.2.	Röthlein, Gottschlich, Pfetsch und andere	78
3.3.	Modell für die Karriere des Themas Gentechnik	84
4.	PERSPEKTIVE: LINGUISTISCHE FORSCHUNG	88
4.1.	Sprachkarriere	88
4.1.1.	Wortkarrieren	88
4.1.2.	Erklärungskarrieren	99
4.1.3.	Bewertungskarrieren	104
4.2.	Modell für die Sprachkarriere des Themas Gentechnik	113
5.	UNTERSUCHUNGSMATERIAL	117
5.1.	Das Medium Tageszeitung	117
5.2.	Auswahl der Zeitungen	118
5.3.	Auswahl des Textmaterials in den Archiven	121
5.4.	Untersuchungszeitraum	123

6.	PERSPEKTIVE: INHALTSANALYSE ALS METHODE	127
6.1.	Inhaltsanalyse nicht als Selbstzweck	128
6.2.	Entwicklung des Auswertungsschemas	130
6.3.	Codierung und Auswertung	134

III ERGEBNISSE 135

1.	LATENTE PHASE 1973 - 1977 ODER: EIN THEMA WIRD GEBOREN	136
1.1.	Statistik	136
1.2.	Inhaltliche Charakterisierung der Latenten Phase	142
1.3.	Sprachkarriere 1973 - 1977	150
2.	AUFBRUCH 1978 - 1983 ODER: EIN THEMA SETZT SICH DURCH	155
2.1.	Statistik	155
2.2.	Inhaltliche Charakterisierung der Aufbruchsphase	165
2.3.	Sprachkarriere 1978 - 1983	180
3.	DURCHBRUCH 1984 - 1985 ODER: EIN THEMA HAT ES GESCHAFFT	188
3.1.	Statistik	188
3.2.	Inhaltliche Charakterisierung der Durchbruchsphase	192
3.3.	Sprachkarriere 1984 - 1985	199
4.	MODEPHASE 1986 - 1988 ODER: EIN THEMA AUF DEM HÖHEPUNKT	202
4.1.	Statistik	202
4.2.	Inhaltliche Charakterisierung der Modephase	209
4.3.	Sprachkarriere 1986 - 1988	222

5.	ERMÜDUNG? 1989 - BIOTOPIA ODER: EIN THEMA LEBT EWIG WEITER	229
IV	LEISTUNGEN UND DEFIZITE DER GENTECHNIK-BERICHTERSTATTUNG	234
1.	ZEITUNGSTYPISCHE STRATEGIEN	234
2.	THEMENKARRIERE IM ÜBERBLICK	271
3.	SPRACHKARRIERE IM ÜBERBLICK	277
	LITERATURVERZEICHNIS	283
	GLOSSAR	298

Abkürzungen

BDW	Bild der Wissenschaft
BGA	Bundesgesundheitsamt
BMFT	Bundesministerium für Forschung und Technologie
DFG	Deutsche Forschungsgemeinschaft
FAZ	Frankfurter Allgemeine Zeitung
KST	Kölner Stadt-Anzeiger
MPG	Max-Planck-Gesellschaft
MPI	Max-Planck-Institut
NIH	National Institutes of Health
SZ	Süddeutsche Zeitung
UBA	Umweltbundesamt
WELT	Die Welt
WHO	World Health Organization
ZKBS	Zentrale Kommission für biologische Sicherheit

Abkürzungen für Fachworte wie DNS oder IVF, die im Glossar erläutert werden, finden sich dort.

I PROBLEM

1. GENTECHNIK ALS MEDIENTHEMA

1.1. Modethema Gentechnik

"Der achte Tag der Schöpfung"[1], "Biotopia"[2], "Genesis zwei"[3] oder "Das manipulierte Leben"[4] heißen die Sachbücher, "Gentechnik - gefährlich wie die Pest?"[5], "Vermessenes Leben"[6] oder "Risiko Gentechnik?"[7] lauten die Titel der Fernsehbeiträge. "Die Welt nach Maß"[8] heißt die Serie in der ZEIT, "Gentechnik - Eine Bestandsaufnahme"[9] sind die 17 Teile der WELT-Serie überschrieben. Podiumsdiskussionen und Fernsehrunden jagen einander. Ein Sachbuch nach dem anderen erscheint. Gentechnik als Medienthema ist "in". Wissenschaftler in der Genforschung wie Wissenschaftsjournalisten attestieren dem Thema großes Interesse der Öffentlichkeit.[10] Für die Journalisten selbst hat sich das Thema zum Spezialisierungsfeld entwickelt. Heute kann man von einem "Bioboom" im Journalismus reden.[11]

Doch was heute hochaktueller Medienrenner ist, ist eigentlich ein "alter Hut". Bereits vor 18 Jahren berichten die Zeitungen über

---

[1] WEIDENBACH/TAPPESER, Der achte Tag der Schöpfung
[2] ROSENBLADT, Biotopia. Dieses Buch entstand aus einer zwölfteiligen Serie in der Zeitschrift NATUR.
[3] RIFKIN, Genesis zwei
[4] FREMUTH, Das manipulierte Leben
[5] Beitrag in dem WDR-Magazin "Monitor" vom 6. Juni 1989
[6] ARD-Sendung über das Genom-Projekt vom 5. April 1990
[7] Diskussion in der ZDF-Reihe "Abenteuer Forschung" vom 26. April 1990
[8] Veröffentlicht als Taschenbuch von KLINGHOLZ, Die Welt nach Maß
[9] WELT-Serie vom 28. März bis 5. September 1988
[10] HAUX, Wissenschaftsjournalisten und Wissenschaftler, S.95/96
[11] RUß-MOHL, Wissenschaftsjournalismus, S.189. Gentechnik ist Thema der Aus- und Weiterbildung von Journalisten. Nachwuchsorganisationen wie die Initiative Jugendpresse e.V. (IJP) bieten Seminare an, die Journalisten-Weiterbildung an der FU Berlin ebenso.

"Genmanipulation" und "Genchirurgie". Die vorliegende Arbeit verfolgt die Karriere des Themas Gentechnik in der Presse, die es Anfang der 70er Jahre startet. Mit der Verschärfung des Konflikts um die Gentechnik in den 80er Jahren gerät die Presse selbst ins Kreuzfeuer der Kritik, und alle Beteiligten sehen sich als Opfer der Berichterstattung. Wissenschaftler, Staat und Industrie werfen den Medien vor, Fakten und Fiktion nicht zu trennen, die Risiken überzubetonen und in der Bevölkerung Angst zu schüren. "Alternative" Wissenschaftler, Gen-Foren oder Umweltschützer kritisieren dagegen eine sensationsheischende Berichterstattung, die die Chancen der Gentechnik preist, anstatt über Gefahren aufzuklären und zu warnen.

EXKURS: Gentechnik in fiktionalen Texten

Einen Anhaltspunkt dafür, wie man sich die Zukunft der durch Gentechnik manipulierten Schöpfung vorstellen könnte, geben Literatur und Film. Fiktionale Texte geben Aufschluß darüber, was als "Wirklichkeit" bereits akzeptiert wird, zumindest als Vision denkbar ist - und auch zu welcher Zeit. Im März 1818 erscheint Mary Shelleys Roman "Frankenstein".[12] Das mühsame Geschäft des Dr.Frankenstein, der sein Geschöpf aus Leichenteilen herstellte, erledigen die modernen Roman- und Filmhelden heute mit Genmanipulation. In John Brunners SF-Horrorvision "Morgenwelt" verbessern die Gentechniker die Menschen des 21.Jahrhunderts.[13]

Besonders oft werden Menschen geklont, haben also identisches Erbmaterial. So in Fay Weldons Roman "Die Klone der Joanna May"[14] oder in dem

---

[12] SHELLEY, Frankenstein or The Modern Prometheus (1816-1818). Irrtümlich wird der Name Frankenstein oft dem schrecklichen Monster und nicht seinem Schöpfer, Victor Frankenstein, zugeordnet. "Künstliche Schöpfung" spielt auch im zweiten Teil des "Faust" eine Rolle. Wagner, Assistent Fausts und sein Nachfolger, schafft im Reagenzglas den "Homunkulus". GOETHE, Faust II (1824/1831). 1932 werden die Menschen in Aldous HUXLEYs Roman "Brave New World" schon serienmäßig in der Retorte produziert. Auf all diese literarischen Vorbilder wird in der Gentechnik-Berichterstattung rekurriert.

[13] BRUNNER, Morgenwelt

[14] WELDON, Die Klone der Joanna May

Spielfilm "Der achte Tag", der 1990 zu sehen war. Hier ist der "böse" Genetiker überdies noch ein Alt-Nazi.[15] Hauptfigur des Kinofilms ist eine hartnäckig recherchierende Journalistin, die den kriminellen Machenschaften der Wissenschaftler auf die Spur kommt. Auch in Johannes Mario Simmels Roman "Doch mit den Clowns kamen die Tränen" ist die Hauptfigur eine Journalistin, die in den Kampf der Weltmächte um ein genmanipuliertes Virus eingreift, das den Menschen ihre Aggression und ihre Kritikfähigkeit nimmt.[16] Die Presse in Person der beiden Frauen ist in beiden Fällen ein positives Element. Ihre Aufgaben sind Aufklärung und Kontrolle.[17] Daß die Presse dabei möglicherweise übers Ziel hinausschießt, läßt Simmel den (kriminellen) Reproduktionsmediziner Kiyoshi Sasaki sagen:

> "Das ganze Gebiet, auf dem wir arbeiten, kam nicht durch uns, sondern durch (...) Journalisten, Science-fiction-Autoren und Sciencefiction-Filme in Verruf (...)".[18]

Manipulierte Kleinstlebewesen, die aus dem Labor entweichen oder von kriminellen Wissenschaftlern "freigelassen" werden, regen ebenfalls die Phantasie der Autoren an. In Elke Hermannsdörfers Roman "Pfauentänze" will ein terroristischer Wissenschaftler die Welt mit einem manipulierten Pflanzenpathogen zur Abrüstung zwingen. Das Viroid ist so manipuliert, daß es auch Menschen tötet, denn seine genetische Information wird in menschlichen Zellen übersetzt.[19] In Rainer Erlers Roman "Zucker" wird alles Papier unserer Zivilisation von Mikroorganismen "gefressen" und in

---

15 Nazis spielen auch in dem Spielfilm "Boys from Brasil" von 1978 eine Rolle. Im paraguayischen Exil plant KZ-Arzt Josef Mengele Genmanipulationen an Menschen.
16 SIMMEL, Doch mit den Clowns kamen die Tränen
17 Auch den Spielemarkt hat die Gentechnik erreicht. GENZEIT und GENWELT heißen die beiden Spiele, in denen ein Expertenteam zu einem Hearing nach Bonn eingeladen ist. Als einer von sechs Experten agiert der Journalist, dessen Funktion es ist, Sachinformationen zu geben, über neue Geschehnisse, Chancen und Risiken zu berichten. Gibt es nur fünf Spieler wird der Part des Forschers vom Journalisten mit übernommen!
18 SIMMEL, Doch mit den Clowns kamen die Tränen, S.182
19 HERMANNSDÖRFER, Pfauentänze

Zucker verwandelt - Schuld einer ehrgeizigen Wissenschaftlerin.[20] Besonders tragisch: Auch die Dissertation des Erzählers zerfällt in Zucker und endet als Süßstoff in einer Kaffeetasse. Lieckfeld und Wittchow lassen in "427 - Im Land der grünen Inseln" Schönheitsoperationen per Gen-Eingriff machen.[21] Doch das "Genengineering" gegen Fettsucht geht schief, die Geheilten werden zu Todeskandidaten. Nicht nur Veränderungen an den Erbanlagen des Menschen gibt es in der Fiktion, auch Kreuzungen von Mensch und Tier. 1958 wird Vincent Price im Film "Die Fliege" zum Wissenschaftler mit Fliegenkopf, während das Insekt mit dem Kopf des Forschers das Weite sucht. Inzwischen gibt es ein erfolgreiches Remake, von dem sogar ein zweiter Teil gedreht wurde.

Doch woher kommt dieses Interesse? Die Gentechnik bietet ein umfangreiches Methodenrepertoire, das von Anthropologie bis Zoologie viele Wissenschaften nutzen. Die Anwendungsmöglichkeiten sind vielfältig, wirtschaftlich vielversprechend, forschungspolitisch interessant und gesellschaftlich umstritten. Diese Mischung aus wissenschaftlicher Methodik, markttrachtiger Schlüsseltechnologie und Diskussionsgegenstand der Ethik macht die Gentechnik zum komplexen Thema und zum Dauerbrenner in den Medien.

Winfried Schulz nennt sechs Dimensionen, die die journalistische Themenauswahl beeinflussen: Zeit (Thematisierung), Nähe, Status, Dynamik, Valenz und Identifikation.[22] Um Karriere zu machen, muß ein Thema eine Reihe dieser Merkmale erfüllen, möglicherweise eine Dimension besonders gewichtig sein. Dimension fünf, Valenz[23], umfaßt die negativen Nachrich-

---

20	ERLER, Zucker
21	LIECKFELD/WITTCHOW, 427 - Im Land der grünen Inseln
22	SCHULZ, Konstruktion von Realität, S.32-34. Schulz entwickelt den Ansatz von GALTUNG/RUGE, The Structure of Foreign News, S.64-91, weiter.
23	Hier wurde der Faktor, den GALTUNG/RUGE "Negativismus" nennen, ausdifferenziert.

tenfaktoren "Konflikt", "Kriminalität" und "Schaden" sowie den positiven Faktor "Erfolg". Gentechnik als Berichterstattungsthema bezieht seinen Nachrichtenwert vor allem aus seinem Gehalt an Konflikt und Kontroverse, obwohl auch der Faktor "Erfolg" im Sinne von wissenschaftlichem Fortschritt eine Rolle spielt. Für die quantititative Auswertung im Rahmen der Inhaltsanalyse sind die Nachrichtenfaktoren als Kategorie nicht brauchbar, da sie sich für das vorliegende Korpus nicht in Form von verläßlichen Indikatoren operationalisieren lassen. Insbesondere waren keine unterscheidbaren Textmerkmale auszumachen, die eine zuverlässige Zuordnung möglich gemacht hätten.

Der Konflikt, der das Thema in den Medien fördert und eine Auseinandersetzung um unterschiedliche gesellschaftliche und politische Zielsetzungen spiegelt, läßt sich beschreiben: Ihre Befürworter sehen die Gentechnik als Garant für wirtschaftliches Wachstum, als erfolgversprechende Strategie gegen Hunger, Krankheiten oder Umweltgifte. Für ihre Gegner versinnbildlicht sie eine Großtechnologie, bei der Menschen massiv in natürliche Abläufe eingreifen, und damit unsere ökologischen Grundlagen gefährden. Für diese Gruppe bedeutet die Gentechnik eine Bedrohung für Menschheit, Pflanzen- und Tierwelt. Die erbitterte Auseinandersetzung um diese unvereinbaren Extreme bestimmt seit Jahren die Diskussion und ist weitgehend festgefahren.

1.2. Gentechnik-Berichterstattung zwischen Hysterie und Euphorie

Daß die Öffentlichkeit Informationen braucht, um Chancen und Risiken der Gentechnik diskutieren zu können, darüber läßt sich bei Wissenschaftlern, Journalisten und Laien, Konsens erzielen. Doch was in diesem Rahmen "verantwortungsvoller Journalismus" ist, "sachlich und angemessen", darüber gehen, wie schon beschrieben, die Meinungen auseinander. Die Medien, zwischen verschiedenen Erwartungen hin- und hergerissen, geraten in einen Zielkonflikt, der zu hemmungsloser Journalistenschelte führt.

> "Die kompetente und angemessene journalistische Darstellung der Genetik und der mit ihr verbundenen Probleme ist zur Rarität geworden. Die meisten Autoren erliegen der Versuchung, nur apokalyptische Bilder zu entwerfen. Sie übersehen dabei, welchen Schaden ein derartiger Sensationsjournalismus anrichtet. Er führt in der Öffentlichkeit zu Angst und Emotionen und erschwert damit dringend die notwendige rationale Auseinandersetzung in Wissenschaft und Öffentlichkeit".[24]

Der Humangenetiker, der diesen Leserbrief an die FAZ schreibt, ist nicht der einzige Wissenschaftler, der beklagt, daß die Medien Angst erzeugen und das Image der Gentechnik ruinieren. Meinhart Zenk, der sich mit Genforschung im Rahmen der Pflanzenbiologie beschäftigt und 1989 den Förderpreis für die Europäische Wissenschaft erhält, steigert die Journalistenschelte fast bis zum Verfolgungswahn:

> "Nie, so will es scheinen, war eine Wissenschaft in unserem Lande so gefährdet, wie in unseren Tagen. Wir erleben zum erstenmal, daß für eine wissenschaftliche Disziplin Gesetze formuliert werden, obwohl die Wissenschaft diese als unnötig und hinderlich empfindet. Bei Befragungen lehnten 52 Prozent der Bürger dieses Staates die Gentechnologie ab. Bewertungen werden getroffen, denen der Laie nicht gewachsen ist. Dies ist die Frucht journalistischer Eloquenz im Dienste der Agitation".[25]

---

[24] Leserbrief von Peter Propping, Institut für Humangenetik der Universität Bonn, in der FAZ vom 15. Juni 1989
[25] ZENK, Dankesrede Körberpreis 1989, S.9

Die Frage, ob es noch andere Gründe gibt, warum die Wissenschaft so einen schlechten Ruf hat, wird nicht gestellt. Schuld sind die Medien. "Wer hat Angst vor DNS?" lautet der Titel der vorliegenden Arbeit, die diese Vorwürfe aufgreift. Angst ist eines der Modewörter unserer Zeit geworden. Nicht nur das Phänomen "Angst" ist durch politische und wirtschaftliche Krisen oder Umweltkatastrophen in den Vordergrund gerückt, auch das Wort "Angst" wird sehr viel häufiger verwendet als früher.[26] "Angst" wird definiert als:

> "Enge, Beklemmung (urverwandt mit lat. angustus "eng"), Reaktion auf eine unbestimmte Bedrohung im Ggs. zur Furcht, die sich auf eine bestimmte Bedrohung bezieht (...)".[27]

Dieses undeutliche Gefühl der Bedrohung soll also abstrakt-umfassend auf die Gentechnik gerichtet sein. Das Gefühl "Angst" wird zum Stellvertreter für die Kritik an einer emotionsgeladenen Diskussion. Für "vernünftige Argumente" bleibe "im Meer der Emotionen nur eine Handbreit Raum" schreibt die FAZ am 21. November 1986. Gegen diese Emotionen stehen "sachliche Informationen" und die Vorstellung, durch Aufklärung könnten die in der Öffentlichkeit vorhandenen Ängste und Unsicherheiten abgebaut werden. "Gen-Ängste im öffentlichen Dialog aufarbeiten" möchte Bundesforschungsminister Heinz Riesenhuber, denn das Mißtrauen der Öffentlichkeit habe zweifellos seine Wurzeln in einem großen Informationsdefizit.[28] Die Medien sollen dabei als Sprachrohr der Experten dienen und deren "Sachinformationen" verbreiten. Hans Georg Gareis, Vorstandsmitglied der Hoechst AG, schreibt am 10. Mai 1988 in der SZ, daß der Wissenschaftler die Hilfe der Medien brauche, um der breiten Gesellschaft seine Botschaft mitzuteilen, die Akzeptanz der Gentechnik (um die es dabei geht) stelle sich dann von selber ein.

Die Ablehnung der Gentechnik hängt nicht in erster Linie mit dem Infor-

---

26 BERGENHOLTZ, Das Wortfeld Angst
27 MEYERS Grosses Taschenlexikon in 24 Bänden, Bd.1, S.352
28 BILD DER WISSENSCHAFT 4/1984, S.122-128

mationsniveau zusammen. Auch oder gerade eine erhöhte Sachkenntnis kann zu einer negativen Haltung führen. Umfragen zur Kernenergie-Einstellung in der Bevölkerung zeigen, daß Skepsis nicht besonders stark mit dem Wissensstand verbunden ist. Höherer Wissensstand ist eben nicht unbedingt mit einer höheren Akzeptanz verknüpft. Einstellungen zur Kernenergie und sicher auch zur Gentechnik sind in ein übergreifendes Wert- und Einstellungsgefüge eingebunden und affektive Faktoren an der Beurteilung beteiligt.[29] So hält denn auch Martin Urban, der Leiter der SZ-Wissenschaftsredaktion, das Appellieren an Emotionen in der Gentechnik-Berichterstattung für zulässig:

"Wir müssen unsere Leser nicht nur von Wissens- zu Wissenspunkt, sondern auch von Emotions- zu Emotionspunkt führen".[30]

Um die "falsche" Information der Öffentlichkeit fürchtet aber auch die genkritische Szene. Die TAZ kritisiert folgerichtig nicht die publizistische Panikmache, sondern das publizistische Verbreiten von Euphorie:

"Schließlich findet in der Bundesrepublik überhaupt keine öffentliche Diskussion um Biotechnologie/Gentechnologie statt und die Sensationsmeldungen der Presse dienen nicht unbedingt der Information der Öffentlichkeit".[31]

Jeder sorgt sich um die vermutete Wirkung der Medien bei den Rezipienten, die entgegen der eigenen Auffassung manipuliert werden könnten. Peters beschreibt das in seiner Untersuchung zu ""Tschernobyl" in der öffentlichen Meinung" als "hostile media phenomenon".[32] Die Gegner der Kernenergie glauben, daß das Fernsehen zu positiv für die Kernenergie berichtet, die Befürworter das Gegenteil. Tendenziell wird also die Berichterstattung konträr zur eigenen Meinung erlebt.

Eine der eigenen Meinung entgegengesetzt empfundene Berichterstattung als Angstphantasie abzustempeln, ist schon deshalb unzulässig. Es könnte

---

[29] PETERS/HENNEN, Tschernobyl in der öffentlichen Meinung, S.20-24
[30] Gespräch mit Martin Urban am 22. August 1989
[31] TAZ vom 5. April 1983
[32] PETERS/HENNEN, Tschernobyl in der öffentlichen Meinung, S.29-32

sein, daß hier etwas als Angst interpretiert wird, was das gestiegene öffentliche Bewußtsein für technische Risiken spiegelt.[33]

Die Vorwürfe von "Hysterie" einerseits oder "Euphorie" andererseits müssen sich sprachlich nachweisen lassen. Hierzu werden die Bewertungskonzepte der einzelnen Zeitungen analysiert, da ich vermute, daß sich die unterschiedlichen Einschätzungen der Journalisten dort widerspiegeln. Auch die Erklärungen in den Artikeln dienen oft dazu, bestimmte Schlußfolgerungen nahezulegen. Außerdem untersuche ich den Wortschatz der Artikel, um interessengebundene Wortverwendung nachzuweisen. Besonders Metaphern sind ein Indikator dafür.[34] Möglicherweise ist durch die Inflation der Umweltskandale und ihrer medialen Vermarktung (Klimakatastrophe, Meeres- und Waldsterben, Umweltholocaust) hyberbolischer Sprachgebrauch bereits ein Muß. Alles ist sofort eine "Katastrophe", gar ein "Gau" oder ein "Holocaust". Offenbar herrscht die Meinung vor, man könne die Menschen überhaupt nur noch durch Endzeitbilder erreichen. Wird diese Strategie überzogen, besteht jedoch die Gefahr der Abstumpfung derjenigen, die sensibilisiert werden sollen.

1.3. Gentechnik-Berichterstattung als Herausforderung

Wissen über Wissenschaft und Technik wird wesentlich über die Medien vermittelt. Besonders die Gentechnik als ein "neuer" Bereich, der nicht persönlich erfahren und sinnlich wahrgenommen werden kann, ist auf die Vermittlung durch die Medien angewiesen. Die Einstellungen zu diesem Thema sind besonders zu Anfang der Themenkarriere noch wenig fixiert, was die Bedeutung der Medien verstärkt. Ein weiteres verstärkendes Mo-

---

[33] Die Problematik der unterschiedlichen Risikodefinitionen von Laien und Experten erschwert die Einigung darüber, welche Art von Risiko-Berichterstattung angemessen ist. Die Unterschiede von alltagssprachlichem und technischem Risikobegriff beschreibt ausführlich: PETERS, Der massenmediale Umgang mit technischen Risiken, S.13-24. Zum Forschungsfeld Risikokommunikation, vgl. Kapitel II, 2.2., S.62-64

[34] Vgl. Sprachkarriere Kapitel II, 4.1., S.88-113

ment ist die Uneinigkeit der Wissenschaft über die Risiken, die mit dem Einsatz der neuen Technik verbunden sind. Einen internen Konsens der Wissenschaft zu Chancen und Risiken dieses komplexen Gebietes gibt es nicht. Durch den Expertendissens[35] werden die journalistischen gegenüber den wissenschaftlichen Botschaften gewichtig. Doch der entscheidende Faktor für die Bedeutsamkeit der Medien ist, daß die Konfliktbeteiligten von dem Einfluß der Medien auf die Rezipienten überzeugt sind.

1.3.1. Transferproblem Wissenschaft und Öffentlichkeit

Öffentliche Kritik an Wissenschaft und Technik ist nicht neu[36], aber die 70er und 80er Jahre haben dieser Kritik neue Namen gegeben, der Vertrauensschwund heißt Akzeptanzkrise, die Wissenschaftsskepsis wird zur Technikfeindlichkeit hochstilisiert.[37] Der Konflikt hat sich dahingehend zugespitzt, daß die Freiheit der Forschung generell in Frage gestellt und staatliche Kontrolle gefordert wird.

Ob Umweltkatastrophen wie Seveso, Bhopal oder Tschernobyl die Wissenschaft diskreditiert haben oder ob schlicht die Phase der blinden Vertrauensseligkeit in die Phase der aufgeklärten Skepsis umgeschlagen ist - das

---

[35] Schreibe ich hier von Expertendissens, so liegt dem ein weitgefaßter Expertenbegriff zugrunde. Unter Experten verstehe ich nicht nur solche, die an der Erforschung und Entwicklung der Gentechnik beteiligt sind und in einschlägigen Fachzeitschriften publizieren, sondern auch die sogenannten Gegenexperten, die dem "alternativen" Forschungskomplex, z.B. dem Öko-Institut, zuzurechnen sind.

[36] Joseph Huber, der sich mit Technikbildern unserer Gesellschaft auseinandersetzt, sieht die Geschichte der modernen Gesellschaft als eine Geschichte von Modernisierungskontroversen, die Geschichte der Technik als eine Geschichte der Technikdebatten. Als Beispiele nennt er die Einführung von Spinn-, Web- und Dampfmaschinen (1800-1850), die Eisenbahn (1820-1850), die Elektrifizierung (1870-1890), die Automatisierung bzw. Rationalisierung um die Jahrhundertwende, die Automobilisierung ab 1900, die Atomtechnik seit den 50ern, die Informations- und Kommunikationstechnologien sowie die Chemisierung ab den 70er Jahren und schließlich die Gentechnik seit den 80er Jahren als vorläufig letztes Glied der Kette von Kontroversen. HUBER, Technikbilder, S.9

[37] Die Begriffe Wissenschaft und Technik werden meist gekoppelt und hier in enger Verbindung gebraucht.

Ergebnis bleibt ein gestörtes Verhältnis zwischen Wissenschaft und Öffentlichkeit.[38] Mehr als früher muß die Wissenschaft sich gegenüber der Öffentlichkeit legitimieren. Diese Rechenschaftspflicht ergibt sich nicht nur aus der Verwendung von Steuergeldern, sondern besonders aus den (langfristigen) Folgen der Wissenschaft, mit denen die Öffentlichkeit konfrontiert ist. Gerade der Einsatz der Gentechnik ist charakteristisch für die Befürchtung von irreversiblen Langzeitfolgen.[39] Die Wissenschaft muß Mitverantwortung tragen für die Folgen ihrer Erkenntnisse, eine Trennung von bloß "gutem" Wissenserwerb und "böser" Anwendung, für die die Wissenschaft selbst nicht mehr zuständig ist, gibt es nicht. Notwendig ist eine erweiterte Wissenschaftsethik, die auf den heutigen Möglichkeiten der Wissenschaft fußt.[40] Die Diskussion um die Gentechnik erhöht den Druck in dieser Richtung. Angesichts dieser Situation ist Helmut Schmidts Appell an die Wissenschaftler aktueller denn je:

> "In einer demokratischen Gesellschaft ist Durchsichtigkeit, ist Transparenz von Wissenschaft und Forschung eine Bringschuld! Nicht Holschuld für 60 Millionen Bürger, sondern Bringschuld der Wissenschaftler und Forscher selbst!"[41]

Die Brücke zwischen Wissenschaft und Öffentlichkeit zu schlagen, ist vorrangig die Aufgabe der Medien. Doch während die fachinterne Kommunikation "volle Lagerhallen" produziere, zeige die fachexterne via Medien nur "leere Schaufenster" analysiert Hömberg:

---

[38] Öffentlichkeit wird hier im Sinne von Allgemeinheit gebraucht, als die Gesamtheit der Bürger eines Staates. Als Synonym für eine große Gruppe von Personen verwende ich "Publikum".
[39] VON WEIZSÄCKER, Lob des Fehlers, S.152-161
[40] Diese Ansicht findet sich bei JONAS, Das Prinzip Verantwortung
[41] SCHMIDT, Verantwortung der Forschung, S. I-VIII, hier Seite V

"Die Landkarte publizistischer Wissenschaftsvermittlung zeigt scharfe Kontraste. Auf der einen Seite Informationsberge, Informationsfluten - ein Bild breughelschen Überflusses. Und auf der anderen Seite ein Stilleben des Mangels; neben den stetig wachsenden Bücherhalden, den anschwellenden Zeitschriftenmeeren der Binnenkommunikation die dürren Steppen wissenschaftlicher Außenkommunikation: die aktuell-universellen Medien, unfruchtbar offenbar für alles, was mit Wissenschaft und Forschung zu tun hat."[42]

Doch die Situation von Wissenschaft als "Mitläuferthema" gilt nur bedingt für die Gentechnik. Das Thema Gentechnik bricht aus dem Ghetto (wenn es denn eines ist) der Wissenschaftsseiten aus und dringt in die tagesaktuelle Berichterstattung vor.[43] Als "Querschnittsthema"[44], das sowohl Natur- als auch Geistes- und Sozialwissenschaften berührt, ist es ohnehin eine besondere Herausforderung.

Aus sprachwissenschaftlicher Sicht ist interessant, wie die Journalisten als professionelle Mittler die Aufgabe der fachexternen Kommunikation, vom Fachmann zum Laien, lösen. Dazu ist es nötig, von der Fachsprache des Experten in die Standardsprache des Laien zu wechseln.[45] Das bedeutet für den Journalisten, die Begriffswelt des Faches mit der Erfahrungswelt des Rezipienten zu verbinden.[46] Dazu werden, im Verlauf der Karriere des Themas Gentechnik in der Presse, von den Journalisten Strategien entwickelt und ein angepaßtes Vermittlungslexikon aufgebaut.

---

[42] HÖMBERG, Glashaus oder Elfenbeinturm?, S.79

[43] Daß diese Wanderung von Wissenschafts- auf Politikseiten und schließlich auf Seite eins ein Ergebnis der Themenkarriere ist und welche Schwierigkeiten sich daraus ergeben, wird die vorliegende Arbeit zeigen.

[44] RUß-MOHL, Was ist Wissenschaftsjournalismus?, S.12

[45] Zur Definition von Fach- und Gemein- oder Standardsprache vgl. MÖHN/PELKA, Fachsprachen, S.26 und S.141

[46] HENNIG/MÖHN u.a., Hint, S.167

1.3.2. Funktionen der Berichterstattung

Der klassische Aufgabenkatalog der Medien umfaßt:
1. Information
2. Mitwirkung an der Meinungsbildung
3. Kontrolle und Kritik.[47]

Dazu kommt die anspruchsvolle Kombination mit den Zielvorgaben Vielfalt, Objektivität und Verständlichkeit.[48] Diese Vorstellungen beruhen auf einem klassischen Demokratie-Modell, das davon ausgeht, daß die Staatsbürger sachlich informiert sein müssen, um das öffentliche Geschehen kritisch verfolgen und rationale Entscheidungen treffen zu können.

Angelehnt an die traditionelle Aufgabentrias, werden auch Leistungserfordernisse für den Wissenschaftsjournalismus formuliert. Chefredakteure und Programmdirektoren sehen als Hauptfunktionen:
1. Faktenvermittlung
2. Praktische Ratschläge und Orientierung
3. Anregung und Unterhaltung
4. Kritische Analyse und Bewertung.[49]

Eine andere Reihenfolge ergibt sich bei den Wissenschaftsjournalisten:
1. Faktenvermittlung
2. Kritische Analyse und Bewertung
3. Praktische Ratschläge und Orientierung
4. Anregung und Unterhaltung.[50]

Eine dritte Gruppe, Wissenschaftler an einer Hochschule und Wissenschaftler einer Kernforschungsanlage, sieht ebenfalls die Faktenvermittlung an erster, die Kritik an letzter Stelle des Aufgabenbereichs. Allerdings ak-

---

[47] MEYN, Massenmedien, S.8
[48] MEYN, Massenmedien, S.8
[49] HÖMBERG, Das verspätete Ressort, S.90-92. 216 Chefredakteure und Programmdirektoren wurden Ende 84/Anfang 85 von Hömberg et.al. zur Situation des Wissenschaftsjournalismus schriftlich befragt. 1974 hatten 206 Wissenschaftsjournalisten die entsprechenden Fragen beantwortet.
[50] HÖMBERG, Das verspätete Ressort, S.93

zeptieren die Wissenschaftler der Großforschungseinrichtung die Kritik eher als die Mehrheit der Universitätsprofessoren, die diese ablehnen.[51]

Während der Journalist als Informationsvermittler bei allen Gruppen im Vordergrund steht, sehen die Journalisten die Aufgabe des Wächters an zweiter, die Redaktionsleiter und die Wissenschaftler an vierter Stelle. Zumindest was die Wissenschaftler angeht, ist die Erklärung einleuchtend: Sie akzeptieren zwar interne Kritik von Fachkollegen, aber den Journalisten "von außen" wird die Sachkompetenz abgesprochen, Kritik zu äußern.[52]

Georg Haux, der im Anschluß an Hömbergs Untersuchung, Wissenschaftler und Journalisten befragt hat, die sich forschend oder schreibend mit der Gentechnik befassen, kommt zu dem Ergebnis, daß sowohl Journalisten wie Wissenschaftler in erster Linie Informationen vermittelt sehen wollen, aber beide Gruppen stimmen auch der Kritikfunktion zu.[53] Haux vermutet, daß sich die Wissenschaftler im Bereich der Genforschung daran gewöhnt haben, im Kreuzfeuer der öffentlichen Kritik zu stehen und besser damit umgehen können als die früher befragten Universitätsprofessoren, die aus unterschiedlichen Fachgebieten stammten.

Zusätzlich zu den üblichen Funktionen, gibt es für die Gentechnikberichterstattung zusätzliche Aufgaben zu erfüllen. Einen Hinweis darauf geben die Aufgabengebiete, die sich das Wissenschaftsfeld "Technologiefolgenabschätzung und -bewertung" (TA) für die moderne Biotechnologie gesetzt hat. Die TA soll auf der Basis des systematischen Zusammentragens und Auswertens von Informationen und dem Gegenüberstellen von unterschiedlichen Einstellungen und Entwicklungen Annahmen über technische und gesellschaftliche Veränderungen formulie-

---

[51] HÖMBERG, Das verspätete Ressort, S.93/94. Die Ergebnisse gehen zurück auf die Untersuchungen von KRÜGER, Aus der Sicht der Wissenschaftler und PETERS/KRÜGER, Transfer wissenschaftlichen Wissens

[52] HÖMBERG, Das verspätete Ressort, S.95/96

[53] HAUX, Wissenschaftsjournalisten und Wissenschaftler, S.142-146. Zu den Forschungsergebnissen von HAUX, vgl. auch Kapitel II, 2.2., S.64-66

ren.⁵⁴ Dabei geht es um fünf Elemente des TA-Prozesses: Frühwarnung, Vollständigkeit, Entscheidungsorientierung, Partizipation und Transparenz.⁵⁵

Die Ähnlichkeit dieser Aufzählung im Vergleich zum journalistischen Aufgabenfeld ist evident. Besonders die Funktion des Frühwarnsystems ist für die Gentechnikberichterstattung wichtig. Gefordert ist vorausschauende Informationsgebung. Setzt die Berichterstattung erst nach dem Deutlichwerden der Probleme, im Extrem nach einem Unfall, reaktiv ein, ist ein Versagen vorprogrammiert.⁵⁶

Die Rolle des Journalisten als Vermittler und Übersetzer reicht für die Gentechnikberichterstattung nicht aus. Durch die Verbindung der Forschung mit politischen, militärischen oder ökonomischen Interessen, ist die Analyse von Interessen und Intentionen der jeweiligen Experten - besonders da es keinen wissenschaftsinternen Konsens gibt - unabdingbares Element der Berichterstattung.⁵⁷ Dieses publikumsorientierte Verständnis von kritischer Bewertung durch einen umfassend recherchierenden Journalisten ist sicher nicht das Modell vieler Wissenschaftler, die befürchten, daß die Journalisten "überdramatisieren".

Das Bild des unabhängig recherchierenden Journalisten ist heute ohnehin gebrochen. Vielfach wird den Medien nur noch die Rolle des "Durchlauferhitzers" fremdgesteuerter Informationen zugesprochen.⁵⁸ Wissenschaftsjournalisten wie Rainer Flöhl sehen dies aber nicht als Kritik, sondern als angemessene Relativierung der These, von den technikfeindlichen Journalisten, wie sie zum Beispiel Hans Mathias Kepplinger äu-

---

54	ALBRECHT, Die Zukunft der Nutzpflanzen, S.11
55	ALBRECHT, Die Zukunft der Nutzpflanzen, S.11
56	Die Probleme der Kernenergie- speziell Tschernobyl-Berichterstattung sind in Kapitel II, 1.2. beschrieben.
57	Vgl. dazu PETERS, Der massenmediale Umgang mit technischen Risiken
58	Die Quellenabhängigkeit des Journalismus und die Bedeutung der Öffentlichkeitsarbeit für die Berichterstattung belegt Barbara BAERNS, Öffentlichkeitsarbeit oder Journalismus?

Bert.[59] In dem Maße, in dem Journalisten zum "Transmissionsriemen" werden und nur Informationen verbreiten statt erschließen, können sie schwerlich für die Umwertung von Wissenschaft und Technik persönlich verantwortlich gemacht werden, argumentiert Flöhl.[60]

1.4. Medienwirkungen - Reaktion oder Aktion?

Wie ich bereits gezeigt habe, halten beide Parteien, Befürworter und Gegner der Gentechnik, die Berichterstattung für nicht "ausgewogen". Hinter diesem Vorwurf verbirgt sich der Glaube an die Macht- und Manipulationsmöglichkeiten der Medien. Die unabhängige Medienwirkungsforschung geht - bis auf einige Außenseiter - jedoch schon lange nicht mehr von einer direkten Wirkung der Medien auf Einstellungen und Verhalten der Rezipienten aus. Für die Gentechnik gibt es zudem kaum Erhebungen, die Aussagen über die Einstellung der Bevölkerung zur Gentechnik ermöglichen.

Fraglich ist, ob die Karriere des Themas Gentechnik in den Medien proportional zu der Sensibilität der Öffentlichkeit diesem Thema gegenüber gesehen werden kann.

1.4.1. Gentechnik in der Meinungsforschung

Der Pflanzenbiologe Meinhart Zenk behauptet, daß 52 Prozent der Bürger der Gentechnik ablehnend gegenüberstehen.[61] Woher er diese Zahlen nimmt, ist nicht zu klären. Das Institut für Demoskopie Allensbach hat Trendtabellen über die Einstellung der Bevölkerung zu wissenschaftlichem Fortschritt und Technik erstellt.[62]

---

59 KEPPLINGER, Die Kernenergie in der Presse, S.659-683. Auf diese Studie wird in der vorliegenden Arbeit noch mehrfach eingegangen.
60 FLÖHL, Künstliche Horizonte, S.22-28
61 ZENK, Dankesrede Körberpreis 1989
62 Das bisher unveröffentlichte Material wurde mir dankenswerter Weise von Re-

Seit Mai 1966 nimmt die Zahl derer kontinuierlich ab, die glauben, daß der Fortschritt der Technik das Leben für die Menschen immer einfacher macht. 1984 glaubten noch 41 Prozent der Bevölkerung, daß man bereit sein muß, bestimmte Risiken bei der Anwendungen von technischen Entwicklungen in Kauf zu nehmen. 1989 sind es nur noch 32 Prozent. Umgekehrt steigt die Zahl derer von 43 auf 51 Prozent, die schon bei einem geringen Risiko lieber auf die technische Entwicklung verzichten wollen. Zur Gentechnologie sagt aber fast die Hälfte der Bevölkerung (49 Prozent), daß man den Mißbrauch verhindern und die Vorteile nutzen müsse.[63] 41 Prozent plädieren dafür, bei der Gefahr von Mißbrauch und großem Schaden die Entwicklung zu stoppen.

Das Wort "Technik" löst bei 91 Prozent der Befragten die Assoziation "Fortschritt" aus, bei 83 Prozent die Assoziation "Kernenergie" und 79 Prozent denken an "Rüstung". Danach folgen "Leistung" (76 Prozent), "Risiko" (75 Prozent) und "Zukunft" (75 Prozent). An Platz 13 von 24 möglichen folgt die Assoziation "Angst" (56 Prozent).

Die dreizehn Assoziationen zur "Gentechnologie" werden angeführt von "Eingriff in die Erbmasse" (75 Prozent), "Gefahr" (62 Prozent), "Zukunft" (51 Prozent), "Hohe Kosten" (48 Prozent), "Multinationale Konzerne" (40 Prozent), "Natur" (38 Prozent), "Hilflosigkeit" (37 Prozent). Dann folgen noch "Medikamente", "Hormone", "Gesundheit", "Umweltbelastung", "Ökologie" und "Umweltschutz". Außer "Eingriff in die Erbmasse" ist der Rest der Assoziationen so unspezifisch, daß wohl niemand auf "Gentechnologie" kommt, liest man ihm diese Assoziationen vor. Ob mit "Eingriff in die Erbmasse" nun speziell das menschliche Erbgut gemeint ist

---

[63] nate Köcher überlassen.
Der Wechsel der Bezeichnung Gentechnik, die ich sonst verwende, zur Bezeichnung Gentechnologie kommt durch die Fragestellung des Allensbach-Instituts zustande. Die Frage lautete genau: "Es gibt ja viele Erfindungen, die sowohl nutzen wie schaden können, beispielsweise die Gentechnologie. Darüber unterhalten sich hier zwei. Welche von beiden sagt eher das, was auch Sie denken?" (Vorlage eines Bildblatts)

oder nicht, bleibt offen. Ebenso unklar sind die Bewertungen der Assoziationen. Angst vor der Gentechnologie, vor möglichem Mißbrauch und ihren Risiken, ist daraus nicht abzulesen.

Die Basis für diese Frage waren diejenigen, die schon etwas von Gentechnologie gehört hatten. 46 Prozent gaben "etwas" an, 25 Prozent "sehr wenig", jeweils 11 Prozent "sehr viel" und "nichts".[64] Sieben Prozent waren unentschieden. Noch schlechter waren die Ergebnisse für das Wort "Biotechnologie". Hier hatten 31 Prozent "etwas" gehört, 28 Prozent "sehr wenig", 25 Prozent "nichts" und nur vier Prozent "sehr viel".

Zum Vergleich das Ergebnis einer Repräsentativumfrage der Forschungsgruppe Wahlen für das ZDF 1985: 46 Prozent der Bevölkerung kennen das Wort "Gentechnologie" nicht.[65] Obwohl die Kritik an solchen Umfragen, besonders wegen des Einflusses der Fragestellung, immer mitgedacht werden muß, haben 18 Jahre Berichterstattung offensichtlich keinen "Wissensboom" ausgelöst. Die oben gestellte Frage nach dem Einfluß der langjährigen Behandlung des Themas in den Medien auf die Sensibilität der Öffentlichkeit muß auf der Basis dieser Daten nun mit "eher schwach" beantwortet werden.

Empirische Ergebnisse der Demoskopie zum Thema Technikakzeptanz ermöglichen zumindest, die in der politischen Diskussion oft geäußerte These von den technikfeindlichen Deutschen zu entkräften. Das Internationale Institut für empirische Sozialökonomie (INIFES) hat dazu rund 120 Umfragen aus den vergangenen 15 Jahren ausgewertet.[66] Die allgemeine Technikakzeptanz in der Bundesrepublik ist - im Einklang mit der internationalen Entwicklung - von Mitte der Sechziger Jahre bis 1982/1983 gesunken. Seit 1982/1983 nimmt die Zahl der positiv Antwortenden, besonders bei

---

64 Was diese Kategorien im einzelnen bedeuten, bleibt unklar.
65 Diese Umfrage wird in der FAZ vom 18. Mai 1985 und vom SPIEGEL Heft 34/1985, S.153 zitiert.
66 JAUFMANN/KISTLER/JÄNSCH, Wandel der Einstellungen

den Jüngeren, wieder zu.[67] Für die Gentechnik als speziellem Technikbereich ergibt sich folgendes:

1. Neben militärischen Technologien und friedlicher Kernenergienutzung ist die Akzeptanz gegenüber keiner anderen technischen Entwicklung so gering wie bei "der Gentechnologie".[68]
2. Die Befragten assoziieren bei pauschalen Fragen meist ethisch besonders problematische Entwicklungen im Bereich der Humangenetik.[69]
3. Das Meinungsklima gegenüber der Gentechnologie in der Bundesrepublik wird von 1980 bis 1987 zunehmend negativer. Besonders "Eingriffsmöglichkeiten in die Erbsubstanz des Menschen" und "Retortenbabies" (stellvertretend für In-vitro-Fertilisation) werden kritisch beurteilt.[70]
4. In den USA und Australien zeigen die Umfragen hierzu ein leicht positiveres, aber immer noch skeptisches, Meinungsbild als in Europa und Japan. Die Tendenz wird jedoch überall ablehnender. Gefürchtet werden irreversible Konsequenzen von Anwendungen auch im tierischen und pflanzlichen Bereich, gefordert werden strenge Richtlinien und Kontrollen.[71]

Eine besonders negative Einstellung der Bevölkerung in der Bundesrepublik gibt es nicht, wie sie von der Industrie oft als Argument für eine Standortverlagerung ins Ausland benutzt wird, wohl aber ein skeptisches Meinungsklima. Dies gilt besonders für den Bereich der Humangenetik und der Fortpflanzungsmedizin. Hier ist zu prüfen, ob dies auch die Bereiche sind, die von den Medien besonders negativ thematisiert werden, und so ein Zusammenhang vermutet werden kann. Die Indizien der Demoskopie, die dafür sprechen, daß die Bevölkerung "Angst" vor der Gentechnik hat, sind insgesamt schwach.

---

[67] JAUFMANN/KISTLER, Der Technikfeind - ein Phantom stürzt ab, S.1/2
[68] Die Autoren schränken diese Aussage insofern ein, als daß es sich einen "sehr heterogenen Befragungsgegenstand" handle, der vielfältige mögliche Einzelanwendungen und Forschungslinien umfasse. JAUFMANN/KISTLER/JÄNSCH, Wandel der Einstellungen, S.282
[69] JAUFMANN/KISTLER/JÄNSCH, Wandel der Einstellungen, S.283
[70] JAUFMANN/KISTLER/JÄNSCH, Wandel der Einstellungen, S.286-288. Die Umfragen schließen die In-vitro-Fertilisation bei der Frage nach der Gentechnologie mit ein.
[71] JAUFMANN/KISTLER/JÄNSCH, Wandel der Einstellungen, S.289-292

1.4.2. Der Agenda-Setting-Ansatz

Die Spekulation, daß die Medien direkt auf die Einstellungen der Rezipienten wirken, wird von der jüngeren Medienwirkungsforschung nicht bestätigt. Die Position der vorliegenden Arbeit, daß die entscheidende Wirkung der Medien die Themensetzung ist, ergibt sich aus der Entwicklungsgeschichte der Wirkungsforschung.

Der klassische Ansatz der Wirkungsforschung läßt sich durch die Frage: "Was machen die Medien mit den Menschen?" beschreiben.[72] Medienorientierte Modelle der ersten Forschungsphase gehen von einem einfachen Reiz-Reaktionsschema aus (stimulus-response-Modell). Die "Wirkung" der allmächtigen Medien wird gleichgesetzt mit einem Einstellungswandel des ohnmächtigen Publikums.[73] Die weitere Forschung begrenzt dann diese Form der Wirkung durch eine Reihe von "intervenierenden Variablen", wie zum Beispiel Alter, Ausbildung oder Geschlecht des Rezipienten.[74]

Anfang der siebziger Jahre kommt es dann zu einem "Paradigmenwechsel" der Wirkungsforschung. Der "uses- and gratification-approach" (Nutzenansatz) kehrt die Frage "Was machen die Medien mit den Menschen?" ins Gegenteil um und fragt stattdessen: "Was machen die Menschen mit den Medien?".[75] Das publikumszentrierte Modell geht davon aus, daß ein "aktives" Publikum die Medien nutzt, um seine Bedürfnisse[76] zu befriedigen. Beide Modelle sind jedoch Extreme auf der gleichen Skala. Die einen betonen den Einfluß der Medien, die anderen den des Publikums.

Auch der Agenda-Setting-Ansatz unterstellt eine Wirkung der Medien auf

---

[72] RENCKSTORF, Neue Perspektiven in der Massenkommunikationsforschung
[73] MALETZKE, Medienwirkungsforschung
[74] MALETZKE, Medienwirkungsforschung, S.13-32; KUNCZIK, Massenkommunikation, S.136-152
[75] BLUMLER/KATZ, The Uses of Mass Communication, S.19-32; RENCKSTORF, Neue Perspektiven in der Massenkommunikationsforschung
[76] Die Festlegung, welche Bedürfnisse das sind, gestaltete sich schwierig und ist einer der Kritikpunkte am Nutzenansatz. Vgl. KUNCZIK, Massenkommunikation

das Publikum.[77] Die Wirkung bezieht sich jedoch nicht auf Einstellungen des Publikums, sondern eher auf sein "Wissen".[78] Bernard C.Cohen formuliert den Kernsatz des Agenda-Setting-Ansatzes, daß die Presse zwar nicht so oft erfolgreich darin sei, den Menschen zu sagen, was sie zu denken hätten, aber erstaunlich erfolgreich darin sei, ihren Lesern zu sagen, worüber sie nachzudenken hätten.[79] Die Vorstellung, daß die Medien die "Agenda", die Tagesordnung der öffentlichen Diskussion bestimmen, zielt weniger auf die Fähigkeit der Medien, Themen zu initiieren, als vielmehr darauf, ihnen eine Rangordnung zu geben. Es gibt also Themen, die wichtiger sind als andere, wobei diese Hierarchie mit der Zeit wechseln kann. Die Beschreibung der Gentechnik als Modethema zu Anfang des Kapitels besagt nichts anderes, als daß es zur Zeit eine Spitzenposition auf der Medien-Agenda innehat. Die Karriere eines Themas beschreibt also seinen Start von den hinteren Plätzen der Agenda bis zu seinem Landen auf den vorderen. Der Agenda-Setting-Ansatz geht davon aus, daß die Karriere auf der Medien-Agenda der Karriere in der öffentlichen Diskussion entspricht. Die Medien werden zu einem bestimmenden Faktor, indem sie eine Reihe von Themen auf die Tagesordnung setzen und so die Aufmerksamkeit der Rezipienten darauf lenken. Nun können auch noch mehrere andere Variablen für beide Themenrangordnungen verantwortlich sein oder umgekehrt die Tagesordnung der Rezipienten die der Medien bestimmen. Das Henne-Ei-Problem, ob nun die Rezipienten Themen betonen, die die Medien ihnen vorgeben oder die Medien Themen aufgreifen, die von den Rezipienten für wichtig gehalten werden, ist nicht zu klären.[80]

---

[77] 1963 wurde die Idee der Agenda-Setting-Funktion der Medien von Bernard C.COHEN, The Press, the Public and Foreign Policy, geboren. MCCOMBS/SHAW, The Agenda-Setting Function of Mass Media, S.176-187, legten die Grundlage für weitere Forschung.
[78] Hier wird vorausgesetzt, daß Einstellung und Kognition (Wissen) zu trennen sind.
[79] COHEN, The Press, the Public and Foreign Policy, S.13
[80] Zu diesen anderen Möglichkeiten der Beziehung zwischen "medialer Themensetzung" und "rezipientenseitiger Themenbetonung" vgl. SONDERGELD, Wirtschafts- und Sozialberichterstattung, S.120-124

Die wesentliche Schwachstelle des Agenda-Setting-Ansatzes ist die Definition der Kategorie "Thema". Klaus Sondergeld formuliert dazu:

> "Vielmehr scheint es, als würden immer wieder in den Medien herausgestellte Ereignisse und Sachverhalte oder Teilaspekte davon als Themen deklariert. Oder es werden Umfrage-Antworten auf offene Fragen zu Themen verdichtet. Problematisch dabei ist, daß die Befragten möglicherweise sehr unterschiedlich antworten, aber durchaus dasselbe "Thema" meinen".[81]

Für die vorliegende Arbeit, die die Karriere des Themas Gentechnik in der Presse nachvollzieht, ist die Definition dessen, was unter "Thema" verstanden wird, ein zentrales Problem. Auch die Sprachwissenschaft hat sich in den vergangenen Jahren intensiver mit dieser Frage beschäftigt.[82] Die Textlinguistik geht heute davon aus, daß wesentlich die Existenz eines Thema nötig ist, um von einem sprachlichen Gebilde als Text zu sprechen.

Winfried Schulz schlägt vor, "Thema" aufgrund seiner angelsächsischen Herkunft von "issue" als "Streitfrage" oder "Problem" zu übersetzen.[83] Damit möchte er das Element der Kontroverse betonen, das er für den Kern des Wortes "issue" hält. Die Idee des Agenda-Settings kreise um eine Rangordnung der "besonders strittigen und lösungswürdigen Probleme".[84] Für das Thema "Gentechnik" trifft, wie bereits gezeigt wurde, das Kriterium "öffentlich umstritten" zu. Außerdem habe ich bereits darauf hingewiesen, daß die Konflikte, die sich an dem Thema entzünden, ein wesentlicher Motor der Themenkarriere sind. Daß ein Thema jedoch generell nur etwas ist, was umstritten ist, halte ich für eine unzulässige Einengung. Denn für eine linguistische Textdefinition, die ein Thema für textkonstitutiv hält, wäre die so eingeschränkt definierte Kategorie "Thema" nicht mehr tragfähig.

81	SONDERGELD, Wirtschafts- und Sozialberichterstattung, S.118
82	Vgl. Kapitel II, 3.1., S.68-71
83	SCHULZ, "Agenda-Setting" und andere Erklärungen, S.207
84	SCHULZ, "Agenda-Setting" und andere Erklärungen, S.207

2. GENTECHNIK ALS POLITISCHES THEMA

Am 1. Juli 1990 tritt das Gentechnik-Gesetz in Kraft.[1] Damit endet ein politischer Entscheidungsprozeß, der seinen Anfang bereits Mitte der siebziger Jahre nimmt. Um Menschen, Tiere und Pflanzen vor möglichen negativen Auswirkungen genmanipulierter Organismen zu schützen, werden zunächst in den USA und dann auch in anderen Ländern Richtlinien für den Umgang mit neukombiniertem Erbmaterial erlassen. Die sogenannten "ZKBS-Richtlinien" werden in der Bundesrepublik 1978 erlassen und im Laufe der Jahre fünfmal überarbeitet, zuletzt am 28. Mai 1986.[2]

Durch das Gentechnik-Gesetz wird dieses Regelwerk nun rechtsverbindlich; es treten außerdem eine Reihe von Regelungen aus anderen Vorschriften hinzu. Außerdem werden die bislang vorliegenden EG-Richtlinien in deutsches Recht umgesetzt.

Das Gesetz ist eines der umstrittensten Vorhaben der vergangenen Legislaturperioden. Am 15. November 1989 wird das Gesetz in erster Lesung in nur 45 Minuten im Bundestag diskutiert. Die Eile erklärt sich aus dem November-Urteil des Hessischen Verwaltungsgerichtshofes, der die Genehmigung von gentechnischen Anlagen wegen fehlender gesetzlicher Grundlagen generell für unzulässig erklärt.

Auf erheblichen Widerstand stößt der Gesetzentwurf jedoch schon im Bundesrat. Mit einem Nachkriegsrekord von 253 Änderungsanträgen wird eine grundlegende Überarbeitung des Gesetzentwurfes gefordert.[3] Dabei ist die Vorarbeit für diesen Gesetzentwurf außergewöhnlich gut. Im Juni 1984 setzt der Deutsche Bundestag die Enquete-Kommission "Chancen und Risiken der Gentechnologie" ein. Nach über zwei Jahren Arbeit legt die

---

[1] Am 29. März 1990 wird das Gesetz im Deutschen Bundestag verabschiedet (Plenarprotokoll 11/204, 204. Sitzung) und am 11. Mai 1990 passiert es den Bundesrat.
[2] BMFT, Richtlinien
[3] Am 22. September 1989 wird der von der Bundesgesundheitsministerin Ursula Lehr vorgelegte Entwurf diskutiert. Einen Überblick über die Bundesratsaus-

Kommission am 20. Januar 1987 auf einer Bundespressekonferenz ihre Ergebnisse in Form von rund 180 Empfehlungen vor.[4] Ausführlich werden, in sechs Bereiche gegliedert, die Anwendungen der Gentechnik dargestellt:

- Biologische Stoffumwandlung und Rohstoffversorgung
- Pfanzenproduktion
- Tierproduktion
- Umwelt
- Gesundheit
- Humangenetik (Genomanalyse und Gentherapie).[5]

Die Empfehlungen der Kommission sind vielfach als widersprüchlich und unsicher kritisiert worden, doch geben sie einen wichtigen Einblick in die komplexe Problematik der Gentechnik.[6] Adjektive, mit denen die Arbeit der Enquete-Kommission beurteilt werde, seien "solide" und "wertvoll", schreibt Gerhard Vowe in seiner Darstellung der Arbeit der Kommission.[7]

Am 4. Juni 1987 wird der Bericht der Enquete-Kommission im Bundestag debattiert.[8] Während SPD, CDU/CSU und FDP Zufriedenheit äußern, kritisieren die Grünen die fehlende Öffentlichkeitsbeteiligung (von über 50 Sitzungen waren nur vier öffentlich) oder die mangelhafte Diskussion von Alternativen in den verschiedensten Anwendungsbereichen und distanzieren sich insgesamt von dem Versuch, einer "verantwortlichen Gestaltung" der Gentechnik, wie die Kommission ihn vorschlägt.[9]

Der Bericht der Enquete-Kommission wird zur weiteren Diskussion unter Federführung des Ausschusses für Forschung und Technologie an 13

---

[4] sprache bietet DAS PARLAMENT vom 6./13. Oktober 1989
Die Kommission konstituiert sich im August 1984 und tagt bis Dezember 1986. Die 17 Kommissionsmitglieder, neun Mitglieder der vier Fraktionen und acht Experten dienen der Berichterstattung dazu, die Arbeit der Enquete-Kommission stark zu personalisieren. Besonders der Vorsitzende Wolf-Michael Catenhusen (SPD) wird in dieser Zeit via Medien populär.

[5] BUNDESTAG, Chancen und Risiken der Gentechnologie

[6] Zur Kritik am Enquete-Bericht vgl. GROSCH/HAMPE/SCHMIDT, Herstellung der Natur?

[7] VOWE, Verlauf, Struktur und Funktion der Enquete-Kommission, S.49-62

[8] Plenarprotokoll 11/16, 16. Sitzung am 4. Juni 1987, S.1057-1065

[9] Plenarprotokoll 11/16, 16. Sitzung am 4. Juni 1987, S.1061-1063, vgl. auch Sondervotum der Grünen zum Enquete-Bericht: BUNDESTAG, Chancen und

Auschüsse verwiesen. Zwei Jahre später legen diese am 4. Oktober 1989 eine Beschlußempfehlung und einen Bericht vor, der am 26. Oktober im Bundestag erörtert wird.[10] Zu diesem Zeitpunkt liegt bereits ein Gesetzentwurf vor, der vom Bundesrat als mangelhaft beurteilt wird und in vielen Punkten Widersprüche zu den Empfehlungen der Enquete-Kommission aufweist. Die Entscheidungs- und Orientierungshilfe des Gremiums wird also konterkariert und der Diskussionsprozeß abgebrochen. Ein Beispiel: Entgegen dem fünfjährigen Moratorium für die Freisetzung von gentechnisch veränderten Mikroorganismen, das die Enquete-Komission noch fordert, sind Freisetzungen im Gesetz geregelt.

Aber auch die Beteiligung der Öffentlichkeit an Genehmigungsverfahren für gentechnische Anlagen ist umstritten. Laut Gesetz sind Produktionsanlagen der Sicherheitsstufe eins (es gibt vier) nur dann unter Beteiligung der Öffentlichkeit genehmigungspflichtig, wenn das Immissionsschutzgesetz das vorsieht. Sonst reicht eine Anmeldung bei der zuständigen Landesbehörde. Genehmigungsverfahren mit Öffentlichkeitsbeteiligung für alle vier Sicherheitsstufen fordern jedoch die Grünen wie auch die SPD.[11] Ungeachtet einer Reihe von weiteren gewichtigen Kritikpunkten wird das Gesetz am 29. März 1990 mit den Stimmen der CDU/CSU-Fraktion und der FDP verabschiedet. Das Gesetz gilt für gentechnische Anlagen, gentechnische Arbeiten, Freisetzungen von gentechnisch veränderten Organismen und regelt die Zulassung von Produkten, die aus gentechnisch veränderten Organismen bestehen oder solche enthalten. Gentechnische Eingriffe in das Erbgut des Menschen, Gentherapie und Genomanalyse sollen in anderen Gesetzen geregelt werden.

Die lange, hier verkürzt dargestellte, Geschichte der institutionalisierten

---

10 Risiken der Gentechnologie, S.314-357
Beschlußempfehlung und Bericht des Ausschusses für Forschung und Technologie, Drucksache 11/5320 vom 4. Oktober 1989 und Beratung der Beschlußempfehlung in der 171. Sitzung des Bundestages am 26. Oktober 1989, Plenarprotokoll 11/171

11 Plenarprotokoll 11/204, 204. Sitzung am 29. März 1990

Politik-Debatte[12] zeigt die Schwierigkeiten der Politik, über dieses komplexe Thema zu entscheiden. Die Karriere des Themas Gentechnik in den Medien wird durch die kontinuierliche politische Diskussion zwar einerseits gespeist, aber andererseits erschwert. Die Betrachtung der politischen Dimension des Themas muß in den Medien ständig mitreflektiert werden, was die verständnisvermittelnde Darstellung der wissenschaftlichen und technischen Aspekte des Themas in den Hintergrund drängt. Erklärt werden - wenn sogar nicht nur punktuell referiert - vorwiegend politische Zusammenhänge.

---

[12] Die außerparlamentarische Diskussion habe ich für diese knappe Darstellung des politischen Entscheidungsprozesses ausgeblendet. Eine ausführlichere Darstellung der parlamentarischen "Biotechnologiedebatte" bietet LANG-PFAFF, Dem Gen auf der Spur, S.91-121

3. GENTECHNIK ALS WISSENSCHAFTSTHEMA

3.1. Was ist Gentechnik?

Gentechnik, Gentechnologie, Genmanipulation, Genchirurgie, Biotechnik, Biotechnologie, Technik der DNA-Rekombination, Gen- und Reproduktionstechniken - das Spektrum der Begriffe, die zur Kennzeichnung des biologischen Verfahrens eingesetzt werden, ist weit. Vieles wird synonym gebraucht, was nach der lexikalischen Bedeutung nicht gleichzusetzen ist.

Die Gleichsetzung von Technik und Technologie ist ein Beispiel dafür. Die Brockhaus Enzyklopädie definiert Technologie sehr viel weiter als Technik. Die Definition beinhaltet den Hinweis auf die Verantwortung für die Folgen einer technischen Innovation.

"Technologie, im 18. und 19. Jahrhundert (...) die Lehre von der Entwicklung der Technik in ihren gesellschaftlichen Zusammenhängen; in der Ingenieurwissenschaft in Deutschland dann eingeschränkt auf die Bedeutung Verfahrenskunde. Die Wiederaufnahme des älteren, weiteren Bedeutungsinhalts von Technologie deutet auf ein wachsendes Bewußtsein der engen Verflechtung der Technik mit anderen gesellschaflichen Faktoren hin."[1]

In den Erklärungen neuerer Nachschlagewerken fehlt dieser Gedanke. Hier reduziert sich der Unterschied von Technik und Technologie. Der Duden definiert Technik als: "1. alle Maßnahmen, Einrichtungen und Verfahren, die dazu dienen, die Erkenntnisse der Naturwissenschaften für den Menschen praktisch nutzbar zu machen"[2], Technologie wird definiert als: "Wissenschaft von der Umwandlung von Roh- und Werkstoffen in fertige Produkte und Gebrauchsartikel, indem naturwissenschaftliche und technische Erkenntnisse angewendet werden"[3].

Geht es bei Technik also um Kenntnisse, so geht es bei Technologie um Produkte. Die Gentechnik hat bisher erst zu sehr wenig fertigen Produkten geführt, in der Mehrzahl sind es gentechnisch hergestellte Medikamente

---
1 BROCKHAUS Enzyklopädie, Bd.18, S.526
2 DUDEN, Deutsches Universalwörterbuch, S.1520
3 DUDEN, Deutsches Universalwörterbuch, S.1520

wie das Insulin oder der Faktor VIII, der die Blutgerinnung fördert. Trotz des geringen oder des größeren Bedeutungsunterschieds: faktisch wird heute zwischen Technik und Technologie nicht unterschieden. Zur Technologie wurde die Gentechnik vermutlich durch die Übersetzung des amerikanischen Originals "gene technology". Die Übersetzung von Technik ins Englische führt nicht zu "technique", womit eine Methode gemeint ist, sondern eben zu "technology". Ich verwende in der vorliegenden Arbeit das Wort "Gentechnik". Verwenden andere Autoren "Gentechnologie" oder gar "Biotechnologie", so übernehme ich dieses für das Zitat.

Zweites, häufig genutztes Synonym, ist das Wort "Biotechnologie". Unter Biotechnologie versteht man den Einsatz lebender Organismen zur Herstellung eines bestimmten Produkts, die Vergärung von Zucker zu Alkohol durch Hefepilze, die Abwasserreinigung durch Bakterien oder die Produktion von Penicillin aus Schimmelpilzen. Biotechnologie umfaßt aber auch den Einsatz von Zellkulturen im weitesten Sinne. Zerlegt man eine Pflanze in Einzelzellen, so kann man aus den einzelnen Zellen wieder unzählige neue Pflanzen ziehen. So müssen Pflanzen mit besonderen Eigenschaften, sei es, daß sie sehr ertragreich oder sehr widerstandsfähig sind, nicht mühsam neu ausgesät werden, sondern können sehr viel schneller vermehrt werden.[4]

Die Gentechnik eröffnet die Möglichkeit, Prozesse durch den gezielten Zugriff auf die Erbsubstanz, die DNS, noch zu beschleunigen. Die Desoxyribonukleinsäure, abgekürzt DNS[5], speichert alle erblichen Eigenschaften eines Organismus. Bestimmte Abschnitte auf der DNS, die für bestimmte Eigenschaften eines Lebewesens verantwortlich sind, zum Beispiel Augen- oder Haarfarbe, werden "Gene" genannt. Die gezielte Veränderung von Erbmaterial, durch Austauschen oder Hinzufügen von Genen, wird Gentechnik genannt.

---

[4] WEBER, Was sind Biotechnologie und Gentechnologie?, S.34/35
[5] Die englische Abkürzung lautet DNA. A steht hier für Acid, also Säure.

Die Definition für Gentechnik im Fachwörterbuch lautet:

> "Eine gebräuchliche Bezeichnung für die Anwendung von in-vitro-Techniken zur Erzeugung von DNA-Molekülen, die neue Gen-Kombinationen oder neue Kombinationen anderer DNA-Sequenzen enthalten".[6]

"Die" Gentechnik gibt es also nicht, es handelt sich um ein Bündel von Methoden, die im Umgang mit Genen verwendet werden.

Der Biologe Ernst Ludwig Winnacker definiert:

> "Unter dem Begriff Gentechnologie versteht man Methoden zur Bildung neuer Kombinationen genetischen Materials und zur Wiedereinführung und Vermehrung der rekombinanten Nukleinsäuremoleküle in neuer, unnatürlicher Umgebung".[7]

Von "In-vitro" (im Reagenzglas) neukombinierten "Nukleinsäuren"[8] sprechen auch die Richtlinien der Zentralen Kommission für die biologische Sicherheit (ZKBS), die vor Verabschiedung des Gen-Gesetzes gentechnische Arbeiten regeln und biologische und physikalische Schutzmaßnahmen im Labor- und Produktionsbereich umfassen.[9]

Wenn mit *gentechnischen* Methoden, die DNS, die die Information für Insulinproduktion enthält, in die DNS von Bakterienzellen eingebaut wird, so daß die Bakterien von nun an Insulin produzieren und diese dann *biotechnisch* in riesigen Bottichen (Fermentern) vermehrt werden und schließlich Insulin produzieren, so zeigt sich die Verbindung von Gen- und Biotechnologie.[10] Die Gentechnologie ist ein Teilbereich der Biotechnologie, allerdings erlauben die gentechnischen Methoden schnelleres und gezielteres Vorgehen und einen die Artgrenzen überschreitenden Genaustausch.[11] Die

---

6   OLIVER/WARD, Wörterbuch der Gentechnik, S.57
7   WINNACKER, Gene und Klone, S.1
8   Daß es sich bei der DNS (Desoxyribonukleinsäure) um eine Nukleinsäure handelt, zeigt der Name.
9   BMFT, Richtlinien
10   WEBER, Was sind Biotechnologie und Gentechnologie?, S.35
11   Sach- und Fachbücher vgl. BOTSCH, Herausforderung Gentechnologie; DE ROSNAY, Biokit; FRIEDRICHSEN, Gentechnologie; GASSEN/MARTIN/SACHSE, Der Stoff, aus dem die Gene sind; ROSENFIELD/ZIFF/VAN LOON, Genetik für Anfänger; THURAU: Gute Argumente: Gentechnologie; WINNACKER, Gene und Klone

"Tomoffel" (Tomate und Kartoffel) und die "Schiege" (Schaf und Ziege) sind zwei spektakuläre Beispiele aus dem pflanzlichen und tierischen Bereich.

Die Übertragung von Erbmaterial zwischen verschiedenen Zellen ist für die Biologie nichts grundlegend Neues. Der Transfer von einzelnen Chromosomen oder die künstliche Verschmelzung ganzer Chromosomensätze bei der Zellfusion sind gängige zellbiologische Methoden. Die Gentechnik muß im Zusammenhang dieser zellulären Methoden gesehen werden, obwohl das spezifische der Gentechnik, der gezielte und gesteuerte Transfer einzelner Gene nicht gegeben ist.[12]

Strittig ist dagegen der Zusammenhang von Gentechnik und humanmedizinischer Reproduktionstechnik. Die Fortpflanzungsmedizin befaßt sich primär mit künstlicher Befruchtung, also der Verschmelzung von Ei- und Samenzellen im Reagenzglas. Es geht jedoch nicht um eine zielgerichtete Fusion auf genetischer Ebene, in dem Sinne, daß ein bestimmtes "gewünschtes" Gen in eine Eizelle eingebaut wird, wie es das Schlagwort "Menschenzüchtung" nahelegt. Doch zweifellos kann die Reproduktionstechnik als Einstiegstechnik für genetische Manipulationen am ungeborenen menschlichen Leben dienen.[13] Den Themenbereich "Künstliche Befruchtung" habe ich aus arbeitsökonomischen Gründen aus der Analyse ausgeschlossen. Werden in den Artikeln zur Gentechnik jedoch explizite Bezüge zur Reproduktionsmedizin hergestellt, so wird dies erfaßt.

Die Umstrittenheit der Themen Gentechnik und Reproduktionsmedizin hat die begriffliche Trennschärfe nicht erhöht. Wird jedoch Kritik am Sprachgebrauch geübt, daß zum Beispiel "Retortenbabies" und "Leihmütter" nichts mit Gentechnik zu tun hätten, so geht es oft nicht um begriffliche

---

[12] So äußert sich auch die Enquete-Komission "Chancen und Risiken der Gentechnologie" in ihrer Definition. BUNDESTAG, Chancen und Risiken der Gentechnologie, S.7

[13] Zur Problematik der vorgeburtlichen (pränatalen) Diagnostik mit Hilfe der Gentechnik, vgl. Vorbemerkung, S.II

Präzision, sondern darum, die gegnerische Auffassung des Sachverhalts selbst zurückzuweisen.

Generell läßt sich sagen, daß die publizistische Realität oft den Umfang eines Begriffes wie Gentechnik sehr viel weiter faßt, als die "enge" naturwissenschaftliche Definition. Aus sprachwissenschaftlicher Sicht ist dies keine unzulässige Verfälschung, sondern eine typische Folge des Transfers von Fachsprache in Standardsprache.[14]

3.2. Stand der Forschung

Die "Revolution im Reagenzglas", wie die Gentechnik manchmal bezeichnet wird, gilt als Schlüsseltechnologie der Zukunft.[15] Der wissenschaftliche Fortschritt in der Gentechnik läuft jedoch nicht so, daß man von Versprechungen sicher auf Verwirklichung schließen könnte. Hoffnungen auf medizinischen Nutzen wie die Heilung von Erbkrankheiten oder auf luftstickstoffbindende Pflanzen werden oft geweckt, um Forschungsgelder einzuwerben und Kritiker in Diskussionen mundtot zu machen. Peter Starlinger, Genetiker an der Universität Köln, wehrte sich gegen Kritik in einer Fernsehdiskussion dadurch, daß er so oft es ging dazwischenrief: "Und was tun sie gegen Krebs?" und im nächsten Atemzug die Lösung der Welthungerprobleme versprach.[16]

"Leere Versprechen" und "legitime Erwartungen" sind häufig schwer zu trennen.[17] Die Heilung von Erbkrankheiten durch Gentherapie zum Bei-

---

[14] Vgl. Kapitel II, 4.1.1., S.88-99
[15] Das Etikett "Schlüsseltechnologie" ergibt sich dem ökonomischen Potential der Gen- und Biotechnologie. Die Schätzungen über den Weltmarktwert von gentechnisch hergestellten Produkten schwanken erheblich. Die Hoechst AG schätzt unter Berufung auf das Bundesforschungsministerium für 1990 rund 35 Milliarden Dollar Marktwert, für das Jahr 2000 gar 145 Milliarden Dollar. HOECHST, Die Spirale des Lebens, S.25
[16] Diskussionsrunde zum Thema: Risiko Gentechnik? in der ZDF-Reihe "Abenteuer Forschung" am 26. April 1990
[17] VAN DEN DAELE, Gentechnologie im Gesundheitsbereich, S.46

spiel wird seit Beginn der Gentechnik in den 70er Jahren in Aussicht gestellt. Die Fakten jedoch sind ernüchternd. Für Aufsehen sorgte der Versuch amerikanischer Wissenschaftler im September 1990, die Erbkrankheit eines vierjährigen Mädchens mit gentechnisch veränderten Abwehrzellen zu behandeln. Der therapeutische Nutzen muß sich jedoch erst zeigen. Der einmalige Eingriff - wenn er denn hilft - heilt das Mädchen nicht. Die Infusion mit den veränderten Zellen muß jährlich wiederholt werden, außerdem besteht die Gefahr, daß die eingefügten Gene im Körper des Mädchens bösartiges Zellwachstum auslösen und Krebs entsteht.[18]

Die Anwendung gentechnischen Wissens ist am weitesten im Bereich der Pharmazeutika und der Landwirtschaft fortgeschritten. In dieser Hinsicht wird die öffentliche Debatte ungleichgewichtig geführt, da in erster Linie medizinische Anwendungen diskutiert werden. Ein anderes Prioritätenproblem ergibt sich aus der Tatsache, daß die Gentechnik Forschungskapazitäten und Finanzmittel konzentriert. Mögliche alternative Strategien, auch in der Medizin, geraten dabei ins Hintertreffen.

Die Berichterstattung hat das Problem, sich auf dem Boden unsicherer Prognosen zu bewegen, ohne einschätzen zu können, ob Versprechungen "leer" oder "legitim" sind und welche Alternativen es gibt, den gewünschten Nutzen stattdessen zu erreichen.

---

[18] FAZ vom 17. September 1990, TAZ vom 19. September 1990, SPIEGEL Heft 39/1990

4. FRAGESTELLUNG UND METHODEN

Ausgangspunkt der vorliegenden Arbeit ist die These, daß die Behandlung des Themas Gentechnik in der Presse in bestimmten Phasen abläuft, die nachzuzeichnen und als Karriere zu beschreiben sind. Den wesentlichen Einfluß der Berichterstattung auf die Öffentlichkeit sehe ich dabei in der Vermittlung von Themen.

Durch die Umstrittenheit des Themas wird der Transfer des komplexen Wissenschaftsthemas in die Öffentlichkeit zusätzlich erschwert. Auch die Presse selbst gerät während der Karriere des Themas in die Mühlen der Kritik.

Offensichtlich erwarten die verschiedenen Konfliktbeteiligten etwas stark Unterschiedliches von den Medien hinsichtlich ihrer Funktionen: Information, Mitwirkung an der Meinungsbildung, Kontrolle und Kritik.

Um die Frage nach Leistungen und Defizite der Berichterstattung während der Themenkarriere aus wissenschaftlicher Sicht klären zu können, ist in Teil I der Rahmen der Gentechnik-Berichterstattung skizziert worden. Kapitel I, 1.1. hat die Relevanz des Medienthemas Gentechnik belegt und in erster Näherung erklärt, woher dieser Medienerfolg rührt. Anschließend ging es um die Erwartungen und Forderungen an die Presseberichterstattung (Kapitel I, 1.2. und 1.3.). Kapitel I, 1.4. hat gezeigt, auf welchen Annahmen über Medienwirkung diese Forderungen beruhen und die eigene Position in der Medienwirkungsdebatte geklärt. Die Geschichte der politischen Entscheidungsprozesse zur Gentechnik - von ersten Sicherheitsrichtlinien bis zum Gesetz - ist der Gegenstand von Kapitel I, 2. gewesen. Zum Abschluß der Problemdarstellung ist die Frage beantwortet worden, was unter Gentechnik zu verstehen ist. Hierzu wurden eine Reihe von Definitionen eingeführt (Kapitel I, 3.).

Teil II Forschungsstand und Forschungsprogramm ist additiv angelegt. Während zu Beginn die medienwissenschaftliche Forschung eingeführt wird, folgt danach die sprachwissenschaftliche Fundierung. Medienwissenschaftliche und sprachwissenschaftliche Fragestellungen erfordern auch methodisch unterschiedliche Zugriffe. Die ersten werden quantitativ betrachtet, die zweiten, aus der hermeneutischen Tradition heraus, qualitativ. Die Kopplung ist funktional begründet: Die quantifizierende Inhaltsanalyse stützt die sprachwissenschaftliche Interpretation.

Im Detail: Die Gentechnik-Berichterstattung steht in der Tradition der Berichterstattung über Kernenergie. Die bisherige Forschung zum Medienthema Kernenergie, unter besonderer Berücksichtigung der Berichterstattung zum Reaktorunfall in Tschernobyl, wird in Kapitel II, 1. ausgewertet. Eine Reihe von Befunden soll in Hinblick auf die Gentechnik in der eigenen Analyse geprüft werden. Die medienwissenschaftliche Forschung zur Gentechnik-Berichterstattung hat vor allem in den USA stattgefunden (Kapitel II, 2.1.). Die Tendenz der amerikanischen Analysen, die Berichterstattung zu phasieren, bestätigt den eigenen Zugriff, die Berichterstattung als Karriere zu beschreiben. Deutsche Vorarbeiten zu einzelnen Aspekten der Gentechnik-Berichterstattung werden daran anschließend vorgestellt und einzelne Analysefragen abgeleitet (Kapitel II, 2.2.). Die Gentechnik-Berichterstattung wird in der vorliegenden Arbeit vor allem unter dem Gesichtspunkt ihrer zeitlichen Entwicklung betrachtet. In Kapitel II, 3. wird auf die zentralen Kategorien "Thema" und "Themenkarriere" eingegangen. Die arbeitspraktische Definition von "Thema" wird durch die theoretisch hergeleitete Beschreibung einer Themenkarriere ergänzt. Als Vorbild für die Makrostruktur einer Themenkarriere dient das Modell von Niklas Luhmann. Da bereits einige Arbeiten diesen Ansatz für die Analyse von Medienberichterstattung verwandt haben, sind diese im Anschluß beschrieben (Kapitel II, 3.2.2.). Die Auseinandersetzung mit Luhmanns Modell führt zur Entwicklung eines eigenen Modells, das den Bedürfnissen einer empirischen Untersuchung von Presseberichterstattung angepaßt ist (Kapitel II, 3.3.).

Kapitel II, 4. ist der sprachwissenschaftlichen Forschung gewidmet. Über die Segmentierung eines Themenverlaufs in verschiedene Stadien hinaus, geht es nun um eine Reihe von Detailproblemen der Themenbehandlung, die sprachwissenschaftlich betrachtet werden. Die These ist: Die in Phasen verlaufende Themenkarriere hat eine sprachliche Entsprechung, die als Sprachkarriere zu beschreiben ist. Die Analyse der Sprachkarriere nutzt zahlreiche Berührungspunkte mit linguistischer Forschung, so der Textanalyse, der Fachsprachenforschung, der Untersuchung von Erklärungen und Bewertungen. In enger Verbindung zur Präsentation der Ergebnisse, wird in Kapitel II, 5. dargestellt, wie das Untersuchungsmaterial zusammengestellt wurde. Dazu gehören die Materialauswahl in den Archiven und der Untersuchungszeitraum. Die methodische Grundlage für die statistische Beschreibung der Themenkarriere legt Kapitel II, 6. Hier wird einerseits eingeführt, welche Aspekte der Artikel quantitativ erfaßt werden, andererseits die methodische Verschränkung der Analyse begründet.

Die konkreten Ergebnisse, die Beschreibung der einzelnen Phasen der Karriere des Themas Gentechnik in der Presse, ist der eigentliche Ertrag der Arbeit. Ihrer Präsentation ist Teil III gewidmet. Die Charakterisierung der Phasen erfolgt dreigeteilt: Zunächst die Darlegung der Ergebnisse der Häufigkeitsauszählung der codierten Aspekte für alle Jahre der Phase, dann der Beleg der dadurch erkennbaren Tendenz an einzelnen Textbeispielen detailliert für jedes Jahr der Phase und schließlich die Beschreibung der sprachlichen Indikatoren der medialen Karriere dieses Zeitraums.

Teil IV faßt die Ergebnisse aller Phasen zusammen. Zunächst werden die zeitungstypischen Strategien der Themenbehandlung beschrieben, dann die Themenkarriere und die Sprachkarriere im Überblick geschildert.

Um die Produktanalyse einerseits anzuregen, andererseits zu kommentieren, habe ich während des Zusammenstellens des Untersuchungsmaterials in den verschiedenen Zeitungsarchiven, vor Ort Interviews mit den verantwortlichen Wissenschaftsjournalisten geführt. Für die Themenkarriere war es wichtig, daß die Befragten möglichst kontinuierlich über einen langen Zeitraum die Gentechnik-Berichterstattung geprägt und verfolgt haben sollten. So ergaben sich fünf Interviews, die im Schnitt zwischen einer und zwei Stunden dauerten. In der folgenden zeitlichen Reihenfolge gaben mir Martin Urban (SZ), Rainer Flöhl (FAZ)[1], Marianne Wichert-Quoirin (KST), Dieter Thierbach (WELT) und Manfred Kriener (TAZ) bereitwillig Auskunft. Die Interviews wurden nicht systematisch ausgewertet, sondern an passenden Stellen einzelne Passagen zitiert, um die Positionen der einzelnen Journalisten zu zeigen. Alle befragten Journalisten zeigten sich interessiert an den Ergebnissen der Arbeit. Deswegen habe ich die berechtigte Hoffnung, daß die Arbeit sowohl wissenschaftlich wie journalistisch interessierte Leser findet.

---

[1] Für die FAZ habe ich schriftlich noch Auskünfte von Barbara Hobom eingeholt, die Rainer Flöhl mir als zuständige Gentechnik-Autorin empfohlen hatte.

II FORSCHUNGSSTAND UND FORSCHUNGSPROGRAMM

1. DAS PARADIGMA KERNENERGIE-BERICHTERSTATTUNG

1.1. Wissenschaftsjournalismus als Forschungsthema

Etwa 600 Titel präsentieren Erich und Ingrid Geretschlaeger 1978 in ihrer Bibliographie zum Wissenschaftsjournalismus.[1] Trotz beeindruckender Zahl seien es überwiegend "allgemeine Problembeschreibungen, Praktikerdarstellungen, Deklarationen und Deklamationen" urteilt Walter Hömberg zwölf Jahre später.[2] Der Wissenschaftsjournalismus als Forschungsgebiet in der Bundesrepublik steckt 1979 noch in den "Kinderschuhen" stellt auch Maria Auer fest. Sie beschränkt sich in ihrem Literaturbericht auf wenige Untersuchungen.[3]

Empirische Bestandsaufnahmen über die Situation des Wissenschaftsjournalismus gibt es erst seit den 70er Jahren.[4] Für die Tageszeitungen ergibt sich daraus laut Hömberg folgendes Bild:

- Der Anteil der Wissenschaftsberichterstattung am inhaltlichen Gesamtangebot liegt unter fünf Prozent.
- Mehr als die Hälfte der einschlägigen Berichte entfallen auf die Gebiete Naturwissenschaften und Medizin. Geistes- und Sozialwissenschaften kommen kaum vor.

---

[1] GERETSCHLAEGER/GERETSCHLAEGER. Wissenschaftsjournalismus. Annotierte Auswahlbibliographie
[2] HÖMBERG, Das verspätete Ressort, S.17
[3] AUER, Wissenschaftsjournalismus als Forschungsgebiet, S.1
[4] DEPENBROCK, Journalismus, Wissenschaft und Hochschule; GRUHN, Wissenschaft und Technik in deutschen Massenmedien; GERETSCHLAEGER, Das Bild von Wissenschaft und Technik; KÄRTNER, Wissenschaft und Öffentlichkeit; alle von 1972 bis 1979

- Das Spektrum der journalistischen Formen ist schmal.
Wissenschaft wird als kurze Nachricht, als Bericht, als
Reportage oder Hintergrundartikel präsentiert. Kommentare,
Glossen und Interviews sind selten.[5]

Erst im Laufe der Zeit wird in der Forschung zum Wissenschaftsjournalismus von globaleren zu spezielleren Fragen übergegangen. Einzelne Medien aus dem Print- oder elektronischen Bereich oder einzelne Themenbereiche wie Umwelt oder Medizin werden detailliert untersucht.[6] Daneben rücken auch die Informationslieferanten, die Pressestellen und Pressedienste, ins Zentrum des Interesses.[7] Die Auswahlbibliographien, die bis Ende der 80er Jahre reichen, verzeichnen auffällig oft das Kürzel "verv. Ms.", die Arbeiten sind also nicht gedruckt. Viele, gerade der jüngeren Untersuchungen, sind Magister- oder Diplomarbeiten, auch Dissertationen und deshalb oft nur schwer zugänglich.[8]

Trendsetter unter den thematisch orientierten Detailstudien sind Fallstudien, die sich nicht generell mit Umwelt oder Medizin in den Medien beschäftigen, sondern Ereignisse wie das Chemieunglück in Bhopal, die Vorlage des Waldschadensbericht 1986 oder das Thema Aids in den Medien verfolgen.[9] Thematisch orientierte Längsschnitte wie die vorliegende Arbeit sind jedoch auch darunter die Ausnahme.[10]

---

[5] HÖMBERG, Das verspätete Ressort, S.17/18
[6] AUGST/SIMON/WEGNER, Wissenschaft im Fernsehen - verständlich?; FROITZHEIM, Natur - Horst Sterns Umweltmagazin; SCHMIDT, Umweltthemen in der öffentlichen Diskussion, WAGNER/STARKULLA, Medizin & Medien
[7] PETERS, Verarbeitung und Verbreitung von Wissenschaftsnachrichten am Beispiel von 20 Forschungseinrichtungen; DETSCH, Der Wissenschaftsdienst der Deutschen Presse-Agentur
[8] Zuverlässige Quelle für diese Arbeiten, aber auch der gesamten Forschungsliteratur sind die Bibliographien von Walter Hömberg. Aktuell: HÖMBERG, Wissenschaftsjournalismus 1983-1988, S.247-262
[9] CLASSEN, Die vergiftete Meinung; ESPE, Waldschadensbericht 1986; DIGGELMANN/SCHANNE/ZWINGLI, Aids in den Medien
[10] Vgl. Untersuchungen zu Themenkarrieren Kapitel II, 3.2.2.

Eine Reihe von Studien hat die Reaktorkatastrophe in Tschernobyl ausgelöst. Die "doppelte Katastrophe" nennt Alexander von Cube die Geschehnisse 1986, zu der nuklearen gesellt sich die publizistische.[11] Die Medien reagieren mit einer "Mischung aus Hysterie und Lethargie" auf die Reaktorkatastrophe, die erhebliche Schwächen, besonders des Wissenschaftsjournalismus, bloßlegt.[12]

Einige der Ergebnisse dieser Analysen sowie Ergebnisse von Untersuchungen zu Massenmedien und Kernenergie allgemein können als Signal für den Umgang mit der Gentechnik angesehen werden. Kernenergie und Gentechnik werden immer wieder parallelisiert, als zeitlich versetzte, sich aber doch überlagernde wissenschaftlich-technische Entwicklungen.[13] Tschernobyl als "großtechnischer Unfall" wird zum Symbol für Probleme der technologischen Entwicklung. Auch ohne "Gau" stellt sich die Frage, ob die Berichterstattung aus ihren "Fehlern" gelernt hat oder ob der Laie auf der Suche nach Informationen zur Gentechnik in der Presse eine ähnliche "Informationskatastrophe" erlebt?

1.2. Kernenergie und Medien als Forschungsthema

Die Kernenergiekontroverse sei sicher die am stärksten untersuchte technologische Debatte, die es je gegeben habe, schreibt Hans Peter Peters in seinem Forschungsbericht zur Kommunikation über die Risiken der Kernenergie.[14] Den Massenmedien wird dabei eine "falsche" oder "verzerrte"

---

11 VON CUBE, Doppelte Katastrophe, S.9
12 VON CUBE, Doppelte Katastrophe, S.9
13 JOERGES/BECHMANN/HOHLFELD, Technologieentwicklung, S.355-374. Eine exzellente Arbeit zum Diskurs über die Gentechnik vor dem Hintergrund der Kernenergie-Kontroverse bietet RADKAU, Hiroshima und Asilomar, S.329-363. Radkau sieht den eigentlichen paradigmatischen Wert der Kernenergie- für die Gentechnik-Kontroverse in dem Wissen, daß nur "durch öffentliche Auseinandersetzung jenes Bewußtsein der Entscheidungsfreiheit der Gesellschaft gegenüber neuen Technologien entsteht, und daß ein solcher öffentlicher Diskurs der Förderung durch politisch gesetzte Rahmenbedingungen bedarf", S.362. Viele andere Analogien führten eher zu irrigen Annahmen.
14 PETERS, Risiken der Kernenergie, S.79. Zum Forschungsfeld

Risikowahrnehmung der Laien zum Vorwurf gemacht.[15] Während die Kernenergie statistisch gesehen mit einem geringeren Risiko als Energiegewinnung aus Kohlekraftwerken behaftet sei, nehme die Öffentlichkeit das Gegenteil an. Da die Öffentlichkeit sich überwiegend aus den Medien informiere, seien diese dafür verantwortlich.[16] Hans Mathias Kepplinger macht medieninterne Ursachen für die "Falschinformation" der Rezipienten verantwortlich: Die Konzentration der Journalisten auf Negatives und Spektakuläres sowie ihre eigenen fast technikfeindlichen Einstellungen.[17]

Daß die Medien die Akzeptanz der Kernenergie eher verhindern, kann Shirley van Buiren nicht bestätigen. Van Buiren, die die Darstellung der Konflikte um die Kernkraftwerke Wyhl und Brokdorf von Mai 1974 bis Mai 1977 in fünf Zeitungen untersucht, stellt fest, daß sehr viel mehr personenbezogene als sachbezogene Informationen verbreitet werden.

"Von den 11 200 ausgewerteten Informationen machten 70% Aussagen zu den Konfliktbeteiligten, und nur 30% äußerten sich zu Sachfragen der Kernenergie-Nutzung".[18]

Werden Sachfragen angesprochen, so zwar meist mit Tenor gegen die Kernenergie, allerdings wird die Contra-Kernenergie-Tendenz durch einige formale Merkmale relativiert. In den Schlagzeilen wird erheblich häufiger positiv über die Kernenergie berichtet, außerdem werden die Pro-Informa-

---

15 "Risikokommunikation" vgl. Kap. II, 2.2., S.62-64
Der Vorwurf der "falschen" Risikowahrnehmung hängt mit der zugrundegelegten Definition von Risiko zusammen. Der technische Risikobegriff der Experten ist wesentlich enger gefaßt als der alltagssprachliche Risikobegriff der Laien. Zu den differierenden Definitionen vgl. PETERS, Risiken der Kernenergie, S.32-35 und PETERS, Der massenmediale Umgang mit technischen Risiken, S.13-23

16 PETERS, Risiken der Kernenergie, S.72. Diese Argumentation geht zurück auf den amerikanischen Kernenergieexperten COHEN, Nuclear Journalism, S.70-74.

17 KEPPLINGER, Die Kernenergie in der Presse, S.659-683. Kepplingers Studie zur Berichterstattung zwischen 1965 und 1986 im politischen Teil von FR, FAZ, SZ, WELT, ZEIT, SPIEGEL und STERN ist stark umstritten. Die Diskussion läßt sich nachlesen in: SCHARIOTH/UHL, Medien und Technikakzeptanz, S.111-180; aus Praktikersicht: FLÖHL, Künstliche Horizonte, S.22-28; HALLER, Warner, Windmacher, Wissenschaftler, S.17-20

18 VAN BUIREN, Kernenergie-Kontroverse, S.141

tionen hauptsächlich von Politikern vorgetragen, die qua Status diesen Informationen höhere Aufmerksamkeit sichern. Darüberhinaus sind die Gegner der Kernenergie weitaus negativer dargestellt als die Befürworter.[19] Shirley van Buiren vermutet, daß dieses negative Image der Gegner auch auf die Wichtung der Argumente bei den Rezipienten abfärbt. Tendenziell wirkt die Berichterstattung in den ausgewerteten Tageszeitungen eher auf die Akzeptanz, nicht auf die Ablehnung der Kernenergie hin.[20] Die wesentliche Kritik von van Buiren zielt jedoch nicht auf die Ausgewogenheit der Presse. Schwerer wiege, daß die Presse den Leser mit "widersprüchlichen Behauptungen" der wissenschaftlichen, technischen und anderen Expertenmeinungen ratlos zurücklasse. Annahmen, auf denen die Expertenstatements basieren sowie ihre Interessengebundenheit seien von der Presse nie transparent gemacht geworden. Eine Bewertung der Argumente sei für die Rezipienten kaum möglich.[21]

Ähnlich kritisch beurteilt das Schweizer Forschungsteam um Ulrich Saxer die Leistungsfähigkeit der Medien bei dieser konfliktreichen Thematik. Die Arbeitsgruppe untersucht die Berichterstattung einer Auswahl von 16 deutsch-schweizerischen Tageszeitungen von 1976-1980. Eine Stichprobe von 6000 Artikeln wird einer Inhaltsanalyse unterzogen. Darüberhinaus werten Saxer et.al. über ein Jahr (Juni 1981 bis Juni 1982) die einschlägigen Berichte im Radio und Fernsehen der deutschsprachigen Schweiz aus und befragen alle beteiligten Redaktionen.[22]

19	VAN BUIREN, Kernenergie-Kontroverse, S.145/146
20	VAN BUIREN, Kernenergie-Kontroverse, S.147
21	VAN BUIREN, Kernenergie-Kontroverse, S.64
22	SAXER et.al., Massenmedien und Kernenergie

Die wichtigsten Ergebnisse:

1. Die Journalisten, die über Kernenergie berichten, stellen die politische Seite des Themas in den Vordergrund. Drei Viertel aller Themennennungen lassen sich dem Bereich "Politik und Recht" zuordnen.[23] Wissenschaftliche und technische Aspekte des Themas, die wichtiges Basiswissen zur Verfügung stellen können, sind dagegen selten.[24]

2. Der Grundstrom der Artikel wird also von den immer gleichen Themen aus dem Politikbereich dominiert. Bei wichtigen Ereignissen wird der Leser dann mit einer Fülle von Informationen überflutet und gleichzeitig über- und unterinformiert. Denn das Themenspektrum engt sich in dieser berichterstattungsintensiven Zeit nochmals ein.[25]

3. Die Hauptakteure der Kernenergie-Berichterstattung sind Institutionen, Verbände und Personen. Diese mächtigen Akteure sind auf aktuelles politisches Handeln festgelegt.[26]

4. Die Kernenergie-Berichterstattung ist zu 73 Prozent in ereignisvermittelnden, zu 14 Prozent in meinungsvermittelnden Textgattungen abgehandelt. Je mehr Artikel die Journalisten zu einem Thema schreiben, desto eher geschieht es meinungsvermittelnd. Generell werden Meinungen eher zu politischen, denn zu fachlichen Aspekten des Themas geäußert.[27]

Alles in allem beurteilt Saxers Team das Thema zwar als daueraktuell in den Medien, aber die Berichterstattung als keinesfalls besonders differenziert, sondern eher standardisiert und uniform gemäß den gängigen journalistischen Selektions-, Verarbeitungs- und Präsentationsroutinen.[28] Die Berichterstattung orientiert sich an Einzelereignissen, entblößt von ihrer Geschichte und ihren Folgen, die es den Rezipienten schwer machen, zu einer energiepolitischen Meinungsbildung zu kommen.[29] Außerdem ist der Journalismus "stark reaktiv" und damit "Verlautbarungsjournalismus", da er fast ausschließlich die Ansichten von "mächtigen Akteuren" in der Öffentlichkeit verbreitet - eine politische Verlautbarung reiht sich an die nächste.[30]

---

23 SAXER et.al., Massenmedien und Kernenergie, S.150-156
24 SAXER et.al., Massenmedien und Kernenergie, S.270
25 SAXER et.al., Massenmedien und Kernenergie, S.170-172
26 SAXER et.al., Massenmedien und Kernenergie, S.104-114
27 SAXER et.al., Massenmedien und Kernenergie, S.227-233
28 SAXER et.al., Massenmedien und Kernenergie, S.265
29 SAXER et.al., Massenmedien und Kernenergie, S.291
30 SAXER et.al., Massenmedien und Kernenergie, S.291

Trotzdem ziehen Saxer et.al. zwar eine kritische, aber keine negative Bilanz. Die kontinuierliche Berichterstattung verdiene Beachtung, "allgemein verständliche und sachgerechte Reduktion von Umweltkomplexität", "umfassende Repräsentation und kompetente Qualifikation von Meinungspositionen" sei dagegen bei den "gegebenen Ressourcen des Mediensektors" nur schwer zu erfüllen.[31]

Die Daten für die Schweizer Studie sind lange vor Tschernobyl erhoben. Nach Tschernobyl gibt es einen neuen Schub von Untersuchungen, die speziell die Behandlung dieses Ereignisses in den Medien betrachten.

Günther Rager, Elisabeth Klaus und Elmar Thyen untersuchen, welche Themen die Medien nach Tschernobyl aufgreifen.[32] Handlungs- und entscheidungsrelevante Themen spielen meist eine untergeordnete Rolle. Parteienstreit und Ausstiegsdiskussion sind wichtiger als unmittelbare Folgen für Gesundheit, Ernährung und Landwirtschaft.[33]

Als Probleme der Berichterstattung nennt Rager:
1. Tagelang sind Regierungsstellen die einzige Quelle für Informationen, die kritiklos weitergegeben werden. Erst sehr spät setzt Kritik an diesen Quellen ein. Es beginnt eine Korrektur der Berichterstattung: Informationen aus verschiedenen Quellen werden ausgewertet.
2. Das Thema wurde vor dem Unfall nicht ausführlich genug erörtert. Journalisten, Leser und Zuschauer müssen gleichzeitig mit sich überstürzenden aktuellen Informationen als auch mit Basiswissen versorgt werden.
3. Es fehlt an fachkompetenten Journalisten, die das Thema adhoc kontrovers darstellen können.[34]

Will Teichert, der die Tschernobyl-Berichterstattung in den Nachrichtensendungen des deutschen Fernsehens untersucht, stellt fest, daß die Be-

---

31	SAXER et.al., Massenmedien und Kernenergie, S.294
32	RAGER, Kommentar ohne Meinung, S.36-38; ausführlich RAGER/KLAUS/THYEN, Der Reaktorunfall in Tschernobyl
33	RAGER, Kommentar ohne Meinung, S.36/37
34	RAGER, Kommentar ohne Meinung, S.38

richterstattung zwischen Beschwichtigung und Katastrophenmeldung pendelt.[35] Teichert resümiert:

- Die Journalisten des Aktuellen wie auch ein Teil der Wissenschaftsjournalisten waren auf einen solchen Unglücksfall inhaltlich/fachlich wie auch redaktionell/organisatorisch unzureichend vorbereitet.

- Die Komponenten "Verlautbarungen", "Balance zwischen Beschwichtigung und Beunruhigung" bestimmten von Beginn an die inhaltliche Grundkonstellation der Berichterstattung. Die frühzeitige Politisierung der "Folgen"-Problematik (Disponibilität der Grenzwerte, "Ausstiegsdebatte") ergab eine ambivalente Struktur der Medieninhalte: Hier die Charakterisierung einer dissonanten Reaktion der offiziellen Stellen, dort Aussagen im Sinne einer "Schadensbegrenzung", damit mit Tschernobyl nicht gleichzeitig die Kernenergie allgemein in Frage gestellt wird.

- Die widersprüchliche Informationspolitik seitens der Behörden ließ die schlichte Forumsfunktion der Medien, vor allem der Nachrichtensendungen des Fernsehens, zum besonderen Problem werden.

- Angesichts einer Katastrophe, die wegen ihrer unsichtbaren, möglicherweise langfristig folgenreichen Bedrohungen profunde Ängste der Menschen freilegte, wirkte die faktische, neutralisierende, komprimierte Sprache des Nachrichtenjournalismus eigentümlich unangemessen. Andererseits setzte sich die urteilende, wertende Form des Meinungsjournalismus dem Vorwurf unzulässiger Emotionalisierung aus.[36]

Auch die sachliche Richtigkeit der Berichterstattung wird untersucht. Michael Haller findet in 171 Zeitungstexten der Tschernobyl-Berichterstattung mit Hilfe von Nuklearphysikern (FAZ, FR, SZ, NZZ vom 2.-17.Mai 1986), 199 deutlich erkennbare Fehler.[37] Agenturtexte wie Eigenberichte enthalten sowohl Fakten- (sachlich Falsches oder Ungenaues) wie Deutungsfehler (unsinnige Erklärungen/Begründungen/Folgerungen). Haller vermutet als Ursache sowohl "unzureichendes Fachwissen" wie "handwerkliche Nachlässigkeiten" der Journalisten.[38]

Interessant sind die Publikumsreaktionen auf das Ereignis Tschernobyl, die die Programmgruppe Technik und Gesellschaft der Kernforschungsanlage

---

35 TEICHERT, Tschernobyl in den Medien, S.185-204, hier S.187
36 TEICHERT, Tschernobyl in den Medien, S.203/204
37 HALLER, Wie wissenschaftlich ist Wissenschaftsjournalismus?, S.305-319
38 HALLER, Wie wissenschaftlich ist Wissenschaftsjournalismus?, S.311

Jülich erhebt.[39] Im November/Dezember 1986, Mai 1987 und Mai 1988 werden bundesweit drei repräsentative Befragungen durchgeführt. Die Ergebnisse dieser Befragungen zeigen eine tiefgreifende Verunsicherung der Bevölkerung. Für diese Unsicherheit werden die Berichterstattung der Medien (als wesentliche Informationsquelle) und die staatliche Informationspolitik verantwortlich gemacht. Um der widersprüchlichen Informationslage nach Tschernobyl Herr zu werden, werden verschiedenen Quellen von der Bevölkerung Glaubwürdigkeit zugewiesen. Die Journalisten gelten dabei nur als eingeschränkt glaubwürdig, sogar weniger als Bundesregierung, Opposition, Kernforschungszentren oder Bürgerinitiativen. Nicht als wenig ausgewogen, sondern eher als fehlerhaft, schätzen die Befragten die Berichterstattung ein. Nicht Manipulation, sondern fehlende Kompetenz wird kritisiert.[40] Diese Einschätzung trifft sich mit den Ergebnissen der vorher zitierten Wissenschafter.

1.3. Zusammenfassung

Mangelnde Sachkenntnis, unzureichende Recherchetechniken und Recherchekapazität, Abhängigkeit von kanalisierten Informationsflüssen, besonders politischen Stellungnahmen, fehlende eigenständige Bewertung, so lassen sich die Schwachstellen der Berichterstattung zusammenfassen. Allerdings hat Tschernobyl, da stimme ich mit Hömberg überein, nur wie ein "überdimensionales Vergrößerungsglas"[41] ganz "normale" Defizite offengelegt, die zumindest für die Kernenergie-Berichterstattung schon vorher existieren. Denn ein zuviel der Chronistenpflicht, ein Forum, das nur (widersprüchliches) Referat und zuwenig Räsonnement zur Orientierung

---

39   PETERS/HENNEN, Orientierung unter Unsicherheit, S.300-312; vgl. auch PETERS/HENNEN, Tschernobyl in der öffentlichen Meinung
40   PETERS/HENNEN, Orientierung unter Unsicherheit, S.308/309. Die Ergebnisse beziehen sich auf Fernsehberichterstattung.
41   HÖMBERG, Das verspätete Ressort, S.7

bietet, kritisieren Ulrich Saxer wie Shirley van Buiren schon vor dem plötzlich "hereinbrechenden" Tschernobyl.

Für die Gentechnik-Berichterstattung müssen diese Mängel also zumindest vor 1986 ebenfalls zu beobachten sein, gilt die Prämisse der Vergleichbarkeit von Kernenergie und Gentechnik und die der "normalen" Defizite. 1986 mit den Ereignissen in Tschernobyl und dem Beginn von öffentlichen und wissenschaftlichen Reaktionen auf die Berichterstattung, könnte der früheste Punkt sein, an dem die Gentechnik-Berichterstattung einen Neuanfang versucht. Eine "korrigierte" Berichterstattung müßte, polemisch formuliert, versuchen, das Thema vor einem "Unfall" sachlich zu erörtern und elementare Grundkenntnisse aufzubauen. Dann sollten kompetente Journalisten einerseits sachlich richtig, andererseits vielschichtig, berichten und kommentieren. Das bedeutet vor allem, nicht nur die politische Dimension des Themas zu erörtern (oder wissenschaftliche Expertisen zu politisieren). Dazu ist es nötig, auch ohne Anstoß von außen zu recherchieren.

Diese - zugegeben visionär - anmutende Vorschau auf die Gentechnik-Berichterstattung faßt als Hypothese jedoch die Lehren des Medienthemas Kernenergie zusammen.

2. GENTECHNIK-BERICHTERSTATTUNG ALS FORSCHUNGSTHEMA

2.1. Die amerikanische rDNA-Debatte

Während die Forschung über die Gentechnik-Berichterstattung in der Bundesrepublik bisher blaß wirkt, präsentiert sich in den USA die Forschung zur Rolle der Medien in der "rDNA-story"[1] als ebenso umfang- wie facettenreich. Die amerikanische rDNA-Debatte präsentiert sich als gut zu erzählende "Geschichte" mit markiertem Anfang zu Beginn der 70er Jahre, Wendepunkt zu ihrem Ende und abruptem Schluß zu Beginn der 80er Jahre.[2] Über wichtige Geschehnisse und Personen, die die amerikanische Debatte formten, besteht unter den Autoren weitgehend Einigkeit. Auch die Rolle der Medien in dieser "Geschichte" wird übereinstimmend kritisch betrachtet.

Für Susan Wright und Sheldon Krimsky ist die Analyse der Berichterstattung ein Teil der Beschreibung ihrer rDNA-Story, die sie in gut abzugrenzende Phasen einteilen.

Die Wissenschaftshistorikerin Susan Wright skizziert folgende Phasen:

1. Vorgeschichte 1952-1970
2. Die ersten gentechnischen Experimente 1969-1973
3. Vision der zukünftigen kommerziellen Nutzung 1974-1976
4. Durchbruch der Gentechnik in der Geschäftswelt 1976-1979
5. Gentechnik im Goldrausch 1979-1982.[3]

---

[1] rDNA steht für rekombinante (neukombinierte) DNA und wird während der Diskussion der amerikanischen Literatur als festes Kürzel verwendet.
[2] RADKAU, Hiroshima und Asilomar, S.333
[3] WRIGHT, rDNA and its Social Transformation, S.303-360. In gekürzter Form auf deutsch erschienen: WRIGHT, Sozialgeschichte der Kontroverse, S.177-187. Susan WRIGHT beruft sich auf Ergebnisse wissenschaftlicher Kongresse und wissenschaftlicher Publikationen, auf Zeitungsartikel, Archivmaterial und

Vor und während Phase zwei schenkt die Presse dem Thema kaum Aufmerksamkeit. Besonders in Phase vier reportiert die Presse die euphorischen Statements derer, die viel Geld in die Zukunft des "genetic engineering" investiert haben. Auch in den folgenden Jahren bleibt die Presseberichterstattung unkritisch. In Übereinstimmung mit den Interessen von Wissenschaft, Staat und Industrie übertreibt die Presse die Leistungen der Gentechnik und ignoriert die Probleme.[4]

Dorothy Nelkin beschreibt die Presse gar als "ferngesteuert". Äußern die Wissenschaftler zu Beginn der Debatte noch Bedenken über mögliche Risiken, so rutschen die Frankenstein-Monster auf die Zeitungsseiten, der "biologische Holocaust" rückt näher.[5] Einige Jahre später sind Sicherheitsfragen kein Thema mehr, die Anwendungen stehen im Zentrum des Interesses. Die Presse reagiert darauf und begrüßt die Entwicklung der Gentechnik, skeptische Stimmen gibt es nur selten.

Die Einteilung des Sozialwissenschaftlers Sheldon Krimsky Kontroverse zeitigt drei Phasen:

1. The Genesis of Concern

2. Asilomar II and the Rise of Public Involvement

3. The Science and Policy Debates.[6]

Die Geburtsstunde der Debatte sieht Krimsky Mitte Juni 1973, als auf der Gordon Conference on Nucleic Acids verkündet wird, daß Erbmaterial von verschiedenen Organismen im Reagenzglas kombiniert und dann in einen Gastorganismus wiedereingeführt werden kann.[7] Für das wichtigste Ereignis der rDNA-Debatte hält Krimsky jedoch die Konferenz im kaliforni-

---

	Interviews mit Personen, die in diesem Bereich tätig sind.
4	WRIGHT, rDNA and its Social Transformation, S.303-360
5	NELKIN, Selling Science, S.38/39
6	KRIMSKY, Genetic Alchemy
7	KRIMSKY, Genetic Alchemy, S.13

schen Asilomar im Februar 1975:

> "No single event has had more impact on the public policy outcome of rDNA research than this four-day conference".[8]

In Asilomar werden eine Reihe von technischen Problemen der neuen Technik diskutiert. Die Beurteilung der Konferenz teilt sich in zwei Pole. Asilomar wird einerseits gelobt als ein erfolgreicher Versuch, intellektuelle Kräfte auf die Lösung eines Problems zu konzentrieren, das wissenschaftliche Daten braucht, aber eine politische Lösung fordert. Andererseits wird die Konferenz kritisiert als ein Treffen von eigennützigen Wissenschaftlern, die ihre Forschungsinteressen vor externer Kontrolle durch nichtwissenschaftliche Gruppen schützen wollen.[9]

Unabhängig davon ist die Konferenz ein Medienereignis, wenn auch ein exklusives. Nur wenige amerikanische und europäische Top-Wissenschaftsjournalisten sind zugelassen. Doch die Berichterstattung boomt trotzdem. Krimsky vermutet die Nähe des Themas zu einem Science-fiction-Roman als Grund:

> "Research that involves cutting and splicing genes has all the prerequisites for a science-fiction thriller: new dread diseases possible; cloning; human genetic engineering; human gene maps; interspecies hybrids (combining genes of plants and animals, toads and humans, etc.). Indeed, one of the difficult problems faced by the scientists at Asilomar was how to distinguish fact from fiction".[10]

Auch die sich entzündende Kontroverse wird von den Medien begierig aufgegriffen:

---

[8] KRIMSKY, Genetic Alchemy, S.99. Dieses war schon die zweite Wissenschaftler-Konferenz in Asilomar. Asilomar I fand vom 22.-24. Januar 1973 statt.
[9] KRIMSKY, Genetic Alchemy, S.100
[10] KRIMSKY, Genetic Alchemy, S.100

> "The turbulence within science served as an excellent stage for examining a classic conflict between progress and technological peril; between freedom of inquiry and the accountability of science to society. The proclaimed potency of the science provided the grist for literary metaphor, drama and futuristic scenarios - all of which make for good copy. Once the public read that scientists were engaged in making "new life forms", the human imagination was set into motion".[11]

Krimsky bemängelt, daß sich die Journalisten mit ihren Szenarien ausschließlich auf die Wissenschaftler berufen. Als die keine Ängste mehr äußern, wenden die Medien ihre Aufmerksamkeit anderen Themen zu. Krimsky beendet seine Beschreibung 1981. Mit dem endgültigen Ende der regulatorischen Bemühungen, endet auch seine amerikanische rDNA-Story.

Für Nancy Pfund und Laura Hofstadter steht die rDNA-Berichterstattung im Mittelpunkt ihrer Forschung. Die Untersuchung basiert auf der Analyse von sieben Zeitungen, zehn Magazinen und sechs wissenschaftlichen Fachzeitschriften von 1976 bis Anfang 1980.[12] In dieser Zeit nimmt das Interesse an der industriellen Verwertbarkeit der Forschung zu. Während frühe Bedenken über Forschungsrisiken die Debatten starten, nimmt mit dem Fortschritt der Forschung die Berichterstattung über den Nutzen zu:

> "Since 1976, recombinant DNA research has received an extraordinary amount of media coverage, ranging from early reports of microscopic monsters to the more current collection of stories foretelling microscopic miracles".[13]

Auf dem Höhepunkt der Debatte Ende 1976 bis Mitte 1977 wird auch die Meinung von Kritikern wie "dissidenten" Experten und Laien reportiert. Als die Wissenschaftsgemeinde Ende 1977 jedoch verkündet, es gibt kein Risiko, ist das schlagartig vorbei. Dagegen sind von nun an die Unternehmensgründer, Investoren und Industrievertreter gefragt. Obwohl diese Akteure finanziell am positiven Image der Gentechnik interessiert sind, billigt die Presse ihnen die gleiche Glaubwürdigkeit wie vorher den Universitäts-

---

[11] KRIMSKY, Genetic Alchemy, S.342
[12] PFUND/HOFSTADTER, Biomedical Innovation and the Press, S.139. Damit bewegen sie sich in der Einteilung von Wright in Phase vier und fünf, bei Krimsky in Phase zwei und drei.
[13] PFUND/HOFSTADTER, Biomedical Innovation and the Press, S.140

vertretern zu.[14] Pfund und Hofstadter kritisieren außerdem, daß die Berichterstattung schlaglichtartig und ereignisorientiert ist und wenig Substanz in Form von Zusammenhängen bietet:

> "This disjointed approach to biotechnology provides the public only sparse material with which to analyze critically the introduction of this important new technology and perpetuates a superficial optimism".[15]

Fazit der beiden Wissenschaftlerinnen, die ein Versagen des Wissenschaftsjournalismus konstatieren:

1. Kritische Stimmen kommen in den Medien kaum zu Wort.
2. Der soziale und politische Kontext der Debatte überfordert die Wissenschaftsjournalisten.
3. Die Journalisten engen die Debatte auf wissenschaftliche und technische Aspekte ein.[16]

Die Reduktion von komplexen Sachverhalten auf naheliegende technische Felder kreidet auch Michael Altimore den Journalisten an. Er untersucht von 1974 bis April 1980 die beiden Tageszeitungen "Washington Post" und "New York Times".[17] In seiner Analyse unterscheidet Altimore wissenschaftliche und technische Aspekte von philosophischen und politischen. Beide Zeitungen präsentieren die Kontroverse als technisches Problem und vernachlässigten philosophische und politische Aspekte.[18] Der Technik-Fokus ist auch das Ziel vieler Wissenschaftler, die die Forschung wünschen. Damit ist die rDNA-Debatte für Altimore eine typische Wissenschaftsdebatte.

Altimore geht davon aus, daß Wissenschaftsdebatten von Befürwortern reduktionistisch (auf wenige Aspekte beschränkt), von Gegnern inflationär

---

14   PFUND/HOFSTADTER, Biomedical Innovation and the Press, S.140. Auch Pfund/Hofstadter phasieren ihre Medienberichterstattung also.
15   PFUND/HOFSTADTER, Biomedical Innovation and the Press, S.144
16   PFUND/HOFSTADTER, Biomedical Innovation and the Press, S.150
17   ALTIMORE, Comments on Press Coverage, S.24-31
18   ALTIMORE, Comments on Press Coverage, S.26

geführt werden:

"(...) proponents try to narrow the scope of controversy, to dispense with "intangibles" or non-technical issues (e.g., focusing on "direct, concrete, demonstrable benefits realizable in the short - to intermediate - term"), while opponents attempt to broaden the discussion (e.g., "airport noise would lower adjacent property values")".[19]

Die untersuchten Zeitungen verhalten sich also gemäß den Interessen der Befürworter der Gentechnik, indem sie die Thematik einseitig als technisches Problem darstellen und den Blickwinkel einengen.

Die Wissenschaftlerin Rae Goodell spitzt ihre Presseschelte 1980 daraufhin zu, daß die interessantesten (genetischen) Manipulationen nicht im Labor, sondern in der Presse passieren.[20] Die Presse, die den größten Teil der 70er Jahre mit Berichterstattung über Schattenseiten und Nachteile der gentechnischen Forschung verbringt, feiert plötzlich Durchbrüche und Chancen der Forschung, als ob es die siebziger Jahre nie gab.[21] Goodell hält den Wissenschaftsjournalismus für schwach genug, um von einem breiten Spektrum, auch kritischer Stimmen, Mitte der siebziger Jahre, Anfang der 80er einzig nur noch der wissenschaftlich-industriellen Sichtweise zu folgen. Ein kleiner Club von Wissenschaftsjournalisten schreibe immer die gleichen Geschichten und befrage immer den gleichen kleinen Kreis von Wissenschaftlern.[22] Als die Wissenschaftler, bedroht von gesetzlichen Auflagen, die die Forschung regeln sollen, sich Mitte der 70er Jahre zu einer höchst effektiven Lobby vereinigen, bringen sie in kurzer Zeit jeden Regelungsversuch zu Fall. Ungetrübt von besserer Einsicht bringt die Presse dann die gute Nachricht von "überflüssiger Kritik" und "imkompetenten Kritikern" und daß kein Risiko bestehe.[23] Als 1979 und 1980 die aggressive PR der Industrie dazukommt, boomen die Sensations-

---

[19] ALTIMORE, Comments on Press Coverage, S.25
[20] GOODELL, The Gene Craze, S.41-45
[21] GOODELL, The Gene Craze, S.41
[22] GOODELL, The Gene Craze, S.42. Sie bezieht sich auf den Aufsatz von Sharon Dunwoody, The Science Writing Inner Club, S.14-22
[23] GOODELL, The Gene Craze, S.44

stories in der Presse geradezu.

Verheerendes Urteil aller amerikanischen Medienwissenschaftler: Die Presse treibt willenlos zwischen verschiedenen Interessen. Ausschlaggebend sind jedoch die Wissenschaftler. Sie entscheiden, was berichtenswert ist und was nicht. Die Presse bleibt passiv, recherchiert nicht eigenständig, sondern beschränkt sich auf leicht verfügbare Informationen von etablierten Wissenschaftlern.

Trotz der vergleichbaren negativen Bilanz von amerikanischen Wissenschaftlern zur Gentechnik-Berichterstattung und bundesdeutschen Wissenschaftlern zur Kernenergie-Berichterstattung, besteht ein auffälliger Unterschied: Die Politikorientierung der hiesigen Berichterstattung gegenüber der Wissenschaftsorientierung der dortigen. Beide sind einseitig mit verschiedener Fixierung; hier engt sich das Themenspektrum auf politische Aspekte und das Personeninventar auf politische Handlungsträger ein, dort auf wissenschaftlich-technische Aspekte und Wissenschaftler.

2.2. Deutsche Voruntersuchungen

Susanne Flöttmann/Heike Höpken

1982 veröffentlicht ein Berliner Projekt Ergebnisse seiner Untersuchung der bundesdeutschen Presseberichterstattung von Januar 1970 bis Oktober 1980.[24] Die Ergebnisse bestätigen die Thesen der amerikanischen Forschung:

---

24 FLÖTTMANN/HÖPKEN/ZERGES, Die davongelaufenen Wissenschaften, S.12-16. Susanne Flöttmann und Heike Höpken schrieben außerdem zum Thema eine Seminararbeit und ihre Magisterarbeiten (in der sie die untersuchten Zeitungen aufteilten). Ich zitiere, soweit nicht aus dem obigen Artikel, aus dem unveröffentlichten Manuskript: FLÖTTMANN/HÖPKEN, Genmanipulation in den Presseorganen, das mir die damalige Seminarleiterin Kristina Zerges zur Verfügung gestellt hat.

"In den Jahren, in denen Forschungseinrichtungen und Wirtschaft gegenüber der Biotechnologie Zurückhaltung bewahrten, wurde in den untersuchten Presseorganen relativ häufig auf die Gefahren verwiesen, die mit dieser Forschungseinrichtung verbunden sind. Heute, zu einem Zeitpunkt, zu dem diese Zurückhaltung aufgegeben wird und sich die Biotechnologie zu einer "zukunftsträchtigen" Technologie zu entwickeln scheint, hat der Verweis auf die Gefahren in der Berichterstattung kaum Platz".[25]

Den Nachweis dieser These anhand der Untersuchungsergebnisse bleiben die Autorinnen allerdings schuldig, da sie auf Thematisierung im Zeitverlauf kaum eingehen.[26]

Anders als bei meiner Arbeit wird in Berlin nur eine Tageszeitung berücksichtigt (TAZ). Darüber hinaus untersucht die Arbeitsgruppe zwei Illustrierte (STERN, QUICK), ein Nachrichtenmagazin (SPIEGEL), eine Wochenzeitung (ZEIT), eine Monatsschrift (DAS BESTE) und ein populärwissenschaftliches Magazin (BILD DER WISSENSCHAFT). Die Fragestellung des Projekts gliedert sich in zwei Bereiche:

1. Welchen quantitativen Umfang und welche thematische Akzentuierung hat die Berichterstattung über Genmanipulation in den Pressemedien?
2. Wie verständlich wird das Thema Genmanipulation durch die Presseorgane vermittelt?[27]

Insgesamt finden sich 80 Beiträge zur "Genmanipulation"[28]. Die Häufigkeit ist ansteigend. Während 1970-1975 nur 27 Artikel erscheinen, sind es von 1976 bis Mitte 1980 schon 53.[29]

Da die TAZ in die vorliegende Untersuchung aus archivtechnischen Grün-

---

[25] FLÖTTMANN/HÖPKEN/ZERGES, Die davongelaufenen Wissenschaften, S.12/13

[26] Dieser Hang zur Phasierung ist auffälligstes Merkmal der amerikanischen Untersuchung zur Rolle der Medien in der rDNA-Debatte.

[27] FLÖTTMANN/HÖPKEN/ZERGES, Die davongelaufenen Wissenschaften, S.13

[28] Die Autorinnen verwenden die Bezeichnung "Genmanipulation" als Sammelbegriff für die künstliche Veränderung von Erbsubstanz. Dazu gehören auch die Begriffe "Genchirurgie", "Gen-Technik","Genübertragung" oder "künstliche Zellverschmelzung". FLÖTTMANN/HÖPKEN/ZERGES, Die davongelaufenen Wissenschaften, S.13

[29] FLÖTTMANN/HÖPKEN/ZERGES, Die davongelaufenen Wissenschaften, S.13

den[30] erst ab 1982 eingeht, nenne ich kurz die quantitativen Angaben der Berliner Autorinnen zu dieser Zeitung: Sie werten die TAZ vom ersten Erscheinen am 22. September 1978 bis zum 30. Juni 1981 aus. Acht Beiträge erscheinen in dieser Zeit, fünf 1979 (davon vier allein am 26. September 1979 auf einer Seite), drei 1980 (zwei am 17. November 1980 auf einer Seite).[31] Die acht TAZ-Beiträge erscheinen auf der Ökologie- bzw. Ökologie- und Wissenschaftsseite. Autoren werden nicht genannt, drei Artikel sind Übernahmen aus ausländischen Presseorganen.[32]

Die Analyse der thematischen Akzentuierung aller untersuchten Zeitungen und Zeitschriften erbringt folgende Resulate: Die Artikel orientieren sich stärker an Folgen und Auswirkungen der Genforschung als an der Beschreibung der Vorgänge in den Labors selbst oder der Vermittlung von Grundlagenkenntnissen. "Wie funktioniert das?" wird weniger oft beantwortet als "Wozu dient das und welche Konsequenzen hat es?".[33] "Auswirkungen" sind dabei nicht nur negativ konnotiert, der Themenaspekt "Nutzen", bzw. "medizinischer Nutzen" tritt am häufigsten aller Aspekte auf. Allerdings findet auch die Debatte um die Gefahren und die möglicherweise notwendige Kontrolle der Forschung fast gleichrangig Erwähnung.

"In den meisten Fällen werden die Gefahren nicht konkret benannt (...), sondern es wird berichtet, daß man frühzeitig mögliche Gefahren bedenken sollte oder es wird lediglich vor den Gefahren der Forschung gewarnt, ohne sie direkt zu benennen",

fassen Flöttmann/Höpken zusammen; so bleibt dem Leser zwar eine begründete, aber nicht konkret benennbare Furcht vor der Genmanipula-

---

30   Vgl. Kapitel II, 5.3., S.122
31   Die TAZ steigt also 1979 mit fünf Artikeln ins Thema ein. Zum Vergleich: 1979 - FAZ (11), SZ (10), WELT (5), KST (5) Artikel. 1980 bringt die TAZ drei Beiträge, die FAZ, die SZ, die WELT je sieben, der KST zwei. Vgl. Kapitel III, 2.1., S.155
32   FLÖTTMANN/HÖPKEN, Genmanipulation in den Presseorganen, S.16
33   FLÖTTMANN/HÖPKEN, Genmanipulation in den Presseorganen, S.118

tion.[34]

Die Verständlichkeit der Texte wird mit einem Rezeptionstest und der cloze-procedure-Methode[35] gemessen. Außerdem werden die Texte mit Hilfe von zwei Lesbarkeitsformeln[36], die auf die deutsche Sprache geeicht sind, beurteilt. Zu diesen Formen der messenden Verständlichkeitskonzepte ist zu sagen, daß sie zwar bis in die 60er Jahre verbreitet waren, aber in der neueren Verständlichkeitsforschung kaum noch eine Rolle spielen.[37] Ihre Suggestivität liegt in der Präsentation von "konkreten" Ergebnissen in Form von Zahlen und Meßdaten. Der Lückenschließungstext mißt jedoch zum Beispiel nichts anderes als die Redundanz eines Textes sowie das Weltwissen der Leser, da diese die Worte in den Lücken aus dem Textkontext erschließen. Die Lesbarkeitsformeln messen Merkmale der Textoberfläche wie Wort- oder Satzlänge. Diese können höchstens Aussagen über stilistische Charakteristika des Textes machen, keinesfalls den Inhalt des Textes erfassen oder Aussagen zur Leser-Text-Interaktion machen.

Ruth Rehbock

Nicht über viele Jahre hinweg, sondern punktuell analysiert Ruth Rehbock in ihrer Diplomarbeit die Gentechnik-Berichterstattung. Sie untersucht die Pressereaktionen auf die Vorlage des 400 Seiten starken Berichts der Bundestags-Enquete-Kommission "Chancen und Risiken der Gentechnologie", der am 19. Januar 1987 auf einer Bundespressepressekonferenz vorgestellt wird. Drei überregionale Tageszeitungen (FAZ, WELT, SZ) und 16 Ta-

---

34 FLÖTTMANN/HÖPKEN, Genmanipulation in den Presseorganen, S.75
35 FLÖTTMANN/HÖPKEN/ZERGES, Die davongelaufenen Wissenschaften, S.13. Dieser Lückenschließungstest beruht darauf, daß jedes n-te Wort in einem Text durch eine Lücke ersetzt wird, die die Versuchspersonen dann wieder schließen müssen. Die mit dem Original identisch eingesetzten Wörter werden ausgezählt, die Prozentzahl der richtig eingefüllten Worte ergibt den Verständlichkeitswert.
36 FLÖTTMANN/HÖPKEN/ZERGES, Die davongelaufenen Wissenschaften, S.13
37 NARR, Verständlichkeit im Magazinjournalismus, S.7-14

geszeitungen Baden-Würtembergs sind die Basis ihrer Auswertung.[38]

Der Untersuchungszeitraum beginnt am 20. Januar 1987, dem Tag nach der Pressekonferenz, und endet am 31. Januar 1987, umfaßt also knapp zwei Wochen. Das heißt, jede Zeitung ist mit elf aufeinanderfolgenden Ausgaben einbezogen.[39]

In dieser Zeit bringen die 16 lokalen und regionalen Blätter 50 Beiträge[40], in den überregionalen Zeitungen erscheinen 17 Beiträge. Die SZ bringt acht, die FAZ fünf und die WELT vier Artikel. Bei allen drei Zeitungen ist die aktuelle Berichterstattung auf der Titelseite zu finden. Die meisten Beiträge sind den meinungsäußernden Formen zuzuordnen, alle drei Blätter bringen einen Kommentar.[41]

Rehbock konstatiert, daß das Ereignis ein politisches sei, also ein wissenschaftliches Arbeitsgebiet zum politischen Thema werde, unterstrichen durch den Rahmen einer Bundespressekonferenz.[42] Überrascht zeigt sich Ruth Rehbock von der hohen Zahl der Meinungsbeiträge. Es ließe sich, "ohne besonderes Fachwissen mühelos und anschaulich darüber philosophieren".[43] Damit unterstellt sie den Autoren (naturwissenschaftliches) Unwissen, ohne zu bedenken, daß auch ein Lokaljournalist ohne Biologiestudium, sich nötiges Fachwissen aneignen kann. Mit dem Kriterium

---

[38] REHBOCK, Tagespresse am Beispiel Gentechnologie
[39] REHBOCK, Tagespresse am Beispiel Gentechnologie, S.27. Aus meiner Kenntnis entgeht Rehbock mit dieser Limitierung zumindest zweierlei. Erstens die Berichterstattung im Dezember 1986, da die Arbeit der Enquete-Kommission bereits zu diesem Zeitpunkt abgeschlossen ist und die GRÜNEN ihr Sondervotum schon vor der Weihnachtspause der Öffentlichkeit vorstellen (TAZ 18.12.86; FAZ 20.12.86). Zweitens fehlt die FAZ-Serie vom 4. Februar bis 18. März 1987, die in sieben Teilen ausführlich zu den einzelnen Bereichen des Enquete-Berichts Stellung nimmt. Rehbocks Einschätzung der FAZ-Berichterstattung wird dadurch verfälscht.
[40] REHBOCK, Tagespresse am Beispiel Gentechnologie, S.34/35
[41] REHBOCK, Tagespresse am Beispiel Gentechnologie, S.39-42
[42] REHBOCK, Tagespresse am Beispiel Gentechnologie, S.44. Die Beschreibung der Themenkarriere in der vorliegenden Arbeit wird zeigen, daß das Thema nicht erst durch die Vorlage des Enquete-Berichts politisch relevant wird, sondern dies schon sehr viel länger ist. Vgl. Kapitel III
[43] REHBOCK, Tagespresse am Beispiel Gentechnologie, S.45

"besonderes Fachwissen" schließt Ruth Rehbock bei einem Thema mit solcher gesellschaftlichen Tragweite alle Nicht-Naturwissenschaftler von der Diskussion aus. Außerdem ist bei der Kommentierung auch politische Expertise über die Arbeit von Enquete-Kommissionen gefragt, nicht nur naturwissenschaftliches Fachwissen.

Rehbock empfindet die Berichterstattung als unzureichend, "lieblos und routinemäßig", "es wird sich kaum kritisch damit auseinandergesetzt"[44] und schließt von der Behandlung des aktuellen Ereignisses "Vorstellung des Enquete-Berichts" vorschnell auf die Behandlung des Problemfelds Gentechnik generell.

Im Rahmen ihrer qualitativen Auswertung beschreibt Rehbock, daß den Anwendungsgebieten Medizin und Gesundheit sowie der Keimbahntherapie die größte Aufmerksamkeit zukommt: Der Medizin mit positivem Vorzeichen ("Wunderwirkungen"), der Keimbahntherapie wegen der sensationalistischen Überhöhung zur "Menschenzüchtung" mit negativem.[45] Rehbocks Einschätzung der sprachlichen "Erklärungen" bleibt oberflächlich. Sie zählt nur Worterklärungen aus und bleibt die Antwort auf das "Wie?" schuldig ("Insgesamt werden also 70% der erwähnten Fachausdrücke auch erklärt").[46]

Ihr Fazit ist vernichtend. Die journalistische Aufmerksamkeit sei an Tagesaktualität und Sensation orientiert und schnell erloschen:

---

[44] REHBOCK, Tagespresse am Beispiel Gentechnologie, S.50
[45] REHBOCK, Tagespresse am Beispiel Gentechnologie, S.74/75
[46] REHBOCK, Tagespresse am Beispiel Gentechnologie, S.81-83

"Es fehlt an Sensibilität, die Tragweite wissenschaftlicher Entwicklungen rechtzeitig zu erkennen, solange sich diese noch im unspektakulären Bereich bewegen. Nur auf dieser Basis wären Medien wirksame Frühwarnsysteme und könnten durch entsprechend breite Aufklärung die Gefahr verhindern, daß sich am öffentlichen Bewußtsein vorbei eine neue unheilvolle Technologie etablieren kann. So aber werden die Bioreaktoren in der Gentechnik ohne öffentlichen Protest dem atomaren Restrisiko noch ein biologisches hinzufügen. Die Berichterstattung wird erst im Katastrophenfall wieder die Seiten der Zeitungen füllen".[47]

Ruth Rehbock suggeriert, daß die Behandlung des Themas Gentechnik in der Presse mit der Vorstellung des Enquete-Berichts einsetzt und danach wieder aufhört. Da der Bericht aber das Ergebnis einer mehrjährigen Kommissionsarbeit ist, und auch eine Enquete-Kommission nicht unvermittelt, sondern durch öffentliche Diskussion angeregt, eingesetzt wird, ist es wahrscheinlich, daß die Presse bereits vor dem Januar 1987 über das Thema Gentechnik berichtet hat.[48]

Ute Nawratil

Die Magisterarbeit von Ute Nawratil vergleicht die Berichterstattung über Reproduktionsmedizin und Genforschung am Beispiel von vier Tageszeitungen (WELT, FAZ, SZ, FR) und einer Fachzeitschrift (Ärzte-Zeitung).[49] Die Untersuchungszeiträume Mai, November, Dezember 1985 und März 1986 legt sie ereignisorientiert fest. Ende November 1985 zum Beispiel wird der Bericht der Arbeitsgruppe "In-vitro-Fertilisation, Genomanalyse und Gentherapie" vorgelegt, der nach seinem Vorsitzenden (dem ehemaligen Präsidenten des Bundesverfassungsgerichts Prof. Dr. h.c. Ernst Benda) kurz Benda-Bericht genannt wird.[50]

Leitfragen ihrer Untersuchung sind:
- Werden dem interessierten Laien genügend Anhaltspunkte zur Orientierung gegeben?

---

[47] REHBOCK, Tagespresse am Beispiel Gentechnologie, S.88
[48] Wie die Themenkarriere zeigen wird, ist eine kontinuierliche Berichterstattung gegeben, die keinen "Katastrophenfall" braucht, um das Thema als "nachrichtenwertig" einzustufen. Vgl. Kapitel III
[49] NAWRATIL, Reproduktionsmedizin und Genforschung, S.21/22
[50] NAWRATIL, Reproduktionsmedizin und Genforschung, S.22/23

- Ist die Berichterstattung in den Tageszeitungen vielfältig oder findet hier im wesentlichen nur ein eng begrenztes Fachgespräch statt?
- Welches Stereotyp wird in den einzelnen Medien bezüglich der Gentechnologie und ihrer Anwendungsgebiete herausgebildet und welche Meinungspositionen werden vermittelt?[51]

Nawratil ermittelt folgendes:

1. Leser der FAZ und der FR finden durchschnittlich in jeder zweiten Ausgabe einen Beitrag zum Themengebiet Gentechnologie, Leser der WELT und SZ in jeder dritten.[52]

2. Das Gespräch über Gentechnologie findet hauptsächlich zwischen Vermittlern (Journalisten), Politikern, Naturwissenschaft und Medizinern statt. Handlungsträger, die ethische oder moralische Seiten der Gentechnologie erhellen könnten, sind nahezu ausgeschlossen.[53]

3. Innerhalb des Themenspektrums ist das Thema "Künstliche Befruchtung" dominant, gefolgt von Gen- und Biotechnologie allgemein sowie ihre Anwendungen in Tier- und Pflanzenzucht. Dann folgen die Bereiche Leihmutterschaft und Embryonenforschung.[54]

4. Bei den Lesern aller vier überregionalen Zeitungen entsteht ein ähnliches Bild von der Gentechnologie: Eine Technologie, die zwar Gefahren birgt, die aber durch gesetzliche Regelungen in die richtigen Bahnen gelenkt, Anlaß zur Hoffnung auf Hilfe gibt.[55]

5. Die moralische Ablehnung richtet sich vor allem gegen die Reproduktionsmedizin sowie gegen humangenetische Techniken. Fortschrittserwartungen verknüpfen sich dagegen mit der Gen- und Biotechnologie, die Leiden lindern und verhindern soll.[56]

Ute Nawratil formuliert abschließend eine Tendenz:

> "Die Berichterstattung verweigert dem Leser die Möglichkeit, alle gesellschaftlichen Positionen kennenzulernen, da sie sich größtenteils als Fachgespräch mit verstärktem politischen Einschlag manifestiert. Sie hinterfragt nicht, sie stellt vor vollendete Tatsachen".[57]

Was machbar sei, werde unter allen möglichen gesetzlichen und juristischen Aspekten diskutiert, was wünschenswert sei, stehe schon nicht mehr zur Debatte.

51	NAWRATIL, Reproduktionsmedizin und Genforschung, S.18-20
52	NAWRATIL, Reproduktionsmedizin und Genforschung, S.24
53	NAWRATIL, Reproduktionsmedizin und Genforschung, S.65
54	NAWRATIL, Reproduktionsmedizin und Genforschung, S.68-70
55	NAWRATIL, Reproduktionsmedizin und Genforschung, S.119
56	NAWRATIL, Reproduktionsmedizin und Genforschung, S.130
57	NAWRATIL, Reproduktionsmedizin und Genforschung, S.132

Rudolf Wildenmann/Brigitta Widmaier

Im Rahmen eines Projektes speziell zu Wissenschafts- und Technologiethemen der Randgruppenpublizistik der Universität Mannheim wird auch die TAZ untersucht.[58] Im Projektbericht gehen die Autoren von der Überlegung aus, daß die Alternativpresse Themen aufgreift, die dann mit zeitlicher Distanz im politischen und gesellschaftlichen Kontext aktuell werden.[59] Da bei den Alternativgruppen eine starke Ablehnung der wissenschaftlichen und technologischen Entwickung konstatiert wird, beobachten die Autoren das Aufgreifen von Themen wie Kernenergie, Gentechnologie oder Kommunikationstechnologien in den Jahren 1982 und 1986. Für die TAZ wird festgestellt, daß die Gentechnologie als Thema erst 1986 hinzukomme, wie auch generell bei den 15 "alternativen" Publikationen.[60] Die Suche nach TAZ-Artikeln vor 1986 ist jedoch nicht sorgfältig erfolgt. Die Berliner Forschergruppe (Flöttmann/Höpken) identifiziert schon von 1978-1981 acht Artikel in der TAZ, und es ist nicht anzunehmen, daß die Gentechnik-Berichterstattung der TAZ dann plötzlich abbricht und erst 1986 wieder einsetzt.[61]

Eine Thematisierungsfunktion vor Aufgreifen der Themen in den traditionellen Medien wird der Alternativpresse in diesem Projektbericht abgesprochen, "eine differenzierende, wenngleich kritische Erörterung" der Kernenergie oder der Gentechnologie finde nur in Ausnahmefällen statt.[62] Dafür wird durch Zuschreibungen wie "chaotischem Aktionismus", "Schwarzmalerei" und "sektiererischer Intoleranz" mit der Randgruppenpublizistik im wahrsten Sinne des Wortes "abgerechnet". Da sich diese Urteile nicht aus der Analyse ergeben, müssen sie auf den Vorurteilen der

---

58	WILDENMANN/WIDMAIER, Randgruppenpublizistik
59	WILDENMANN/WIDMAIER, Randgruppenpublizistik, S.6
60	WILDENMANN/WIDMAIER, Randgruppenpublizistik, S.23
61	Diese Kritik wird durch die Auswertung meines Materials erhärtet. Von 1982-1985 finden sich in der TAZ 30 Beiträge. Vgl. Kapitel III, 2.1. und 3.1., S.155 und S.188
62	WILDENMANN/WIDMAIER, Randgruppenpublizistik, S.58

Autoren beruhen.[63]

Wolfgang van den Daele/Georg Ruhrmann

Einige Untersuchungen zur Gentechnik-Berichterstattung laufen unter dem Titel "Risikokommunikation". Das Problem der Kommunikation über technische Risiken rückt im Zuge der Debatte um den Risikobegriff in den Mittelpunkt der Forschung. Dort zeigt sich, daß Risiken wie die des Straßenverkehrs oder des Rauchens im Vergleich zu denen moderner Technologien nicht "rational" betrachtet werden, sondern abhängig von der Wahrnehmung des Einzelnen sind. Die Risikoeinschätzungen von Experten, Gegenexperten oder Laien divergieren stark. Viele Experten sehen das Akzeptanzproblem moderner Technologien als Problem fehlender oder falscher Informationen. Dafür werden die Medien verantwortlich gemacht. Die unterschiedlichen Erwartungen an die Medien habe ich ja anfangs bereits deutlich gemacht. Die einen erwarten "sachliche" Informationen und "vernünftige" Darstellungen und kritisieren bei Nichtgefallen dann "emotionale" oder "angstschürende" Berichterstattung, die anderen erwarten "aufklärerische" Berichterstattung, die die Bevölkerung für eventuelle technische Risiken sensibilisiert, sogar warnt.[64]

Ein Gutachten zur Problematik der Risikokommunikation im Bereich der Gentechnologie in der Bundesrepublik liefert Wolfgang van den Daele 1988, die Medien tauchen dabei leider nur am Rande auf.[65] Van den Daele sieht die Medien als exakten Spiegel einer "inkonsistenten" Debatte:

---

63 WILDENMANN/WIDMAIER, Randgruppenpublizistik, S.58/59
64 Eine sehr gute Zusammenfassung dieser Problematik bietet Hans Peter PETERS: Der massenmediale Umgang mit technischen Risiken
65 VAN DEN DAELE, Risikokommunikation Gentechnologie. Dieses Gutachten wurde im Rahmen eines Jülicher Forschungsprogramms zum Problemfeld "Kommunikation über Risiken" erstellt. Der Verfasser war von 1986-1987 Mitglied der Enquete-Kommission des Deutschen Bundestages über "Chancen und Risiken der Gentechnologie".

"In ihnen werden nebeneinander sowohl die Leistungen der GT dargestellt und als mögliche Fortschritte bei der Lösung unserer vielfältigen Probleme diskutiert, wie auch fundamentale Kritiken an diesem Fortschrittsmodell entfaltet".[66]

Daß die Medien sogar die Aufgabe haben, ein Forum zu sein, erwähnt van den Daele nicht. Die Kernenergie-Berichterstattung zeigt jedoch, daß sich aus dem unverbundenen Nebeneinander von Pro und Contra Orientierungsschwierigkeiten für die Rezipienten ergeben.[67]

Georg Ruhrmann befaßt sich dezidiert mit der Rolle der Medien bei der Risikokommunikation über Gentechnologie. Im Rahmen seines noch laufenden Münsteraner Forschungsprojekts werden von 1987-1989 zehn Tageszeitungen untersucht.[68] Ruhrmann geht davon aus, daß sich erst Mitte der achtziger Jahre "mit deutscher Gründlichkeit" des Themas Gentechnologie angenommen wird.[69] Ihn interessieren die unterschiedlichen Risikowahrnehmungen von Wissenschaftlern, Kommunikatoren innerhalb des Mediensystems und von Rezipienten. Ruhrmann stellt die These auf, daß die Massenmedien erst über gentechnologische Entwicklungen berichten, wenn diese Ereignisse wissenschaftlich-technisch oder ökonomisch relevant seien. Als Beispiele nennt er die gentechnologische Herstellung des Insulins oder verschiedener Interferone als auch der Einsatz in Pflanzen- und Tierproduktion.[70] Die Medien sprechen laut Ruhrmann von "Risiko", wenn ein befürchteter Schaden "ökologisch, ökonomisch oder politisch" bedeutsam sei. Dies zeige die Diskussion um ökologische Folgen unkontrollierter Freisetzungsversuche. Das Risiko für die deutsche Wirtschaft, die "sich mit einem hohen Reglementierungsbedarf der Politik auseinanderzusetzen hat und ihre gentechnologische Produktion in die USA oder nach Japan auszulagern beginnt" sei dagegen wenig bekannt.[71] Ohne direkten Bezug zu

---

66 VAN DEN DAELE, Risikokommunikation Gentechnologie, S.29
67 Vgl. Kritik an Kernenergie-Berichterstattung Kapitel II, 1.3., S.45-46
68 Georg Ruhrmann hat mir dankenswerter Weise im persönlichen Gespräch sein Projekt erläutert.
69 RUHRMANN, "Aidsmäuse und Schlimmeres", S.36
70 RUHRMANN, "Aidsmäuse und Schlimmeres", S.37
71 RUHRMANN, "Aidsmäuse und Schlimmeres", S.37. Die Beschreibung der

Ruhrmanns Projekt muß man anmerken, daß die sozialwissenschaftliche Forschung zur Risikokommunikation nicht unumstritten ist. Von einem Teil der Kritiker wird ihr vorgeworfen, die Ängste vor neuen Technologien "weg rationalisieren" zu wollen".[72] Die Medien spielen in der Forschung zur Risikokommunikation die Rolle des Sündenbocks, da sie die gesellschaftlichen Befürchtungen und Vorurteile gegenüber modernen Technologien angeblich noch unterstützen.

Georg Haux

Eine erfreuliche Ausnahme in der bundesdeutschen Forschung stellt die Diplomarbeit von Georg Haux dar. Die Untersuchung ist methodisch kreativ, da Haux keine Produkte analysiert, sondern Wissenschaftsjournalisten und Wissenschaftler befragt, die sich schwerpunktmäßig mit Gentechnologie beschäftigen.[73]

44 Wissenschaftler und Wissenschaftsjournalisten befragt Haux schriftlich nach Bild und Selbstbild in Bezug auf ihr Verhältnis zur Öffentlichkeit , nach ihrem Bild von den Medien, zu ihrem Bild voneinander und nach ihren Erwartungen aneinander und an die Medien.[74]

Die wichtigsten Ergebnisse:
1. Die Wissenschaftler halten öffentliche Diskussion über die Gentechnologie für sehr sinnvoll, dabei sind sie aber eher passiv als aktiv bereit zur Kooperation mit Journalisten.[75]
2. Beide Gruppen schätzen das Interesse des Publikums als stark ein, allerdings glauben auch beide Gruppen, daß die Öffentlichkeit eine eher negative Einstellung zur Gentechnologie hat.[76]

---

[72] Themenkarriere in der vorliegenden Arbeit wird zeigen, daß dies keinesfalls so ist, sondern das Gespenst der mangelnden Konkurrenzfähigkeit der deutschen Industrie auf dem Weltmarkt oder der Forschungsrückstand der Wissenschaft in diesem Bereich mit Vehemenz thematisiert werden. Vgl. Kapitel III
Bild der Wissenschaft, Editorial Heft 12/90
[73] HAUX, Wissenschaftsjournalisten und Wissenschaftler
[74] HAUX, Wissenschaftsjournalisten und Wissenschaftler, S.5 (Leitfragen), S.69-76 (methodische Fragen). Von 44 angeschriebenen Personen antworteten 35.
[75] HAUX, Wissenschaftsjournalisten und Wissenschaftler, S.91-93
[76] HAUX, Wissenschaftsjournalisten und Wissenschaftler, S.95-97

3. Während der Umfang der Berichterstattung als zufriedenstellend eingeschätzt wird, wird die Qualität eher skeptisch beurteilt. Die FAZ und die SZ erhalten die besten Noten, die FAZ wird von den Wissenschaftsjournalisten aber schlechter benotet als von den Wissenschaftlern. WELT und FR schneiden deutlich schlechter ab. Die regionalen Tageszeitungen schneiden bei den Wissenschaftlern von allen Zeitungen am schlechtesten ab, bei den Journalisten liegen sie eher im Mittelfeld. Die "Massenblätter" BUNTE, STERN und SPIEGEL werden allerdings erheblich negativer beurteilt als die Zeitungen.[77]

4. Einseitige und tendenziöse Berichterstattung im Sinne der Betonung der Gefahr der Gentechnologie sehen die Wissenschaftler eher als die Journalisten. Dementsprechend sehen die Wissenschaftler auch die Kritiker überrepräsentiert.[78]

5. Das Bild der Wissenschaftler von den Wissenschaftsjournalisten liegt zwischen den Polen positiv und negativ in der Mitte. Wissenschaftsjournalisten kommen generell besser weg als Kollegen aus anderen Ressorts. Allerdings gibt fast die Hälfte der Wissenschaftler an, daß die Wissenschaftsjournalisten mit vorgefaßten Meinungen in die Recherche gehen. Umgekehrt sehen die Journalisten die Zusammenarbeit mit den Wissenschaftlern durchweg positiver, nur die Mediziner werden als schwierig und arrogant beschrieben.[79]

6. In der Diskussion um die Verantwortbarkeit gentechnologischer Forschung meinen 77 Prozent der Journalisten, aber nur 12,9 Prozent der Wissenschaftler, daß die Grenzen des ethisch Verantwortbaren überschritten werden. Während die Journalisten "Naivität und Betriebsblindheit" oder "Machtphantasien größenwahnsinniger Biologen" fürchten, berufen sich die Wissenschaftler auf freiwillig vereinbarte Beschränkungen in der Genforschung und ihr Fachwissen, daß es ihnen ermöglicht, Folgewirkungen abzuschätzen.[80]

7. Die Wissenschaftler erwarten von der Berichterstattung die Darstellung des praktischen Nutzens und des aktuellen Forschungsstandes der Genforschung. Ethisch-moralische Gesichtspunkte und Umweltrisiken werden für weniger wichtig gehalten, bei den Journalisten hingegen rangieren sie weiter oben in der Wichtigkeitsskala. Rechtliche Aspekte, im Hinblick auf neue Gesetze sind starken Vorbehalten der Wissenschaftler ausgesetzt, weil diese staatliche Reglementierungen als Einschränkung ihrer Arbeit sehen. Die Wissenschaftsjournalisten setzen ihre thematischen Schwerpunkte stärker auf Risiken und Auswirkungen der Forschung. Beide Gruppen sehen die größten Defizite der Berichterstattung in sachlichen und qualifizierten Berichten, übereinstimmend sehen sie den Grund dafür in mangelnder Kompetenz der Journalisten.[81]

8. Spekulationen über die Folgen der Gentechnologie halten die Journalisten für gerechtfertigt, die Wissenschaftler nicht. Die Wissenschaftler halten es außerdem für unmöglich, daß ein gut informierter

---

77	HAUX, Wissenschaftsjournalisten und Wissenschaftler, S.99-109
78	HAUX, Wissenschaftsjournalisten und Wissenschaftler, S.109-112
79	HAUX, Wissenschaftsjournalisten und Wissenschaftler, S.117-132
80	HAUX, Wissenschaftsjournalisten und Wissenschaftler, S.132-135
81	HAUX, Wissenschaftsjournalisten und Wissenschaftler, S.142-154

Wissenschaftsjournalist nach gründlicher Recherche zu einem negativen Urteil bezüglich der Gentechnologie kommen könne. Ein anderes Urteil als das der Wissenschaftler selbst wird den Journalisten nicht zugestanden. Beide Parteien werfen sich gegenseitig Inkompetenz auf dem Gebiet des anderen vor. Während die Wissenschaftler die sachliche Unkenntnis der Journalisten rügen, bemängeln diese die Unkenntnis der Wissenschaftler über Zwänge und Gesetze des Mediensystems.[82]

Grundsätzlich weist die Untersuchung auf das generelle Transferproblem zwischen Wissenschaft und Öffentlichkeit hin. Die Wissenschaftler übertragen Normen und Maßstäbe der fachinternen Kommunikation auf die fachexterne mit Journalisten und Öffentlichkeit, was zu Konflikten führt. Die Journalisten setzen journalistische Maßstäbe dagegen und orientieren sich stärker an den Bedürfnissen des Publikums. Deshalb betrachten sie die Wissenschaft kritischer als den Wissenschaflern lieb ist.[83]

2.3. Zusammenfassung

Die Debatte um die rDNA ist die wissenschaftspolitische Debatte der 70er Jahre in den USA. Die amerikanische Presse entwickelt in dieser Zeit kein eigenständiges Profil, sondern treibt zwischen den Interessen von Staat, Wissenschaft und Industrie, die die neue Technik fördern wollen.

Während frühe Bedenken über Forschungsrisiken die Debatte starten und von der Presse auch reportiert werden, nimmt mit dem Fortschritt der Forschung die Berichterstattung über den Nutzen immens zu. Sensationen verheißende Berichte bekommen Hochkonjunktur. Im Mittelpunkt der Berichterstattung stehen stets nur wissenschaftliche und technische Aspekte der Diskussion, der soziale und politische Kontext der Debatte kommt demgegenüber zu kurz.

---

[82] HAUX, Wissenschaftsjournalisten und Wissenschaftler, S.159-169
[83] HAUX, Wissenschaftsjournalisten und Wissenschaftler, S.169-173. Haux vermutet, daß sich die gegenseitigen Vorwürfe von Panikmache (Wissenschaftler über Wissenschaftsjournalisten) gegenüber Arroganz (Wissenschaftsjournalisten über Wissenschaftler) noch verschärfen, wenn es um das Verhältnis von Wissenschaftlern und nicht spezialisierten Journalisten geht.

Generell wirft die amerikanische Medienkritik ihrer Presse Kritiklosigkeit und blinde Euphorie vor, die Ergebnisse der bundesdeutschen Forschung sind dagegen diffus.

Insgesamt zeichnen die wenigen deutschen Untersuchungen ein eher negatives Bild der Berichterstattung:

- Ruth Rehbock kritisiert die Berichterstattung über den Enquete-Bericht als unzureichend, lieblos und routinemäßig, ohne kritische Auseinandersetzung;

- Ute Nawratil kritisiert eine Berichterstattung, die nicht hinterfragt und sich einseitig als Fachgespräch mit verstärktem politischen Einschlag manifestiert;

- Die Mannheimer Projektgruppe bemängelt die Randgruppenpublizistik inklusive der TAZ, die sich des Themas Gentechnik erst spät annimmt und sich nicht durch kritische Erörterung, sondern durch sektiererische Intoleranz auszeichnet;

- Die Wissenschaftler, die Georg Haux befragt, kritisieren die Berichterstattung als einseitig und tendenziös und sehen thematisch das Risiko der Gentechnik und personell die Kritiker überrepräsentiert.

Obwohl die negative Gesamtbilanz erdrückend ist, ist für die Karriere des Themas Gentechnik in der Presse erst zu prüfen, ob auch hier die Defizite die Leistungen überdecken.

3. DAS PARADIGMA "THEMA"

Das folgende Kapitel führt den für die vorliegende Arbeit zentralen Begriff der Themenkarriere ein. Dazu gehe ich vorher kurz auf die linguistische Thema-Diskussion ein. Das Verständnis von Thema als wesentlichem textbildenden Merkmal führt zum Konzept des Globaltextes "Gentechnikberichterstattung von 1973 - 1989".

3.1. Thema "Thema"

Kriterien, um ein "Thema" zu bestimmen, wurden von der Linguistik auf verschiedenen Ebenen gesucht. So stand anfangs der Satz im Mittelpunkt des Interesses.[1] Ähnlich der Entwicklung der Linguistik generell wird Mitte der sechziger, Anfang der 70er Jahre, auch für das "Thema" der Text die zentrale Bezugsgröße. Die "kommunikationsorientierte" Textlinguistik, wie Brinker sie nennt, bringt die Kommunikationssituation als zusätzliches Moment in die Diskussion.[2] Die Beteiligten der Kommunikation (Sprecher/Hörer bzw. Autor/Leser) und ihr Verhältnis zueinander werden ein entscheidender Faktor. Das "Thema" eines Textes zu bestimmen, wird die Basis jeder Textanalyse. Doch trotz der Wichtigkeit des Begriffes "Thema" ist seine Definition schwierig. Zu bemängeln ist aus meiner Perspektive nicht die Vielzahl von Definitionsversuchen, sondern daß die Kriterien für die Bestimmung und die Wiedererkennbarkeit eines Themas defizitär bleiben. Bei allen angebotenen Verfahren bleibt als Fazit, daß es zur Bestimmung des Textthemas keine mechanischen Prozeduren geben kann, die dann automatisch zum "richtigen" Thema führen.[3] Brinker definiert

---

[1] BENES, Aspects, S.267-274; FIRBAS, Defining the theme, S.267-280
[2] BRINKER, Linguistische Textanalyse, S.14/15. Die kommunikationsorientierte Textlinguistik entsteht vor dem Hintergrund der linguistischen Pragmatik, die sprachverwendungsorientierte Gesichtspunkte in den Vordergrund stellt.
[3] Diese Einschränkung, die auch BRINKER, Linguistische Textanalyse, S.51 äußert gilt zum Beispiel für: AGRICOLA, Vom Text zum Thema, S.13-27;

Thema als "Kern des Textinhalts", der entweder durch spezifische Verfahren quasi synthetisch aus dem Text eruiert werden oder in bestimmten Textsegmenten wie dem Titel oder dem Lead schon enthalten sein kann.[4] Die entscheidende Größe für die Themenformulierung ist jedoch der Rezipient.

> "Die Bestimmung des Themas ist vielmehr abhängig von dem Gesamtverständnis, das der jeweilige Leser von dem Text gewinnt. Dieses Gesamtverständnis ist entscheidend durch die beim Emittenten vermutete Intention bestimmt, d.h. durch die kommunikative Absicht, die der Sprecher/ Schreiber mit seinem Text nach der Meinung des Rezipienten verfolgt (...)".[5]

Für die vorliegende Arbeit wäre es ebenso nutzlos wie schädlich, sich auf die Frage nach der linguistischen Definition von "Thema" weiter einzulassen. Denn jede eigene linguistische Definition, hätte mein Verfahren der Korpusfindung konterkariert.[6] Einschlägig für das Korpus sind alle Artikel, die in den Zeitungsarchiven von den Dokumentaren unter dem Stichwort "Gentechnik" gesammelt wurden. Die Definition, welche Artikel nun zum "Thema" Gentechnik gehören, blieb diesen "Profis", die dafür speziell ausgebildet sind, überlassen. Die Dokumentare bestimmen also keineswegs willkürlich die Kriterien, die die Texte erfüllen müssen, um für dieses Thema relevant sein. Damit wurde eine arbeitspraktische Definition von "Thema" gewählt. Gleichzeitig ist ein hohes Maß von Intersubjektivität gewährleistet.[7]

Zu erwähnen bleibt die Unterscheidung zwischen dem Thema des Gesamttextes und kleineren thematischen Einheiten, die ich im weiteren als Teilthemen bezeichne. Die gesamte Menge an Teilthemen, die das Thema

---

[4] BAYER, Diskursthemen, S.213-224; DRESSLER, Textlinguistik, LÖTSCHER, Text und Thema
[5] BRINKER, Linguistische Textanalyse, S.51
[6] BRINKER, Linguistische Textanalyse, S.51/52
   Was hier angerissen wird, wird ausführlich in Kapitel II, 5.3. (Auswahl des Textmaterials in den Archiven) aufgenommen.
[7] Selbst wenn den Dokumentaren etwas entgangen sein sollte, was ich als zum Thema gehörig bestimmt hätte, ist es bei einer Menge von 1679 Artikeln statistisch nicht signifikant.

"Gentechnik" von Anfang bis Ende des Untersuchungszeitraumes gestalten, bilden den Katalog der thematischen Aspekte des Themas Gentechnik. Zu diesem Katalog oder Spektrum gehören so unterschiedliche Themenaspekte wie der Stand der wissenschaftlichen Forschung, Sicherheitsrichtlinien, der Protest der Öffentlichkeit oder Chancen für gentechnisch hergestellte Produkte auf dem Weltmarkt. Die verschiedenen Themenaspekte lassen sich zu Themenbereichen gruppieren. So gehören die Frage nach der ethischen Verantwortung der Wissenschaftler oder nach einer eigenen "Gen-Ethik" zum Themenbereich Ethik. Der Gründungsboom von Gen-Firmen, Standortfragen oder Absatzmärkte bilden den Themenbereich Wirtschaft.[8]

Sprachwissenschaftlich interessant ist die Anordnung und Vernetzung der Teilthemen. Brinker geht davon aus, daß die thematische Orientierung eines Textes dessen wesentliches kohärenzstiftendes Merkmal ist.[9] Zugespitzt bedeutet das, daß erst der thematische Zusammenhang ein sprachliches Gebilde zu einem Text macht. Nun enthält ein Text in der Regel mehrere Teilthemen, die in einem thematischen Zusammenhang zum übergeordneten Textthema stehen. Gerd Fritz spricht von "indem-Zusammenhängen"[10], das heißt, ich kann über das Thema Gentechnik sprechen, indem ich über die wirtschaftliche Bedeutung von gentechnisch hergestellten Medikamenten spreche und indem ich darüber spreche, welchen Sicherheitsanforderungen die Produktion unterliegt usw. Bisher wurde in der Linguistik die Anordnung der Teilthemen nur auf der Ebene des einzelnen Textes diskutiert. Im Rahmen meiner Analyse von 1679 Texten zum Thema Gentechnik stellt sich das Problem jedoch textübergreifend.[11] Probeweise spreche ich hier von einem Globaltext. Grundsätzlich ist dafür der "Umfang" der Textdefinition entscheidend. Hennig/Huth schlagen vor, daß die "Kommunikationsrelevanz" einer Äußerung über deren

---

[8] Welche Themenaspekte und Themenbereiche für die quantitative Auswertung definiert wurden, vgl. Kapitel II, 6.2.
[9] BRINKER, Linguistische Textanalyse, S.42
[10] FRITZ, Kohärenz, S.215

Texthaftigkeit entscheidet".[12] Das Interesse des Lesers bestimmt, was er als "Text" definiert. Auf Zeitungslektüre bezogen hieße dies, ob ich nur die Schlagzeile, die Schlagzeile plus Bericht, plus Reportage auf der dritten Seite usw. als "Text" bestimme, hängt von meinem Interesse ab. Will ich mich als Leser umfassend über das Thema "Gentechnik" informieren, kann ich durchaus 1679 Artikeln Texthaftigkeit zusprechen und sie als "Globaltext" definieren.

Für die Journalisten ist das Verständnis aller Texte zu einem Thema als Globaltext ohnehin gängige Praxis. Ob sie Archivmaterial zu einem Thema anfordern und ein umfangreiches Dossier erhalten oder in Redaktionskonferenzen darüber diskutieren, daß ein Thema doch gerade vor einigen Wochen "im Blatt" war - Menge und zeitliche Distanz der Artikel lassen sie doch zu einem Thema, einem Text, gehören. Auch explizit wird diese Sichtweise der Journalisten deutlich. Wenn der FAZ-Wissenschaftsjournalist Rainer Flöhl am 24. Dezember 1975 über ein Modell-Gen schreibt und als Teil seiner Erklärung auf die FAZ vom 30. Oktober 1974 verweist, so rekurriert er auf Vorwissen, das er vor mehr als einem Jahr in der FAZ eingeführt hat. Die Möglichkeit, daß die Leser sich erinnern oder die FAZ vom 30.10.1974 zur Verfügung haben, ist jedoch gering. Je länger der Globaltext bereits ist, desto mehr Rücksicht muß auf die Rezipienten genommen werden. Wie in einem Buch muß sich der Journalist durch Zusammenfassungen von Zeit zu Zeit vergewissern, den Leser nicht verloren zu haben. Für den Journalisten ergibt sich der Zielkonflikt, neuen Lesern jederzeit einen Einstieg zu ermöglichen, aber die ständige Lesergemeinde nicht zu langweilen. Bei einem Berichterstattungsverlauf über viele Jahre potenziert sich das Problem. Die Segmentierung des Verlaufs der Berichterstattung in Phasen steht im Mittelpunkt des folgenden Kapitels.

---

11   Vgl. Untersuchungsmaterial Kapitel II, 5.
12   HENNIG/HUTH, Kommunikation als Problem, S.136

3.2. Karriere eines Themas

Unter dem Stichwort "Karriere" findet man im Duden, daß es von französisch "carrière" für Rennbahn und Laufbahn stammt und "erfolgreicher Aufstieg im Beruf" bedeutet.[13] Was die Laufbahn von Themen angeht, so liefert Niklas Luhmann schon Anfang der 70er Jahre die entscheidende Theorie, um die Karriere eines Themas zu beschreiben. Vergleichbar mit der Lebensgeschichte eines Menschen wird ein Thema geboren, es hat eine Kindheit, es entwächst den Kinderschuhen und kommt in die Pubertät, es wird erwachsen, schließlich alt und es stirbt irgendwann.

Dem Soziologen Luhmann ging es nie um die Karriere von Themen in der Presse, sondern um eine Definition des Begriffs der öffentlichen Meinung. In diesem Zusammenhang entwirft er ein Modell, das den dynamischen Charakter öffentlicher Kommunikation aufgreift, und die Karriere von Themen in Phasen beschreibt. Diese Phaseneinteilung appliziere ich modifiziert auf die Karriere des Themas Gentechnik in der Presse. Luhmanns Konstrukt hat bereits Übertragungsversuche anderer Autoren angeregt, die kurz skizziert werden.

3.2.1. Luhmanns Ansatz

Luhmanns Konzept von der Karriere eines Themas resultiert aus dem Versuch einer systemtheoretischen Neuinterpretation des Öffentlichkeitsbegriffs. Öffentliche Meinung will Luhmann nicht einfach als politisch relevantes Ergebnis, sondern als thematische Struktur von Kommunikation verstanden wissen[14], als gemeinsame Themen[15] der Kommunikation. Po-

---

[13] DUDEN, Deutsches Universalwörterbuch, S.815
[14] LUHMANN, Öffentliche Meinung, S.30
[15] Unter Themen will Luhmann "bezeichnete, mehr oder weniger unbestimmte und entwicklungsfähige Sinnkomplexe verstehen, über die man reden und gleiche, aber auch verschiedene Meinungen haben kann: das Wetter, das neue Auto des Nachbarn, die Wiedervereinigung, der Motorlärm von Rasenmähern, das Steigen der Preise, der Minister Strauß". LUHMANN, Öffentliche Meinung, S.34

litische Kommunikation wird für ihn in einem komplexen Gesellschaftssystem durch Themen gesteuert. Diese Themen zeigen den jeweiligen Problemlösungsbedarf der Gesellschaft an. Dabei will Luhmann für, in seinem Sinne funktionierende, Kommunikation zwei Dinge trennen: die Wahl eines Themas und die Meinungsäußerung über dieses Thema. Die "Verschmelzung" von Thema und Meinung führe zu "einseitiger", "unbeantwortbarer", "manipulierter" Kommunikation.[16] Als Mittel der Manipulation tauchen auch die Medien auf, denn so Luhmann, diese Manipulation geschehe durch "technisch bedingte Einseitigkeit der Kommunikation über Massenmedien, durch psychotechnisch überlegtes Arrangement, vor allem aber durch Moralisierung der Kommunikation (und am sichersten natürlich durch all das zusammen)".[17]

Die Unterscheidung von Thema und Meinung forciert eine weitere Unterscheidung Luhmanns, die zwischen Aufmerksamkeits- und Entscheidungsregeln.[18] Die Aufmerksamkeitsregeln steuern die Verteilung der knappen[19] Aufmerksamkeit und damit die Bildung politischer Themen, die Entscheidungsregeln steuern die Meinungsbildung. Themen werden nach Luhmann gebildet, um Aufmerksamkeit einzufangen. Sie zeigen an, was im (politischen) Kommunikationsprozeß, Resonanz und Antwortbereitschaft erwarten kann. Die Regeln, nach denen Luhmann Themenbildung und Verteilung von Aufmerksamkeit organisiert sieht - wie Krisen oder Krisensymptome sowie die Neuheit von Ereignissen - erinnern an die Kriterien, nach denen sich die Nachrichtenauswahl in den Medien abspielt und die Winfried Schulz Nachrichtenfaktoren nennt.[20]

---

16   LUHMANN, Öffentliche Meinung, S.35
17   LUHMANN, Öffentliche Meinung, S.35. Dies wird in der Kritik seines Ansatzes noch aufgegriffen.
18   LUHMANN, Öffentliche Meinung, S.37. Aufmerksamkeitsregeln sind hierbei ungleich wichtiger, denn erst auf Basis von dem, was überhaupt mit Aufmerksamkeit bedacht wird (Themen), kann es zu Entscheidungen (Meinungsbildung) kommen.
19   Gemäß Prämisse Luhmann
20   LUHMANN, Öffentliche Meinung, S.38-40 sowie SCHULZ, Die Konstruktion

Doch interessanter als die Kriterien, die zur Themenbildung führen, ist die Frage, wie der Wechsel zwischen verschiedenen Themen der politischen Kommunikation abläuft. Luhmann beschreibt, daß dieser Wechsel einer gewissen Ordnung folgt, Themen "eine Art Lebensgeschichte haben, die, wie das Leben selbst, verschiedene Wege gehen und vorzeitig abgebrochen werden kann, gleichwohl aber nach typischen Phasen geordnet ist".[21] Luhmann spricht dann von der "Karriere eines Themas", dem Begriff, der für die vorliegende und einige andere Arbeiten zum Namensgeber geworden ist:

> "In den einzelnen Phasen der Karriere eines Themas stehen jeweils bestimmte Möglichkeiten offen, sind jeweils bestimmte Probleme zu lösen, bestimmte Teilnahmevoraussetzungen zu erfüllen, und daraus ergeben sich strukturierte Handlungschancen für diejenigen, die das Thema bewegen, es fördern, bremsen, blockieren oder auf bestimmte Bahnen leiten möchten".[22]

Luhmann benennt vier Stationen einer Themenkarriere:[23]

1.Station: LATENZ. Für besonders Eingeweihte und Interessierte ist das Thema schon sichtbar. Anderen, Politikern oder gar Nichtpolitikern, ist das Thema (im Sinne von Problem) noch nicht bewußt. Oft fehlt noch das Wort[24], unter dem das Thema dann verhandelt wird. Noch gibt es keinen Zeitdruck. Nicht alle latenten Themen schaffen die nächste Etappe.

2. Station: DURCHBRUCH. Es finden sich "mutige" Leute, die das Thema kreieren, indem sie ihm Zeit, Ressourcen und Kontakte widmen und es verbreiten. Oft sind es Außenseiter oder Neulinge, die über das Thema ihre eigene Karriere forcieren. Das Thema geht über sie in die Hände derer über, die mit wechselnden Themen Politik betreiben. In dieser Phase können Themen noch zensiert, gesperrt oder auf Seitengleise abgeschoben werden. Die Mächtigen haben noch die Möglichkeit zum Thema selbst ja oder nein zu sagen.

---

	von Realität, S.29-46; Eine Reihe von Nachrichtenfaktoren treffen auf das Thema Gentechnik zu, vgl. Kapitel I, 1.1., S.4-5
21	LUHMANN, Öffentliche Meinung, S.41
22	LUHMANN, Öffentliche Meinung, S.41
23	Zusammengefaßt nach LUHMANN, Öffentliche Meinung, S.41-42
24	Als Beispiel für thementragende "Worte" nennt Luhmann Naturparks, APO, Hallsteindoktrin, Mitbestimmung oder Polio-Impfung. LUHMANN, Öffentliche Meinung, S.41. Die Sprachkarriere des Themas Gentechnik, die auch Wortkarrieren umfaßt, wird im folgenden Kapitel beschrieben. Vgl. Kapitel II, 4.1.

3. Station: MODE. Das Thema ist jetzt Teil der öffentlichen Themenstruktur. Es erscheint in der Tagespresse, die voraussetzt, daß jeder die Vorgeschichte des Themas kennt. Es entzieht sich durch Selbstverständlichkeit der Disposition. Nicht mehr das Thema selbst, sondern nur noch die Meinungen über das Thema stehen zur Verfügung. Seine Förderer wechseln. Sie müssen versuchen, es im Budget oder in den Entscheidungsprogrammen der Verwaltung unterzubringen.

4. Station: ERMÜDUNG. Wenn nichts mit dem Thema geschieht, gilt das als Symptom für zu vermutende Schwierigkeiten. Das Thema verliert seine werbende Kraft. Es versteinert zu einer zeremoniellen Größe und erscheint in Festreden, Leistungsberichten, in Dankesadressen. Als Impuls für Veränderungen ist das Thema tot, schwieriger zu beleben als ungeborene Themen, weil seine Geschichte eine Erneuerung blockiert. Hat das Thema sein Problem nicht gelöst, muß es als neues Thema wiedergeboren werden.

Die Geschichte eines Themas wird im Verlauf seiner Karriere zum Teil seines Sinns. Wer es gefördert, wer es bekämpft, ob es anfangs umstritten war, alles wird bei der späteren Behandlung des Themas mitzubedenken sein. Der wichtigste Grundzug der Karriere für Luhmann ist die Abnahme der Distanz zwischen Thema und Meinung bzw. Entscheidung.[25] Das Thema konkretisiert sich, wird entscheidbar. Die Aufmerksamkeitsregeln (Themenbildung) steuern also den ersten Teil der Themenkarriere, die Entscheidungsregeln (Meinungsbildung) das Ende. Denn wenn das Thema reif für Entscheidungen ist, ist es laut Luhmann tot.

Am Ende seines Modells stellt Luhmann Strategien der partiellen Umgehung der öffentlichen Meinung vor.

"Man stellt das Thema der öffentlichen Meinung zwar zur Verfügung, aber erst später oder nur in einzelnen Aspekten. So findet man häufig, daß bestimmte Vorhaben erst dann an die Öffentlichkeit gebracht werden, wenn ihre Durchführung durch direkten Kontakt mit den Entscheidungsstellen gesichert ist - wenn zum Beispiel der Finanzminister eine Zusage haushaltmäßiger Deckung bereits gegeben hat".[26]

Damit, so Luhmann, könnten die Förderer eine öffentliche Blamage ver-

---

25 LUHMANN, Öffentliche Meinung, S.42
26 LUHMANN, Öffentliche Meinung, S.49

meiden, entzögen aber die Grundlagen des Projekts der öffentlichen Diskussion. Eine zweite Strategie sei mehr "pressetypisch" und beruhe auf dem Unterschied zwischen Themen und Prämissen:

> "Die Sätze, mit denen ein Thema vorgestellt wird, können so formuliert werden, daß Vorfragen als schon beantwortet erscheinen oder durch Unterstellung als selbstverständlich der Diskussion entzogen werden: Über Kartelle wird in einer Weise gesprochen, als ob sie von Übel wären; ein neues Thema wird, je nachdem als Strukturverbesserung oder als Wahlgeschenk präsentiert".[27]

Die Mobilisierung und Förderung von Themen sieht Luhmann ausschließlich von besonders dafür ausgerüsteten, hauptberuflichen Politikern als zu leisten an. Andere Gruppen der Gesellschaft wie Militärs, Professoren oder gar Studenten hätten dagegen nur passive Teilnahmechancen, obwohl die Entwicklung von Themen eine Vielzahl von taktischen Zügen zulasse und eigentlich zur Aktivität einlade.[28] Luhmanns völlige Unter- und Fehleinschätzung des Einflusses anderer sozialer Gruppen als Politikern für die Karriere eines Themas, leitet zur Kritik an Luhmanns Konzept über.

Luhmanns Idee der objektiven Trennung zwischen Thema und Meinung muß als nur analytisch und praktisch nicht zu leisten, kritisiert werden. Selbst wenn Themen erst initiiert werden, sind sie schon "besetzt". Besetzt von dem, der sie für öffentlich relevant erachtet, der sie thematisiert. Außerdem will der Themeninitiator auch etwas erreichen, taktiert dementsprechend und hat zweifellos eine Position zur Sache.

Allerdings betont die Unterscheidung von Thema und Meinung die generelle Wichtigkeit der Themenbildung für den politischen Prozeß, die Versorgung der Öffentlichkeit mit gemeinsamen Themen. Wie diese Themen denn nun eigentlich entstehen, bleibt aber unklar in Luhmanns Ansatz. Klaus Sondergeld nennt das die "Woher-kommen-die-Themen-Lücke" Luhmanns und kritisiert den "gleichsam selbstgängigen Prozeß" der Ent-

---

27   LUHMANN, Öffentliche Meinung, S.50
28   LUHMANN, Öffentliche Meinung, 50-52

stehung der öffentlichen Themenstruktur bei Luhmann.[29] Die Handlungsträger, die an diesem Vorgang beteiligt sind, werden sehr pauschal als "Besonders Eingeweihte und Interessierte", "mutige Leute" oder "Mächtige" benannt.[30] Luhmann suggeriert des weiteren, daß die Probleme in der Gesellschaft, die besonders drücken, schließlich auch ausgewählt und behandelt werden. Sondergeld bemängelt zu Recht, daß hier die Frage nach "der Verteilung von Macht und Einflußchancen" zu stellen ist.[31] Denn wer bestimmt welche Themen entscheidungsbedürftig sind und setzt sie auf die Tagesordnung? Dies versuchen Akteursgruppen wie Industrie, Wissenschaft, Verbände, Kirchen oder auch andere organisierte Interessen. Themenkarrieren sind somit auch Ausdruck gesellschaftlicher Machtverteilung und keineswegs abstrakte Größen. Transmitter dieser Bemühungen um Aufmerksamkeit sind oft die Medien.

Denn sobald sie sich eines Themas annehmen, gerät es in den Blickwinkel einer breiteren Öffentlichkeit. Wie bereits angesprochen richten sich die Medien nach bestimmten Nachrichtenfaktoren, unter anderem nach dem des "persönlichen Einflusses"[32] der Akteure, den organisierte Gruppen sicherlich stärker haben als einzelne Bürger. Die Medien wirken so möglicherweise als Vergrößerungsglas für etwas, was zwar nur das Problem weniger, aber einflußreicher Gruppen ist. Welche Gruppen in der Gentechnik-Debatte wie aktiv sind und wer über sie berichtet, wird noch zu zeigen sein.

Die Medien werden bei Luhmann nur als "störender" Faktor begriffen. Sie ermöglichen partielles Umgehen der öffentlichen Meinung[33], verschmelzen Thema und Meinung, die er trennen will und gelten somit als manipulativ.[34] Je früher die (manipulativen) Medien in Luhmanns idealtypischen

---

29 SONDERGELD, Wirtschafts- und Sozialberichterstattung, S.176
30 LUHMANN, Öffentliche Meinung, S.41
31 SONDERGELD, Wirtschafts- und Sozialberichterstattung, S.179
32 SCHULZ, Konstruktion von Realität, S.43
33 Vgl. "pressetypische" Strategie der partiellen Umgehung der Öffentlichen Meinung, LUHMANN, Öffentliche Meinung, S.50
34 An anderer Stelle findet sich ein weiterer Beleg für seine skeptische Beurtei-

Ablauf eingreifen, desto früher kippt das Dogma der Trennung von Nachricht und Meinung, das ja bereits als unrealistisch beschrieben wurde. In Luhmanns Modell tauchen die Medien erst in der Modephase auf. Erst dann erscheine das Thema in der Tagespresse, die voraussetze, das jeder die Vorgeschichte des Themas kenne. Doch woher denn? Das Themen einen hohen Öffentlichkeitsgrad erreichen, hängt doch entscheidend von massenmedialer Vermittlung ab.

In der vorliegenden Arbeit wird den Medien, insbesondere der Tagespresse, die dominante Position bei der Vermittlung von Themen an die Öffentlichkeit zugesprochen. Berichterstattung setzt jedoch nicht abrupt ein und hört abrupt wieder auf, sondern unterliegt einer prozeßorientierten Dynamik, die zu einem Phasenablauf führt, wie Luhmann ihn theoretisch rekonstruiert. Da Luhmann auf der Ebene der abstrakten Modellbildung arbeitet, beantwortet er bestimmte Fragen nicht, die für eine empirische Umsetzung wichtig sind. Sein Konstrukt dient mir als Anregung, um für die Karriere des Themas Gentechnik in der Presse ein modifiziertes Phasenmodell zu entwerfen. Doch zuvor soll an einigen Beispielen die Adaption des Luhmannschen Modells in der Medienforschung gezeigt werden.

3.2.2. Röthlein, Gottschlich, Pfetsch und andere

1979 veröffentlichte *Brigitte Röthlein* ihre Dissertation zum Thema "Kernenergie - ein Thema der öffentlichen Meinung".[35] Sie untersucht "Entstehung und Ausweitung des Kommunikationsprozesses um das Thema Kernenergie"[36] mit dem Ansatz Luhmanns über die Lebensgeschichte von Themen und bietet die erste themenspezifische Umsetzung seines Modells. Dabei kann die Kritik an Röthleins Arbeit nicht ihre Pha-

---

lung der Medien, hier des Teilsystems Tagespresse. Dort schreibt er, daß die Tagespresse in der Gefahr sei, sich sehr auf Neuigkeiten statt auf Wichtigkeiten zu spezialisieren. LUHMANN, Öffentliche Meinung, S.40

35 RÖTHLEIN, Kernenergie
36 RÖTHLEIN, Kernenergie, S.6

seneinteilung überprüfen, sondern nur Unstimmigkeiten in ihrem Konzept zeigen.

Röthlein beschreibt die Berichterstattung der SZ und der FAZ, des SPIEGEL und der ZEIT von 1974-1978 als "wichtigste Phase der Kernenergie-Diskussion".[37] Sie referiert die Theorie Luhmanns kritiklos, sogar seine These, daß sich die Presse erst in der Modephase eines Themas annimmt. Damit konterkariert sie ihre eigene Themengeschichte, die sie 1945 mit der Latenten Phase beginnen läßt und in der auch schon Berichterstattung stattfindet, wenn auch nur Berichte über "Teilaspekte" auf den Wissenschaftsseiten der großen Tageszeitungen, was sie nur als "Vorform" von Thematisierung in den Medien gelten läßt.[38] Sie bestimmt die Modephase des Themas von Anfang 1975 bis zum Jahr 1978. Anfang 1977 (Brokdorf) sieht sie als Kulminationspunkt des Themas. Dann beginne die Institutionalisierung des Themas, es zeigten sich Ermüdungserscheinungen, die Presse berichte weniger und es wandere in die parlamentarischen Gremien.[39]

Ebenso großen Raum wie die Darstellung der Presseberichterstattung nimmt bei Röthlein die Darstellung der Positionen verschiedener Konfliktbeteiligter wie Bürgerinitiativen, BMFT oder Deutsches Atomforum ein. Doch noch etwas anderes ist auffällig. Durch den Widerstand gegen das Kernkraftwerk Wyhl sieht sie die überregionalen Medien, insbesondere das Fernsehen, auf den Plan gerufen. Ihre besondere Betonung des Einflusses des Fernsehens[40] steht in völligem Kontrast zu ihrem Untersuchungsdesign und läßt die Tages- und Wochenzeitungen, mit denen sie sich beschäftigt, völlig nebensächlich und beliebig erscheinen.

Ihre gröbste Fehleinschätzung liegt an der Verwendung des Instruments

---
37	RÖTHLEIN, Kernenergie, S.8
38	RÖTHLEIN, Kernenergie, S.45
39	RÖTHLEIN, Kernenergie, S.145-189
40	RÖTHLEIN, Kernenergie, S.184/185

"Prognose", das immer die Gefahr einer falschen Voraussage birgt, und deshalb vorsichtig verwendet werden muß. 1979 schätzt Röthlein das Thema Kernenergie, streng nach Luhmanns Konzept, nur noch als "zeremonielle Größe" ein.[41] Dies erweist sich als völlig falsch. 1986 katapultieren die Ereignisse um Tschernobyl das Thema wieder in das Zentrum öffentlichen Interesses.

Die Schwäche ihrer Arbeit liegt einerseits darin, daß sie sklavisch an den Ideen Luhmanns hängt, andererseits darin, daß sie die Analyse der Presseberichterstattung nicht konsequent durchführt, sonder zur Fernsehberichterstattung wechselt. Außerdem zeichnet sie ausführliche Porträts von Handlungsträgern, ohne dies aus Analyseergebnissen abzuleiten oder zur Deutung von Ergebnissen zu nutzen.

Dagegen liefert *Klaus Overhoff* 1984 eine konsequentere Analyse zum gleichen Thema ebenfalls mit Luhmanns Instrumentarium.[42] Sowohl vom Untersuchungszeitraum (1975-1981), als auch vom Untersuchungsmaterial (SPIEGEL und ZEIT) überschneidet sein Buch sich mit Röthleins Korpus. Als Grundlage seiner Analyse dienen ihm formale Kriterien wie Sparte/Umfang/Plazierung der Beiträge, als inhaltliches Merkmal die auftretenden Handlungsträger und als drittes die Nachrichtenfaktoren nach Schulz. Thematische Schwerpunkte der Artikel bleiben ausgeblendet.

Thema zwei für die Umsetzung von Luhmanns Ansatz sind Ökologie und Umweltschutz zusammen. *Maximilian Gottschlich* untersucht Ökologie und Medien, um zu ermitteln, welche "Bedeutung den Massenmedien bei der Entwicklung des Umweltbewußtseins in der österreichischen Bevölkerung zukommt".[43] Dazu analysiert er von 1970-1982 und Anfang 1983 sechs österreichische Tageszeitungen und von 1970-1980 auch Magazinbeiträge in den elektronischen Medien. Um die Frage des Zusammenhangs

---

[41] RÖTHLEIN, Kernenergie, S.190
[42] OVERHOFF, Die Politisierung des Themas Kernenergie
[43] GOTTSCHLICH, Ökologie und Medien, S.314-329

zwischen Themenstruktur in den Medien und und Themenverständnis in der Bevölkerung beantworten zu können, kombiniert Gottschlich im März 1983 eine repräsentative Bevölkerungsbefragung mit der Inhaltsanalyse.[44] Da es dem Autor jedoch hauptsächlich um den Nachweis von vermuteten Agenda-Setting-Wirkungen (Thematisierungsfunktion) der Medien geht, zu deren Beschreibung er auf Luhmann zurückgreift, bleibt die Beschreibung der Karriere des Themas "Umweltschutz" kurz.[45] Überschreite das Thema nach einer latenten Phase der Exklusivität für Interessierte seinen Höhepunkt - im Falle des Umweltschutzes war das 1972 und kurz danach -, so stabilisiere es sich laut Gottschlich auf einem bestimmten Niveau. Sein Befund: "(...) in dem Maße, in dem Ökologie zum gesellschaftlich bedeutsamen Thema geworden ist und die Politik es aufgegriffen hat, übernahmen Journalisten und Medien die eher verflachte politische Sichtweise dieser Problematik".[46] Die zentrale Rolle politischer Themenaspekte in einem fortgeschrittenen Karrierestadium soll als These wieder aufgegriffen werden.

Das Thema Umweltschutz beschäftigt auch *Petra Thorbrietz* ein Jahr später (1986).[47] Sie beschreibt eine Reihe von Themenkarrieren (Atomkraft, Seveso und Harrisburg, Waldsterben), um journalistische Vermittlungsdefizite am Beispiel Ökologie und Umweltschutz zu zeigen. Thorbrietz kritisiert an Luhmanns Konzept die "starre Modellhaftigkeit" seiner Betrachtungsweise, die die "vielfachen Verflechtungen von politischem, gesellschaftlichem, wirtschaftlichem und massenmedialem System" vernachlässige.[48] Am Beispiel "Atomkraft" versucht sie die Irrtümer des Luhmannschen Modells zu zeigen. Die "Atomkraft" sei längst ein Thema der Politik gewesen, bevor es öffentlich wurde und schließlich von den Medien zum

---

44	Methodische Vorgangsweise siehe GOTTSCHLICH, Ökologie und Medien, S.317
45	GOTTSCHLICH, Ökologie und Medien, S.320
46	GOTTSCHLICH, Ökologie und Medien, S.320
47	THORBRIETZ, Vernetztes Denken

"Modethema" befördert wurde.[49] Die Beteiligung der Politik sei kein Grund für nachlassende Berichterstattung.

1986 erscheint der Aufsatz von *Barbara Pfetsch* über die Volkszählung 1983 als Beispiel für die Thematisierung eines politischen Issues in den Massenmedien.[50] Der Vorteil ihres Themas liegt in seinem überschaubaren Zeitraum, Beginn und Ende der Karriere sind zeitlich zu fixieren. Im Hinblick auf die Entscheidung des Bundesverfassungsgerichts zur Aussetzung der Volkszählung am 13. April 1983 wurden vom 1.Januar bis 1.Mai 1983 fünf Zeitungen (FAZ, FR, SZ, WELT, TAZ) untersucht.[51] Vorher (im November 1982) gab es nur einen Artikel zum Thema, den sie als Initialzündung mitberücksichtigte.

Pfetsch beobachtet in ihrer Fallstudie:

- Das exponierte Auftreten von Einzelpersonen im Zusammenhang mit der Entstehung neuer Themen ist ein wesentliches Antriebsmoment für die Themenkarriere. Diese exponierte Einzelperson war in ihrem Fall ein Journalist.

- Die Initiativen wie zum Beispiel die der Kriegsdienstgegner, die das Thema pushten, nutzten nur die Alternativmedien als Informationskanäle. Die "etablierten" Medien reagierten dann auf die Alternativmedien und die Initiativen.

- Thematisierungsspitzen standen mit Ereignissen (Boykottaufrufe, Erklärung der Bundesregierung, Urteil Bundesverfassungsgericht) in Zusammenhang.

- Während anfangs Gegner der Volkszählung dominierten, bedeutet die erfolgreiche Plazierung des Themas auf der politischen Agenda, daß die Informationen dann hauptsächlich von den politischen Eliten kamen. Insgesamt verbreiterte sich das Spektrum der Akteure mit der Karriere des Themas.

- In allen Karrierephasen war der Widerstand gegen die Volkszählung, die Konfliktdimension, das zentrale Thematisierungselement. Insgesamt ist nicht die Volkszählung selbst, sondern eben dieser Widerstand gegen die Volkszählung thematisch dominant. Die Verknüpfung der Themenbereiche "Widerstand" und "Datenschutz" fördert die Themenkarriere entscheidend.

---

48 THORBRIETZ, Vernetztes Denken, S.30
49 THORBRIETZ, Vernetztes Denken, S.31. Diese Beobachtung soll als These für die Gentechnikberichterstattung übernommen werden.
50 PFETSCH, Volkszählung, S.201-231
51 PFETSCH, Volkszählung, S.214

- Während die TAZ gegen die Volkszählung schrieb, zeichneten sich die Qualitätszeitungen durch eine tendenziell volkszählungsfreundliche Berichterstattung aus.[52]

Pfetsch konstruiert, angelehnt an Luhmann, den Durchbruch des Themas in mehreren Schritten. Über die Sensibilisierung/ Betroffenheit einer Teilöffentlichkeit (Protestinitiativen) wird das Thema erst in den Alternativmedien aufgegriffen. Erst danach bricht das Thema auch in den etablierten Medien durch. Sie stellt fest:

"Die Alternativmedien erfüllen hier die Funktion von Kommunikationsforen der sogenannten Protestszene, indem sie Themen aufgreifen, die in den anderen Medien nicht zum Zuge kommen. Sie fungieren überdies als Bindeglied zwischen der "Szene" auf der einen und den "großen" Medien auf der anderen Seite".[53]

Die Untersuchung von Barbara Pfetsch dokumentiert eindrucksvoll den Einfluß von sensibilisierten Teilöffentlichkeiten für die Karriere eines Themas. Darüber hinaus zeigt sie auch, daß "etablierte" und "Alternativ"-Medien ganz unterschiedliche Funktionen in den einzelnen Karrierestadien haben. Dies soll auch für die Themenkarriere der Gentechnik überprüft werden.

Jüngstes Beispiel für die Aktualität von Luhmanns Modell für immer neue Fallstudien ist die Berliner Magisterarbeit von *Edith Döhring*. Sie untersucht die Themenkarriere von "Aids" in fünfzehn Publikumszeitschriften über fünf Jahre (1983-1987). Die Latenzphase bestimmt sie von von 1983 bis zum zweiten Halbjahr 1985, dann erfolge der Durchbruch des Themas, das Jahr 1987 sei komplett der Modephase zuzuordnen.[54] Die Beschreibung der Charakteristika der Phasen und ihre Begründungen bleiben leider sehr dünn, was daran liegt, daß sie sich nur mit den Überschriften der Aids-Artikel beschäftigt.[55]

Insgesamt sind die Ergebnisse von Pfetsch, Gottschlich und Thorbrietz für

---

52	Alle Ergebnisse PFETSCH, Volkszählung, S.219-226
53	PFETSCH, Volkszählung, S.228
54	DÖHRING, "Aids" in Publikumszeitschriften, S.53
55	DÖHRING, "Aids" in Publikumszeitschriften, S.50-55

die hier untersuchte Themenkarriere am interessantesten, da sie Luhmanns Modell modifizieren und für spezifische Karrieren (Umweltschutz usw.) Einzelbefunde präsentieren, die für die Gentechnik zu überprüfen sind.

3.3. Modell für die Karriere des Themas Gentechnik

Luhmanns abstraktes Modell dient als Anregung für die Einteilung der Gentechnik-Berichterstattung in Phasen. Für die Beschreibung der Karriere des Themas Gentechnik in der Presse ist seine Phasierung zu grob. Nach der Latenten Phase, die den Beginn der Berichterstattung darstellt, folgt der Durchbruch. Diese entscheidende Phase teile ich in zwei Etappen: den Aufbruch und den Durchbruch. Die Modephase beschreibt das Thema auf dem Höhepunkt seiner Karriere. Die Phase der Ermüdung nennt Indizien für eine quantitativ abflauende Berichterstattung. Für jede Phase werden eine Reihe von Fragen gestellt und Erwartungen formuliert, die als Raster für die spätere Beschreibung der Karriere dienen.[56]

Für die LATENTE PHASE ist zu fragen, wer die wenigen "Interessierten" sind, die das Thema starten? Hier verbirgt sich die Frage nach den Handlungsträgern und ihren Interessen. Denn von Anfang an präsentiert sich das Thema als Geflecht von Statements, Einschätzungen und Kritik.

Wenn nicht alle latenten Themen die nächste Etappe schaffen, welche Kriterien, zum Beispiel Nachrichtenfaktoren, müssen sie erfüllen? Es wird davon ausgegangen, daß diese Nachrichtenfaktoren keine konstante oder kumulierende (je mehr Nachrichtenfaktoren, desto schneller die Karriere) Größe sind, sondern im Laufe der Zeit wandelbar und auch qualitativ unterschiedlich einflußreich sind.

Die Frage, nach der sprachlichen Realisierung, die Luhmann mit seiner

---
[56] Vgl. Kapitel III Ergebnisse und Kapitel IV, 2.

Vorstellung des noch fehlenden "Wortes" für das Thema anspricht, wird ausführlich in den folgenden Kapiteln behandelt.

Wichtigster Aspekt der vorliegenden Arbeit und von Luhmann nicht abgedeckt, ist die Entwicklung eines Themas, hier der "Gentechnik", über ein Set von Teilthemen, die verschiedene Aspekte des Themas zeigen. Für die Startphase ist zu fragen, welche Themenaspekte den Kern des Problems zu dieser Zeit ausmachen, von wem sie initiiert und wie sie eingeschätzt werden?

Für die thematische Entwicklung ist anzunehmen: Um einen dichten Kern von Themenaspekten schichten sich im Lauf der Zeit immer mehr Aspekte, die schließlich zum Aufbruch und Durchbruch des Themas führen. Auch dieses Set von anfänglichen Themenaspekten hat keinen Anspruch auf dauerhaftes Interesse. Nur wenige sind Dauerbrenner, viele bleiben Außenseiter, einige tauchen sternschnuppengleich nur kurz auf und verglühen dann wieder. Während der verschiedenen Karrierestadien wird das Problem thematisch geformt.

Für die AUFBRUCHS- und die DURCHBRUCHSPHASE stellt sich gleichermaßen das Problem, wer Luhmanns "mutige" Leute sind. Es ist davon auszugehen, daß sich das Spektrum der Akteure im Zeitablauf verbreitert. Entgegen Luhmanns These sind diejenigen, die "mit wechselnden Themen Politik betreiben", nicht die einzigen Akteure, die dem Thema zum Durchbruch verhelfen. Ein Thema muß im Gegenteil von unterschiedlichen Gruppen gefördert werden, um Karriere zu machen. Je nachdem, wie sensibilisiert und einflußreich diese anderen Gruppen sind, wird es den "Mächtigen" schwerfallen, das Thema noch zu stoppen. Was während der Aufbruchsphase auf Seitengleise abgeschoben werden kann, sind allenfalls bestimmte Themenaspekte, die sich verschiedenen Bereichen wie Sicherheit, Recht, Ethik usw. zuordnen lassen. Hier kann versucht werden, das Thema einzugrenzen, Aspekte auszublenden oder andere Aspekte miteinzubeziehen und sie zu stärken. Auch diese Strategie ist immer verknüpft mit Gruppen (auch Medien), die sie betreiben und die auch Einschätzungen mit dieser Teilthemen-Auswahl verknüpfen.

Formal bedeutet stärkere Aufmerksamkeit, im Sinne eines breiteren Spektrums von Themenaspekten, daß das Thema "Gentechnik" in Aufbruch- und Durchbruchsphase auf die vorderen Seiten der Zeitungen rutscht, auf die Seiten der Ressorts, die thematisch zuständig sind (z.B. Politik, Wirtschaft).

Möglicherweise ist dann mit Abschluß des Durchbruches des Themas auch der Katalog der Themenaspekte voll. Es ist auch wahrscheinlich, daß die Medien nur eine bestimmte Kapazität haben, Themenaspekte aufzunehmen und ab einem bestimmten Zeitpunkt (MODEPHASE) anfangen, sich wieder zu konzentrieren. Hohe Quantität der Berichterstattung muß keinesfalls ein breites Spektrum von Aspekten bedingen. Bestimmte Themenbereiche und ihre Kombination (z.B. Politik und Recht) werden typisch. Ob dieses, so Gottschlich, eine "Verflachung der Sichtweise", "fehlende Bereitschaft, das Thema in seine Tiefendimensionen auszuloten"[57] bedeutet oder notwendige Konzentration, um der Übersichtlichkeit willen, soll noch dahingestellt bleiben. Etwas anderes scheint mir in diesem Zusammenhang wichtiger. Ist das Thema politisiert und steht zur Entscheidung an, dann scheint der Zug für die Vermittlung von systematischem Wissen via Medien abgefahren. Dann dominieren die wirtschaftlichen, die rechtlichen, vor allem die politischen Aspekte und nicht die wissenschaftlichen und technischen Aspekte, die Erklärungen (um naturwissenschaftliches Wissen aufzubauen) eher herausfordern. Möglicherweise wird aber nur anderes, zum Beispiel verwaltungstechnisches wie Abwasserverordnungen[58] für die Erklärung ausgewählt.[59]

Insofern ist für die Modephase, in der das Thema endgültig etabliert ist, be-

---

[57] GOTTSCHLICH, Ökologie und Medien, S.320
[58] Relevant wegen der Abwasser aus den Gen-Laboratorien.
[59] Auf Erklärungskarrieren wird in Kapitel II, 4.1.2. eingegangen.

sonders interessant, was an Vorkenntnissen und Vorgeschichte des Themas vorausgesetzt wird. Es ist zu erwarten, daß häufiger bilanziert und das Thema mit langfristigen Gesichtspunkten versehen wird. Möglicherweise tritt jedoch das Gegenteil ein, und das Thema wird nur noch durch die Aktualität der Tagesereignisse bestimmt. In dieser Phase ist das Meinungsspektrum voll ausgebildet. Den Medien kommt hier besonders die Funktion des Mittlers zwischen verschiedenen Lagern zu. Inwiefern sie das leisten oder das Problem auf ein simples Pro-und-Contra zurechtstutzen, wird zu zeigen sein. Doch wie bei der Konzentration auf Teilthemen in dieser Phase, dient auch das harte Gegeneinanderstellen möglicherweise der Zuspitzung des Konflikts - und ist damit für den Leser übersichtlicher.

Das Thema ist jetzt dominant ein politisches Tagesthema. So steht die Reaktion der politischen Handlungsträger im Vordergrund. Es ist zu erwarten, daß es fließende Übergänge zwischen den Phasen gibt und sich typische Charakteristika beispielsweise der Modephase schon in der Durchbruchsphase andeuten.

Luhmanns letzte Phase, in der das Thema ERMÜDUNG zeigt, ist nach der abgeschlossenen politischen Entscheidungsfindung, hier der Gesetzesverabschiedung, zu erwarten. Der wissenschaftliche Wissenszuwachs geht weiter. Möglicherweise hat das Thema jetzt wieder Gelegenheit, sich auf wissenschaftliche Aspekte zu besinnen. Um nicht zu erstarren, braucht das Thema neue Themenaspekte, die es am Leben erhalten.

4. PERSPEKTIVE: LINGUISTISCHE FORSCHUNG

4.1. Sprachkarriere

Die Karriere des Themas läuft wie beschrieben in verschiedenen Phasen ab. Der Phasierung auf der Makroebene, im Sinne der Entwicklung des Themas über Teilthemen und Akteure, soll nun die Darstellung der Mikroebene folgen. Auf dieser Ebene setze ich mich detaillierter mit sprachlichen Problemen wie Erklärungen und Bewertungen auseinander. Ich gehe davon aus, daß es für die Themenkarriere eine parallel verlaufende sprachliche Entsprechung gibt, die ich in Analogie zur Themenkarriere als Sprachkarriere bezeichne.[1]

Die einzelnen Phasen der Sprachkarriere konstituieren sich über Beobachtungen auf der Ebene des Wortschatzes, durch die Beschreibung von Erklärungsstrategien und Bewertungskonzepten, die im folgenden als Wort-, Erklärungs-, und Bewertungskarrieren bezeichnet werden.[2]

4.1.1. Wortkarrieren

Peter Braun führt in seinem Buch zu Tendenzen der deutschen Gegenwartssprache das Phänomen der Wortschatzerweiterung ein. Auf keiner Ebene sei die Sprache so starken Veränderungen unterworfen wie im Bereich des Wortschatzes.[3] Verantwortlich sei dafür maßgeblich die "Umwälzung auf den Gebieten der Wissenschaft und der angewandten

---

[1] Wenn ich von sprachlicher Entsprechung rede, so ist damit nicht gemeint, daß eine thematische Entwicklung sich unabhängig von Sprache vollzieht. Für die Analyse bietet sich jedoch an, von der Wahl der sprachlichen Mittel zu sprechen, wenn es um die Mikroebene geht.

[2] Diese Dreiteilung ist nicht immer trennscharf. So könnten die Metaphern bei einem anderen Zugriff auch den Bewertungs- und nicht den Wortkarrieren zugeordnet werden, denn zweifellos können sie bewertend verwendet werden. Auch erklären etwa läßt sich in bewertender Absicht. Trotz dieser Überlappungen bietet sich diese grobe Trias aus heuristischen Gründen an.

[3] BRAUN, Tendenzen, S.158

Wissenschaften im 19. und 20.Jahrhundert (...)".[4]

Tatsächlich finden im 20.Jahrhundert permanent Grenzüberschreitungen zwischen Teilkulturen wie Technik und Naturwissenschaft und der Lebenspraxis des Alltags statt. Damit verbunden ist immer eine Wortschatzerweiterung. Die Vermittlung zwischen den naturwissenschaftlichen Fachsprachen[5] und der Standardsprache übernehmen die Medien.

Schon wird von Sprachwissenschaftlern befürchtet, daß die Standardsprache "verfachlicht", "verwissenschaftlicht"[6] und damit "überlastet"[7] sei. Die Sprachgemeinschaft habe den wissenschaftlich-technischen Fortschritt verbal zwar anscheinend mitvollzogen, das öffentliche Bewußtsein bleibe aber hinter den Erkenntnissen der modernen Naturwissenschaften zurück.[8]

Das Problem, daß bestimmte Worte unverstanden oder nur passiv verfügbar sind, trifft auch den Wortschatz der Gentechnik. Dabei geht es nicht darum, eine Wörterbuchdefinition parat zu haben, sondern darum, Anknüpfungspunkte benennen zu können. Dies kann zum Beispiel auf der lexikalischen Ebene durch die Kenntnisse von weiteren Zusammensetzungen und Ableitungen mit dem Wort "Gen" erfolgen oder auf semantischer Ebene durch Kenntnisse, was zum Wort-, bzw. Bedeutungsfeld "Gentechnik" gehört. Der sicherste Beleg für Verständnis ist wohl, an eigene Lebenszusammenhänge anknüpfen zu können. So ist vorstellbar, auf die Frage "Wo betrifft mich die Gentechnik?" antworten zu können: Beim Einkaufen von gentechnisch hergestellten Lebensmitteln, beim Arzt oder im Krankenhaus durch gentechnisch hergestellte Medikamente, bei der Einstellung, falls der Arbeitgeber einen Gentest verlangt oder die Lebensversicherung einen sol-

---

4 BRAUN, Tendenzen, S.158
5 Zur Definition von Fach- und Standardsprache vgl. MÖHN/PELKA, Fachsprachen, S.26 und S.141. Synonym für Standardsprache verwende ich "Alltags-" oder "Gemeinsprache".
6 GRABKA/SCHLOSSER, Sprache und technische Zukunft, S.160
7 PÖRKSEN, Deutsche Naturwissenschaftssprachen, S.39
8 PÖRKSEN, Deutsche Naturwissenschaftssprachen, S.214-216

chen zur Beitragsfestsetzung anfordert.[9] Ich vermute, daß lebenspraktische Zusammenhänge dieser Art auch in der aktuellen "Modephase" des Themas Gentechnik für viele fremd sind.

Dabei kommt über das bloße Eindringen des Fachwortschatzes der Gentechnik hinaus noch das Problem der "Brisanz" hinzu. Denn, wie am Anfang der vorliegenden Arbeit ausgeführt, lebt das Thema auch wesentlich von seinem Gehalt an Konflikt und Kontroverse.[10] Dieses spiegelt auch der Wortschatz wider.

Diese Brisanz wird, typisiert dargestellt, durch die folgende Konstellation bedingt:

1. Eindringen von Fachsprache in Standardsprache
   (Varietätenwechsel, Bsp. DNS - Erbmaterial)[11]
2. Gegenstand ist Objekt der politischen Auseinandersetzung
   (Um die verschiedenen Positionen zu profilieren, wird
   eine Vielzahl von Benennungen gebräuchlich, so die
   Genchirurgie neben der Genmanipulation oder der
   Gentechnik, das BST[12] geimpfte Milchvieh neben der
   Turbokuh).

Was Wörter brisant macht, beschreiben die Autoren des Lexikons der "Brisanten Wörter" durch ein Merkmalsraster in der Einleitung zu ihrem Wörterbuch.[13]

---

[9] Gentests für Arbeitgeber und Versicherungen gehören noch in den Bereich der Fiktion.

[10] Die Vermittlung von Wissenschaftsthemen an die Öffentlichkeit ist nicht an die Kontroverse gebunden. So dringt medizinischer Wortschatz, der sich mit den Kampagnen zur Schluckimpfung (Polio) oder zur Bekämpfung des Bluthockdrucks (Hypertonie) verbindet, einfacher als der Wortschatz brisanter Themen in die Standardsprache ein.

[11] Fachsprachen, Standardsprache oder Dialekte sind Erscheinungs-, bzw. Existenzformen der Sprache und werden sprachwissenschaftlich als Sprachvarietäten bezeichnet.

[12] Bovines Somatotropin (Rinderwachstumshormon)

[13] STRAUß/HAß/HARRAS, Brisante Wörter, S.9

Einige Aspekte aus diesem Raster sind auf den "brisanten" Wortschatz der Gentechnik übertragbar und durch eigene Beispiele zu belegen:
- unterschiedliche Wertsetzungen, die mit einem Wort zum Ausdruck gebracht werden können: technischer Fortschritt, natürlich, naturidentisch
- beschönigende oder übertragene, bildliche Gebrauchsweisen, die typischerweise mit einem Wort verknüpft werden: Bioreaktor, Hormonfabrik, Alphabet des Lebens, Freilandversuche
- die Verwobenheit eines Ausdrucks mit einer fachsprachlichen Nomenklatur bei gleichzeitig davon verschiedenen, zum Teil wertenden Gebrauchsweisen in der öffentlichen Kommunikation: Klon im Sinne von genetisch einheitlichen Zellen oder Individuen, die aus einer einzigen Zelle/ einem einzigem Individuum durch ungeschlechtliche Vermehrung entstehen versus Klon als Monster aus der Retorte.
- unterschiedliche Arten von Welt- und Kontextwissen, die zum Verständnis vieler Begriffe erforderlich sind: Eugenik, Gen-GAU.[14]

Die Brisanz der Wörter liegt jedoch nicht in der lexikalischen Bedeutung, sondern entsteht im Kontext ihrer Verwendung.

Die Autoren kennzeichnen den Wortschatz der Umweltdiskussion, den sie als Stichwortgruppe in ihrem Lexikon beschreiben, folgendermaßen:

1. Bezeichnungen in fachexterner Verwendung
2. Produktive Wortbildungsmittel
3. Bezeichnungsalternativen
4. Einstufungs- und Wertungsausdrücke

---

[14] STRAUß/HAß/HARRAS, Brisante Wörter, S.9

5. Euphemistische Ausdrücke
6. Metaphorische Verwendungen.[15]

Mit Beispielen aus dem Wortschatz der Gentechnik[16] sollen diese einzelnen Charakteristika erläutert werden.[17]

1.) Bezeichnungen in fachexterner Verwendung

Mit Entwicklung des Themas, das heißt, bevor es öffentlich Karriere macht, wird in der fachinternen Kommunikation Fachwortschatz geprägt und fest definiert. Mit Beginn der Medienberichterstattung, der fachexternen Kommunikation, werden die Fachworte popularisiert und dabei konnotiert.[18]

Beim Wissenschaftsfeld Gentechnik, das durch einen ungeheuren Wissenszuwachs im Lauf der Zeit gekennzeichnet ist, geht oft fachsprachliche (fachinterne) Prägung mit der Popularisierung für die fachexterne Kommunikation einher. Auch die fachliche Terminologie[19] ist noch im produktiven Chaos des Entstehens, fast gleichzeitig wird der Fachwortschatz jedoch schon via Medien an die Öffentlichkeit vermittelt. Dieser Prozeß wird in der ersten Phase der Sprachkarriere näher zu untersuchen sein.

Dazu kommt, daß sich mehrere Fachsprachen als Quellen des Wortschatzes der Gentechnik-Diskussion ausmachen lassen: die der Medizin, der Botanik oder der Tierzucht. Je mehr Anwendungsbereiche sich die Gentechnik im

---

15 STRAUß/HAß/HARRAS, Brisante Wörter, S.402-406
16 Parallel zum Begriff "Umweltwortschatz" fasse ich unter Gentechnik-Wortschatz alle lexikalischen Erscheinungen, die sich in den Pressetexten des Korpus finden.
17 Die Autoren des Lexikons der "Brisanten Wörter" benutzen "Benennung", "Bezeichnung" oder "Ausdruck" ohne weitere Erläuterung synonym. Soweit ich ihrer Gliederung folge, ändere ich ihre Wortwahl nicht.
18 Fachworte sind fest definiert (eindeutig), kontextunabhängig und neutral (nur Denotat), durch die Übernahme in die Standardsprache können sie ihre Eindeutigkeit verlieren, um den inhaltlichen Kern (Denotat) bilden sie einen Kranz von Nebenwerten und Gefühlsvorstellungen (Konnotat). LEWANDOWSKI, Linguistisches Wörterbuch, S.1152/1153 und S.1253
19 Mit Lewandowski verwende ich Fachwort und Terminus synonym.

Laufe der Zeit erschließt, desto höher wird die Zahl der Worte, die zum Wortschatz der Gentechnik-Diskussion gezählt werden muß. Darüber hinaus sind mit Teilthemen, die rechtliche, politische oder wirtschaftliche Aspekte aufgreifen, auch die Fachsprachen dieser Bereiche zu vermitteln - obwohl sich zeigen wird, daß dies in weit geringerem Maße geschieht als der "Transfer" von naturwissenschaftlichen Fachsprachen.

Uwe Pörksen stellt fest, daß "Begriffe" aus der Wissenschaftssprache beim Eintreten in die Standardsprache eine Bedeutungserweiterung, "eine Erweiterung des Umfangs und eine Verarmung des Inhalts" erfahren.[20] Die Worte werden breit und vielseitig verwendet, verlieren den klaren, begrifflichen Inhalt und nehmen einen "Assoziationshof von Gefühlen und Wertungen" an.[21] Daß sie dadurch "entsachlicht" werden, also die wissenschaftliche Mitteilung verschwindet oder durch "Verpackung" entstellt wird, was bei Pörksen wie Kritik an fachexterner Kommunikation via Medien klingt[22], beschreibt den Vermittlungsvorgang[23] und die Merkmale von Alltagssprache allgemein. Wörter der Alltagssprache sind vage und vieldeutig, eben nicht wertungsneutral, sondern konnotiert. So werden zum Beispiel "Mutation", "Klonen" oder "Freisetzung" alltagssprachlich oft im abwertenden Sinn gebraucht, die fachinterne Verwendung sieht das nicht vor.

2.) Produktive Wortbildungsmittel

Die journalistische Behandlung des "Themas"[24] Gentechnik ist sprachlich

---

20 PÖRKSEN, Deutsche Naturwissenschaftssprachen, S.36. Pörksen spricht synonym von Fachausdruck, Begriff und Terminus.
21 PÖRKSEN, Deutsche Naturwissenschaftssprachen, S.36/37
22 PÖRKSEN, Deutsche Naturwissenschaftssprachen, S.39
23 Welche Strategien verwendet werden, um Fachvokabular einzuführen und zu erklären, wird in Kapitel II, 4.1.2. erläutert.
24 Ohne den Zusammenhang von Sprache und Denken zu problematisieren, ist anzumerken, daß der Zugang zu dem Vorgang, den die Gentechnik beschreibt, ohne Sprache nicht möglich ist. Mit "Produktivität" ist hier die anregende

produktiv. Wortzusammensetzungen und Ableitungen nehmen im Lauf der Zeit zu. Besonders Bildungen mit den Vorsilben Gen-, gen- oder Bio-, bio- wie Gentest, Genanalyse, Gen-Sicherheitsfragen, Gen-Ethik oder Bio-Waffen sind zu nennen. Dabei ist Bio- nicht immer positiv besetzt, wie das Schlagwort "Bio-Waffen" zeigt.

3.) Bezeichnungsalternativen

Dieses Phänomen ist bereits aus dem Problemfeld "Politik und Sprache" bekannt. Die politische Strittigkeit des Themas führt dazu, daß die Beteiligten verschiedene Worte als "ihre" Bezeichnungen für einen Sachverhalt bevorzugen und den entsprechenden Sprachgebrauch der Gegenseite vehement ablehnen. So konkurrieren Bezeichnungen in der öffentlichen Diskussion, da sie eine bestimmte Sehweise des Themas nahelegen. Die jeweilige Wortwahl in der öffentlichen Debatte durchzusetzen, ist deshalb für Interessengruppen eminent wichtig.

Erst wenn das Thema zeitungsintern von den Wissenschaftsseiten auf die politischen Seiten und schließlich auf Seite eins gelangt, ist die Themenkarriere so weit fortgeschritten, daß sich die verschiedenen Positionen auch durch interessengebundene Wortwahl identifizieren lassen. Die vorliegende Arbeit untersucht dies unter dem Stichwort "heterogener Sprachgebrauch". Auffällig ist das Phänomen zum Beispiel bei Gruppenbezeichnungen. Die positive oder negative Bewertung kommt implizit mit dem Wortgebrauch zum Ausdruck. Die TAZ spricht von "Gen-Lobby", die FAZ von "sogenannten `alternativen` Wissenschaftlern". Die Wortwahl indiziert die eigene Postion zum Thema, die man durch den Gebrauch preisgibt. Oft kommt es regelrecht zu semantischen Kreuzzügen. Daß die TAZ mit "Turbo-Kuh" und "Super-Sau" alarmieren und nicht beruhigen will, ist evident.

Wirkung auf die journalistische Wortbildung gemeint.

Generell ist sprachliche Heterogenität ein Zeichen für eine pluralistische Gesellschaft. Georg Stötzel schreibt:

"Sprachliche Homogenität in einer heterogenen Gesellschaft ist immer Produkt von hierarchischem Druck. Sprachliche Stereotypität ist immer ein Zeichen natürlicher oder erzwungener geistiger Verarmung".[25]

Leicht zeitversetzt wird dann dieser heterogene Sprachgebrauch in den Medien thematisiert. Sprachreflexive Belege tauchen auf. Unter öffentlicher Thematisierung von Sprachverhalten verstehe ich im Anschluß an Georg Stötzel für die Printberichterstattung das explizite Schreiben über Sprachverhalten.[26] Bei solchen Thematisierungen geht es auch immer um Einstellungen und Haltungen, die den Sprachgebrauch bestimmen.

Die Presse bietet dem Leser die Möglichkeit, den individuellen Wortschatz um alternative Benennungen zu erweitern, sich dessen bewußt zu werden. In diesem Sinne fördert die Berichterstattung sprachreflexives Bewußtsein.

4.) Einstufungs- und Wertungsausdrücke

Bewerten, ob positiv oder negativ, kann man mit vielen Worten aus der Gentechnikdebatte. Oft bleibt allerdings der Maßstab verdeckt oder unbestimmt, den die Autoren bei ihren Einstufungen zugrundelegen. Beispiele sind die Titulierung der Gentechnik als "sanfte Technik" oder der Vergleich Gentechnik sei "bloßes Kopieren der Natur".

5.) Euphemistische Benennungen

Euphemismen bezeichnen verschleiernden oder beschönigenden Wortgebrauch. "Freisetzen" statt "Entlassen", "Entsorgungspark" statt "Mülldeponie" sind Beispiele dafür.

---

25   STÖTZEL, Konkurrierender Sprachgebrauch, S.148
26   STÖTZEL, Normierungsversuche, S.86

Der Euphemismus-Vorwurf kennzeichnet den einen Pol der Sprachkritik an der Gentechnik-Berichterstattung, der Vorwurf der Panikmache und des Sensationalismus den anderen. Beispiel dafür sind hyberbolischer Sprachgebrauch oder Bilder wie "Waldsterben" oder "Klimakatastrophe". Was in der Presse einmal eine "tödliche Gefahr" ist, ist an anderer Stelle ein "Restrisiko". Ob "harmlos" oder "gefährlich" tatsächlich wie erwartet assoziiert wird, bleibt fraglich. Ulrike Haß bemerkt dazu richtig:

> "Dabei setzt jeder Assoziierer voraus, daß seine Assoziationen auch die aller anderen Sprachteilhaber sind, was offensichtlich nicht stimmt".[27]

Denn was denn nun als "euphemistisch", "wertneutral" oder "übertrieben" eingestuft wird, hängt von der politisch-weltanschaulichen Einstellung der Leser ab.

Auffällig ist, daß der Sprachgebrauch der Regierungsinstanzen das Etikett "sachlich, korrekt, exakt, emotionslos, objektiv" in Anspruch nimmt und an Anderen jeweils das Gegenteil kritisiert.

6.) Metaphorische Benennungen

Die Wörter der Gentechnik dringen mit den Sachen und als Metaphern[28] in die Lebenspraxis ein.

Den Metaphern kommt dabei eine zentrale Funktion zu. Sie stehen als Indikator für die Grenzüberschreitung von Fach- in Standardspache. Strauß/Zifonun konstatieren, daß Interpretationsvokabeln wie Restrisiko oder Risikogesellschaft über den Weg der Metaphorisierung in den Sog der öffentlichen Diskussion geraten:

---

[27] HAß, Interessenabhängiger Umgang mit Wörtern, S.159
[28] Die aristotelische Definition ("Achill ist ein Löwe") ist im wesentlichen für Poetik und Rhetorik verbindlich geblieben. Ich untersuche auch alltagssprachliche Redensweisen als metaphorische Sprachverwendung.

"Metaphorisierung soll deshalb als e i n e aktuelle Tendenz unser gegenwärtigen Sprache gelten. Sie wird besonders evident am "Wortwechsel" zwischen der Fachsprache des "Umweltbereichs" und dem allgemeinen Sprachgebrauch (...)".[29]

Obwohl Metaphorisierungen ein beliebtes stilistisches Mittel sind, um Anschaulichkeit zu erzielen, sind sie doch ambivalent.

"Die metaphorische Verwendung eines sprachlichen Ausdrucks ist dadurch charakterisiert, daß nicht alle Eigenschaften gemeint sind, die wir normalerweise, bei wörtlicher Verwendung, den Objekten zuschreiben, wenn wir sie benennen, sondern nur eine oder einige besondere (...) Äußerungen (...). Sprecher, die sich metaphorischer Ausdrucksweisen bedienen, versuchen damit auch immer - mehr oder weniger bewußt -, ihre Adressaten zu Komplizen ihrer Sehweise zu machen."[30]

Mit Metaphern wird also weniger argumentiert, als vielmehr vereinnahmt.

Gemeint ist hier nicht die Gefahr mit einem "einfachen" Bild sachliche Unrichtigkeit zu riskieren, sondern das Anbieten einer - gerade am Anfang alternativlosen - Sehweise. Einen abstrakten Zusammenhang zu veranschaulichen, bedeutet auch immer, ihn in bewertenden Perspektive zu zeigen.

Der Medizin zum Beispiel wird von alters her die Rolle des Helfers zugebilligt. Wird also die Gentechnik als Genchirurgie eingeführt - und damit als heilend - rufen die Journalisten positive Konnotationen ab. Doch Konnotationen können sich im Lauf der Zeit verschieben.

Das Wort "Genmanipulation" etwa, etymologisch wie die Chirurgie den Aspekt "von Hand" enthaltend[31], bekommt in der Berichterstattung langsam eine negative Konnotation und wird von den Journalisten schließlich als unsachlich abgelehnt. Obwohl anfangs synonym mit Genchirurgie benutzt, um das Thema zu bezeichnen, wird es später von "Gentechnik" abgelöst.[32]

---

29 STRAUß/ZIFONUN, Themen, Meinungen, Wörter der Zeit, S.36
30 STRAUß/HAß/HARRAS, Brisante Wörter, S.662
31 In Chirurgie steckt das griechische Wort "cheir" für Hand, in Manipulation "manus", lateinisch Hand.
32 Vgl. dazu Kapitel III, 1.3.

Jüngste Beispiele für negative Konnotationen, die so stark werden, daß sie zur Ächtung von sprachlichen Zeichen führen, sind die verschämten Umbenennungen der Kernforschungsanlage Jülich (KFA) und der Gesellschaft für Strahlen- und Umweltforschung (GSF) in Neuherberg bei München. Die KFA entledigte sich des störenden "Kern", die GSF der "Strahlen". Beides war durch die Reaktorkatastrophe von Tschernobyl und das schlechte Image der Kernenergie so negativ konnotiert, daß man die Namensbestandteile tilgte, um den Ruf zu schonen.

Viele Worte entwickeln im journalistischen Gebrauch während der Themenkarriere eine Geschichte. Verschiedene Bedeutungsnuancen kommen im Lauf der Zeit dazu, es kommt zu einer Vielzahl von Teilbedeutungen, aus denen die Journalisten auswählen können.[33] Im Laufe der Zeit kann das Wort dann einen Strauß von Assoziationen auslösen. Wichtig ist der Wortschatz, der für die Gentechnik "neu" eingeführt wird. Besonders Metaphern, die für die Gentechnik genuin kreiert werden. Beispiele sind der "Achte Tag der Schöpfung" oder das "Alphabet des Lebens" (für unser Erbmaterial).

Zu unterscheiden davon ist der bereits länger eingeführte Wortschatz aus der Umweltdiskussion, beispielsweise der Kernenergie, von dem die Gentechnik profitiert. Das gilt für den GAU, der zum Gen-Gau wird, oder für die atomare Kettenreaktion, die zur biologischen wird.

Die wichtige Transferleistung der Medien für den Wortschatz der Gentechnik habe ich bereits erwähnt. Die sprachlichen Besonderheiten des Wortschatzes, die bisher beschrieben wurden, konstituieren im Laufe der Sprachkarriere eine Art Vermittlungslexikon, mit dem das Thema via Zeitungen vermittelt wird.

---

[33] Insofern geht es präzise gesagt nicht darum, Worte zu besetzen, sondern Teilbedeutungen durchzusetzen.

Dominanter Bestandteil des Vermittlungslexikons sind Neologismen (Neubildungen).[34] Darüber hinaus gehören dazu: "standardisierter" Wortschatz, dessen Konnotationen durch den journalistischen Gebrauch erweitert und verschoben werden, Metaphern und Entlehnungen (Übernahmen aus anderen Sprachen) sowie Abkürzungen.

Jede Zeitung ist unterschiedlich produktiv bei der Konstitution des Vermittlungslexikons. Daß Wortwahl auch Programm ist, ist nicht nur den Kritikern von außen, sondern auch den Journalisten selbst bewußt. Deutlich wird dies, wenn sie ihren Sprachgebrauch untereinander kritisieren, wie das folgende Beispiel zeigt:

> "Natürlich ist die Gentechnik ein schwieriges Gebiet, nicht zuletzt der unaussprechlichen Fachausdrücke wegen. Oft hat man den Eindruck, daß manche Forscher ganz froh sind, sich hinter wissenschaftlichen Begriffen verschanzen zu können. Viel infamer ist es aber, wenn gruselige Schlagwörter aus dem Laboratoriums-Kauderwelsch als Horror-Cocktail über den Bildschirm gereicht werden, als Mixtur, bei der offenbar nicht der Gehalt, sondern die Wirkung zählt".[35]

4.1.2. Erklärungskarrieren

Im Laufe der Themenkarriere muß ein gemeinsamer Begriffsbesitz zwischen Journalist und Leser hergestellt werden. Ohne dieses Fundament wird der Leser weder bereit noch fähig sein, dem Informationsangebot des Journalisten zu folgen.

Es reicht nicht, das Thema als Gentechnik zu benennen, es muß auch erklärt werden, was darunter zu verstehen ist. Das Grundprinzip dafür lautet: Neues oder Unvertrautes wird mit Bezug auf Vertrautes oder Nachvollziehbares vermittelt.

---

34   Hier verstanden als die Fachworte, die durch die Gentechnik in die Standardsprache eindringen.
35   FAZ-Wissenschaftsjournalist Reinhard Wandtner am 12. Februar 1988 in der Kritik einer Fernsehsendung

Zu fragen ist: Mit welchen sprachlichen Mitteln wird die Beziehung zwischen dem zu erklärenden Fachwort (Explicandum) und dem, womit erklärt ist (Explicans) hergestellt?

Dazu muß zunächst vom journalistischen Mittler eine Entscheidung getroffen werden, welche Phänomene er für erklärungsbedürftig hält und welche Ausschnitte er daraus hervorhebt, weil sie im Textzusammenhang für das Verständnis notwendig sind. Auf der Seite des Explicans muß der Journalist entscheiden, auf welche Referenzbereiche er rekurriert, weil er davon ausgeht, daß sie dem Leser geläufig sind.

Die Hamburger Projektgruppe Informationstransfer (HINT) spricht in diesem Zusammenhang von "Selektion" als erstem Schritt und "Realisierung" als zweitem.[36] Damit ist die textliche (und bildliche) Umsetzung der im Selektionsprozeß getroffenen Entscheidungen gemeint.

Im Auswahlprozeß (Selektion) ist zu entscheiden, wie die Inhalte von Explicandum und Explicans in Beziehung gesetzt werden. Drei Varianten sind denkbar:

1. gleichrangige Beziehungen (das eine ist eine Paraphrase des anderen)
2. Teileigenschaftsbeziehung (Spezifizierung - ein Merkmal des Explicandum wird betont, z.B. seine Struktur)
3. hierarchische Beziehung (Generalisierung - Ober- oder Unterbegriffe des Explicandum werden genannt).[37]

Damit die fachexterne Kommunikation gelingt, muß für den Fachwortschatz ein Bezugspunkt in der Erfahrungswelt des Laien gesucht werden. Das Erklärende (Explicans) kann aus verschiedenen Bezugs-, bzw. Referenzwelten stammen.

---

[36] LASKOWSKI, Methoden der Kommunikatanalyse, S.81
[37] LASKOWSKI, Methoden der Kommunikatanalyse, S.82

Zweierlei ist möglich:

- Der Journalist verharrt in der Referenzwelt des Faches und formuliert in der vorfindlichen Fachsprache
- Der Journalist wechselt die Referenzwelt.
  a) Er wählt Anknüpfungspunkte in einem anderen Fach
  b) Er knüpft an Vorstellungen an, die Konsens in mehreren Wissenschaften sind (überfachlich verständlich)
  c) Er sucht Verbindungen zur Alltagswelt des Lesers.[38]

Die im Selektionsprozeß getroffenen Entscheidungen sind syntaktisch "einfach" zu realisieren oder "komplex", indem eine Reihe von stilistisch-rhetorischen Mitteln wie Wiederholung, Beispiel, Metapher genutzt wird.

Ein Beispiel für syntaktisch "einfach" ist:

Explicandum: Desoxyribonukleinsäure

"Freiwillig verzichtet auf zwei Arten von molekulargenetischen Experimenten hat eine Gruppe namhafter amerikanischer Wissenschaftler, unter ihnen der durch die Aufklärung der Struktur der Desoxyribonukleinsäure (DNS), dem Träger der Erbinformation, bekannt gewordene Nobelpreisträger James D. Watson." (FAZ 31.7.74)

Syntaktisch liegt hier die Form der Apposition (Beifügung) vor. Angestrebt wird eine Paraphrase in der Alltagssprache des Lesers.

Im Gegensatz dazu wird in den folgenden Beispielen eine komplexere Form gewählt. Die Erklärung erstreckt sich über mehrere Sequenzen und verwendet eine Vielzahl stilistisch-rhetorischer Mittel.

Explanandum 1A: Genetischer Fingerabdruck

"Längst hat Sherlock Holmes seine Pelerine gegen einen Laborkittel eingetauscht. Mit modernstem Handwerkszeug gerüstet, dringt der moderne Meisterdetektiv, Kriminologe und Biochemiker zugleich, tief in die Biologie des Menschen ein und überführt den Schurken anhand seines Erbgutes: Der "genetische Fingerabdruck" wurde im Dezember vom Berliner Landgericht erstmals als Beweismittel zur Aufklärung schwerster Straftaten für zulässig erklärt." (SZ 16.1.89)

---

[38] LASKOWSKI, Methoden der Kommunikatanalyse, S.83

"Die Wissenschaftler können heute ein Individuum an einer winzigen Probe, die Erbmaterial enthält, mit hoher Sicherheit identifizieren. Ein frischer oder eingetrockneter Samen-, Blut- oder Speichelfleck, eine winzige Hautabschürfung oder ein paar Haare genügen für die Analyse, die in nur 2 bis 3 Tagen fertig ist." (FAZ 4.5.88)

Durch welche Eigenschaften des Erbgutes wird der "genetische Fingerabdruck" möglich und wie wird er sichtbar?

Explanandum 1B: Jeder Mensch besitzt unverwechselbare Stücke Erbmaterial

"In diesen Bereichen verbergen sich monotone Abfolgen weniger DNS-Bausteine, die unterschiedlich oft hintereinander geschaltet sind, so daß deren Gesamtlänge individuell stark variiert. Da dieses "Strickmuster" jedoch an die Nachkommen vererbt wird, eignet es sich sowohl zur Identifizierung einzelner Personen, als auch zum Nachweis von Verwandtschaftsbeziehungen. Das persönliche Muster kann durch radioaktiv markierte "Sonden" sichtbar gemacht werden". (SZ 16.1.89)

"Die bei jedem Menschen verschiedenen, sogenannten hypervariablen Bereiche haben einen identischen Kern von 10 bis 15 Nukleinsäure-Bausteinen (Basenpaaren). Trotz ihrer Variabilität kann man diese Abschnitte daher mit einer zu dem konstanten Kern passenden Gen-Sonde identifizieren." (FAZ 4.5.88)

Beide Beispiele betonen die Leistung (Funktion) des Explanandum zur Identifizierung eines Individuum. Der "genetische Fingerabdruck" wird über die Struktur des Erbgutes erklärt. Insofern sind die im Selektionsprozeß getroffenen Entscheidungen für die Beziehung zwischen Explicandum und Explicans bei SZ und FAZ ähnlich. Beide heben einige Merkmale des Explicandum hervor. Entscheidender Unterschied ist die Herkunft des sprachlichen Materials. Die FAZ erläutert das Explicandum mit fachsprachlichen Elementen im Explicans (hypervariable Bereiche, Gen-Sonde). Die Fachworte (aus dem gleichen Fach) bleiben unerklärt. Erklärungen sind grundsätzlich abhängig von Vorwissen. Das Vorwissen der FAZ-Leser wird offensichtlich hoch eingeschätzt.[39] Die SZ setzt stärker auf das Anknüpfen an alltagsweltliche Vorstellungen (Detektiv Sherlock

---

[39] Hier geht es darum, unterschiedliche Erklärungsstrategien zu zeigen, nicht um Beurteilung derselben. Grundsätzlich bin ich der Meinung, daß Journalisten keine Lexikographen sind und es nicht ehrenrührig für einen Leser ist, mal ein Lexikon zu benutzen.

Holmes, Strickmuster). Der Vergleich mit dem bekannten Meisterdetektiv und die Metapher des persönlichen "Strickmusters" werden gezielt eingesetzt, um den Brückenschlag zwischen Fach- und Standardsprache zu erleichtern.

Beide Beispiele integrieren die Erklärungen in den Fließtext. Oft wird in den Zeitungen jedoch in "Nischen" erklärt. Zu den Berichten werden ausführliche Erklärungen in abgeteilten Sektionen ("Erklär-Kästen") positioniert. Das hat für den Journalisten den Vorteil, daß im Text weniger erklärt werden muß, für den Leser den Nachteil, daß er die Erklärungen suchen muß. Ob die Erklärungen vorher oder hinterher gelesen werden, sie fehlen im Zusammenhang des Fließtextes. Das Nischenphänomen kann auch in einer Serie auftreten. So widmet eine 17teilige Gentechnik-Serie der WELT Teil eins am 28. März 1988 grundlegenden Erklärungen. Grundbegriffe und Verfahren werden erklärt, so daß in den folgenden Teilen der Serie auf sie rekurriert werden kann. Die 17 Teile der Serie sind von der Redaktion als Globaltext konzipiert. Zu Beginn wird das nötige Basiswissen eingeführt. Wer jedoch das Grundwissen in der Nische des Teil eins verpaßt oder nicht behalten hat, dem fehlt es an späteren Textstellen.

Zu dem Problem, Erklärungen sinnvoll in Textzusammenhänge einzugliedern, kommt darüber hinaus das Problem der Paßgenauigkeit von Erklärungen und Textintention.

Die Erklärungspassagen müssen dem angestrebten kommunikativen Ziel dienen. Zu unterscheiden sind Erklärungen, die auf bloße Information abzielen und solche, die in Grundlagen und Hintergründe einführen, um das Fazit des Autors plausibel zu machen. Ob es im heutigen Wissenschaftsjournalismus noch Erklärungen gibt, mit denen um des interesselosen Wohlgefallens an der Sache willen die Leser über wissenschaftliche Themen informiert werden, halte ich für fraglich. Die aktuelle Print-Wissenschaftsberichterstattung tendiert zu absichtsvolleren Erklärungen. Solche Erklärungen sind in komplexere Folgerungszusammenhänge eingebaut, um die Bewertung des Autors zu stützen. Sie dienen der appellativen Intention des Autors.

Die Gentechnik als umstrittenes Thema bietet, wie sich zeigen wird, für Erklärungen, die mit persuasiver Intention ausgewählt werden, viele Belege. Vereinfacht dargestellt wird die WELT dazu tendieren, beispielhaft eine Reihe von positiven Anwendungsbeispielen der Gentechnik zu erklären, um die Gentechnik als vielfältig, nützlich und interessant darzustellen, die TAZ wird, ebenso beispielhaft, das Anwendungsbeispiel gentechnisch hergestellte "Bio-Waffen" funktionalisieren, um den negativen Schluß "gefährliche Technik" nahezulegen.

Nun bekommen die vorhergenannten Aspekte im Lauf der Sprachkarriere auch eine zeitliche Dimension. Was und wie erklärt wird, ist vermutlich keine Konstante. Es wird zu zeigen sein:

- welche Phänomene in welcher Phase für erklärungsbedürftig gehalten werden,
- ob im Laufe der Zeit weniger erklärt wird, weil mehr Vorwissen vorausgesetzt wird,
- ob spezieller erklärt wird, von Basis- zu Detailwissen übergegangen wird,
- welche Verfahren benutzt werden, ob einfach oder komplex, mit Standard- oder Fachsprache,
- ob es zeitungsspezifische Erklärungsstrategien gibt.

4.1.3. Bewertungskarrieren

Mit dem Thema und den Teilthemen bilden sich auch die Bewertungen dazu heraus und verändern sich im Lauf der Zeit. Jedes Teilthema entwickelt ein typisches "Gesicht", das heißt, es erfährt eine bestimmte Darstellung. So können Eingriffe ins menschliche Erbgut in Verbindung mit der Heilung von Erbkrankheiten zunächst pauschal gutgeheißen, später differenziert (Eingriffe in Körper- oder Keimzellen) betrachtet, dann verurteilt werden. Eingriffe in die Keimbahn des Menschen werden dann aus moralischen Gründen abgelehnt. Beschreibe ich diese Ausprägungen, so spreche im folgenden von Profilen der Teilthemen.

Daß von einer Gentechnik-Kontroverse oder -Debatte gesprochen wird, zeigt, daß das Thema bewertungsintensiv ist, es konkurrierende Meinungen gibt. Es wird sogar bezweifelt, ob das Thema noch konsensfähig ist. Da an dieser "Debatte" sehr viele Akteure (Wissenschaftler, Politiker, Bevölkerung) mit extrem unterschiedlichen Perspektiven und Wertvorstellungen beteiligt sind, wird oft gar von einem "Glaubenskrieg" gesprochen.

Gemeint ist, daß es nicht nur um die Gentechnik an sich geht, sondern sie zum Stellvertreter für eine Debatte wird, die sich um Pro und Contra einer technisierten Gesellschaft dreht. Im Zentrum stehen dann Geltungskonflikte von Weltbildern.

Um die Wertebasis in den Artikeln aufzufinden, werde ich mit Hilfe linguistischer Bewertungskonzepte Bewertungen identifizieren und beurteilen. Dabei ist die Betrachtung einzelner wertender Ausdrücke sekundär. Zentrales Interesse der vorliegenden Arbeit ist, einzelne Bewertungsschritte sichtbar zu machen, um zu erklären, auf welchen Ebenen es zu unterschiedlichen Gewichtungen kommt, die dann die Gesamteinschätzung verändern.

Bewertungen werden innerhalb der Linguistik beschrieben:
- auf der lexikalisch-semantischen Ebene (Einteilung von Bewertungsausdrücken, Begriff der Konnotation)[40]
- auf der syntaktisch-semantischen Ebene (Stereotype, Slogans, Präsuppositionen)[41]

---

[40] BERGMANN, Ausdruck von Wertungen durch lexikalische Einheiten, S.303-309; FILLMORE, Verben des Urteilens, S.125-145
[41] ZILLIG, Bewerten; QUASTHOFF, Analyse des Stereotyps; HANNAPPEL/MELENK, Alltagssprache

- auf der text-thematischen Ebene (Strategien der thematischen Entfaltung)[42]
- auf der kommunikativ-funktionalen Ebene (Bewerten als sprachliche Handlung in Abgrenzung zu anderen Handlungsarten wie Informieren, Explizieren, Argumentieren)[43].

Wie anfangs erwähnt, interessieren für die vorliegende Arbeit sogenannte Bewertungskonzepte wie sie von Barbara Sandig oder Martha Ripfel entwickelt wurden.[44] Martha Ripfel stellt zu Bewertungen fest:

"Der Wert eines Gegenstandes muß von einem Bewertenden erst beurteilend festgestellt werden. Bewertungsgegenstände können Sachen, Personen, Sachverhalte, Handlungen, Leistungen von Personen etc. sein. Bewertet wird im Hinblick auf einen Wertmaßstab. Gegenstände können unter mehreren Aspekten bewertet werden."[45]

Ihr Konzept sieht folgende Kategorien vor:

Eine Person (BS) bewertet zu einem bestimmten Zeitpunkt t_i einen Bewertungsgegenstand (BG), indem BS BG im Hinblick auf bestimmte durch die Vergleichsbasis (V) vorgebene Bewertungsaspekte (BA) anhand diesen zugeordneten Einordnungsskalen (ES) einordnet und die Einordnungsergebnisse (EE) relativ zu in V vorgebenen Sollergebnissen (SE) verbunden mit einer Gewichtung (G) auszeichnet.[46]

Die Vergleichsbasis enthält die "Wertvorstellungen", an denen der Bewertungsgegenstand gemessen wird. Diese sind beim Bewertenden bereits vorhanden, entweder durch Sozialisation oder bewußt durch Lernen erworben.[47]

Barbara Sandig spricht von "Bewertungsmaßstäben", die per Konvention und Erfahrung gelten.[48] Hannappel/Melenk sprechen von "Normen".[49]

---

[42] BRINKER, Linguistische Textanalyse; BRINKER, Thematische Muster, S.26-45; BRINKER/SAGER, Linguistische Gesprächsanalyse
[43] KIENPOINTER, Argumentationsanalyse; SCHÖBERLE; Argumentieren - Bewerten - Manipulieren
[44] RIPFEL, Was heißt Bewerten?, S.151-177; SANDIG, Ausdrucksmöglichkeiten des Bewertens, S.137-159
[45] RIPFEL, Was heißt Bewerten?, S.153
[46] RIPFEL, Was heißt Bewerten?, S.155
[47] RIPFEL, Was heißt Bewerten?, S.155
[48] SANDIG, Ausdrucksmöglichkeiten des Bewertens, S.139
[49] HANNAPPEL/MELENK, Alltagssprache, S.159 und S.164

Das folgende Beispiel überträgt Ripfels Bewertungskonzept auf die Problematik der Freisetzung von gentechnisch veränderten Pflanzen. Als Bewertungsgegenstand (BG) bestimme ich das FREISETZUNGSEXPERIMENT VON GENTECHNISCH VERÄNDERTEN PETUNIEN in KÖLN, das eine heftige Debatte ausgelöst hat.

Die Liste der Bewertungsaspekte ergibt sich aus den Meinungen, die sich in der Medienberichterstattung widerspiegeln.[50]

BEWERTUNGSASPEKTE   EINORDNUNGSSKALEN

Wissen um   wenig - viel
ökologische
Zusammenhänge:

Notwendigkeit: niedrig - hoch
- Tests im Freiland
nötig, um Marktreife
der Produkte zu
erlangen oder um
Grundlagenwissen
zu erweitern

Kosten: hoch - niedrig

gesetzliche   nötig - nicht nötig
Grundlage:

ökologisches Risiko: beherrschbar - unbeherrschbar
- bei herbizid-
resistenten Pflanzen
z.B. ob Kreuzung mit
Unkräutern möglich ist
oder ob heimische Arten
verdrängt werden

Signalwirkung: hoch - niedrig

Die bewertenden Personen (hier Institutionen, BS) sind das Kölner Max-Planck-Institut (MPI) für Züchtungsforschung und das Öko-Institut Darm-

---

[50] Um die Bewertungsaspekte zu ermitteln, wurde der Analyse des Materials vorgegriffen und die Debatte um das Kölner Freisetzungsexperiment in FAZ, SZ, WELT TAZ und KST verfolgt.

stadt, die konträre Positionen vertreten. Während das staatlich geförderte Max-Planck-Institut dieses Experiment befürwortet und initiiert, will das privat finanzierte "alternative" Öko-Institut die Freisetzung verhindern.[51]

Nimmt man an, beide Institutionen sollen das Experiment anhand der obigen Liste beurteilen, gibt es Probleme:

- bei der Auswahl der Bewertungsaspekte (die Kosten des Experiments spielen für das Öko-Institut keine Rolle),
- bei ihrer Hierarchisierung (hat der Aspekt "Erwarteter Nutzen" oder der Aspekt "Ökologisches Risiko" Priorität?)
- bei den zugrundeliegenden Wertvorstellungen (Naturbild).

Über die Sollergebnisse (SE) jedes einzelnen Aspekts auf der Einordnungsskala, gibt es dagegen wenig Differenzen. Beide Parteien wollen das ÖKOLOGISCHE RISIKO niedrig halten, aber ob die Gefahr für das Ökosystem der wichtigste Aspekt ist (Gewichtung) und was genau darunter zu verstehen ist (Definition "Ökologisches Risiko"), ist strittig.

Befürworter wie Gegner sind sich auch darüber einig, daß das Wissen um ökologische Zusammenhänge noch sehr rudimentär ist. Deshalb argumentieren die Befürworter des Experiments bezüglich der NOTWENDIGKEIT, daß, um das Wissen über "Springende Gene" (Transposons) zu erweitern, dieses Experiment wichtig ist.[52] Geht es nur um Wissenserweiterung, so kann der Versuch im Gewächshaus durchgeführt werden, lautet hier die Gegenposition.

Auch der Aspekt GESETZLICHE GRUNDLAGE ist umstritten. Während das Öko-Institut gegen den Versuch im "rechtsfreien Raum" ist, da es noch

---

51 Um das Problem zu verdeutlichen, geraten die Positionen sehr plakativ.
52 In anderen Fällen, bei sogenannten Industriefreisetzungen, sind eher ökonomische Interessen im Spiel. Damit die Produkte Marktreife erlangen, müssen sie unter realistischen Bedingungen im Freiland getestet werden.

kein Gen-Gesetz gibt, reichen für das MPI die ZKBS-Richtlinien und deren Genehmigungspraxis.

Über die hohe SIGNALWIRKUNG des Versuchs sind sich beide Seiten einig. Doch was bei den einen als "Einstiegsdroge" verurteilt wird und als Wegbereiter für gefährlichere Experimente gilt, ist für die anderen ein positiv zu wertender "Testballon", um zum ersten Mal eine Freisetzung durchzusetzen, möglicherweise eine Art Gewöhnung zu erreichen.

Die Parteien kommen also bei einigen Bewertungsaspekten zu anderen Einschätzungen auf der Einordnungsskala und sie wichten die Aspekte anders. Das Argument, daß mit der ersten Freisetzung Tür und Tor für weitere Experimente geöffnet wird, setzt das Öko-Institut als dominant, während die Kölner Forscher eher den möglichen Wissenszuwachs betonen.

Die Frage der jeweiligen WERTVORSTELLUNGEN läßt sich am Beispiel der unterschiedlichen Naturbilder beider Seiten zeigen. Während die einen die langsame (von Menschen unbeeinflußte) Evolution zum obersten Prinzip erheben, sehen die anderen Natur als schon immer von Menschen beeinflußt an. So stellt sich die Gentechnik nur als ein Instrument dar, diese Einflußnahme zu beschleunigen.[53]

Da bei jeder Art von Bewertung auf einen Wertehorizont Bezug genommen wird, der in diesem Fall unvereinbare Gegensätze offenbart, ist das Ergebnis der Kontroverse (des Bewertungsganges) deprimierend, da eine Lösung unmöglich scheint. Was diese "Sinnlosigkeit" für die Berichterstattung bedeutet, wird noch zu klären sein.

---

53 Führt die Industrie eine Freisetzung durch, taucht schnell die Wertvorstellung von der naturfeindlichen, kommerzorientierten Industrie auf, die es zu bekämpfen gilt.

Die Untersuchung von Bewertungen unterliegt im Kontext der Wissenschaftsberichterstattung besonderen Bedingungen. Bei der Auseinandersetzung mit den Pressetexten geht es vor allem um zwei Fragen:

1. Welche journalistischen Darstellungsformen werden verwendet, um zu bewerten?
2. Wertet der Autor selbst (im Primärtext) oder läßt er andere werten und zitiert dies (im Sekundärtext)?

Folgt man journalistischen Lehrwerken, scheint die Einteilung von fakten- gegenüber meinungsbetonten Darstellungsformen nicht schwierig zu sein.[54] Die einen sollen unparteilich informieren, die anderen deuten und bewerten. Oft genug wird auch die Unterscheidung in objektiv und subjektiv gemacht.[55] Mir geht es jedoch nicht um die Abgrenzungsproblematik (Ist eine Reportage nun informations- oder meinungsbetont?), sondern um die Verletzung der Norm. Schon ein erster Blick zeigt, daß in den Texten sowohl in Berichten wie in Kommentaren gewertet wird. In den Berichten wird zwar häufiger über Zitation der genehmen Expertenmeinungen bewertet oder über postive/negative Kommentierung von Zitaten[56], aber durchaus auch vom Autor selber, ohne Legitimation durch einen anderen Handlungsträger. Dies widerspricht jedoch den Ergebnissen von Inhaltsanalysen zur Wissenschaftsberichterstattung. Für Wissenschaftsthemen in der Tagespresse gilt danach, daß sie nur in Form von Meldungen, Berichten und selten Reportagen präsentiert werden. Kommentare, Glossen und Interviews kommen kaum vor. Daraus entwickelt sich die Vorstellung von der Interpretations- und Meinungsabstinenz des Wissenschaftsjournalismus.[57] Wenn aber entgegen der Norm das gesamte Spektrum der Darstel

---

[54] LAROCHE, Praktischer Journalismus, S.57-164
[55] LAROCHE, Praktischer Journalismus, S.119
[56] Dies wird im folgenden noch erläutert
[57] HÖMBERG, Glashaus oder Elfenbeinturm?, S.90

lungsformen zur Wertung genutzt wird, muß diese These als widerlegt gelten.

Darüber hinaus äußern die verantwortlichen Wissenschaftsjournalisten der untersuchten Zeitungen in den Befragungen selbst, daß sie die eigene Wertung als Bestandteil ihrer Wissenschaftsberichte sehen.

"Wir sind keine Anhänger der reinen Lehre. Wir wissen, daß wir gegen das Gebot der Trennung von Nachricht und Meinung verstoßen, aber wir haben oft am Ende der Berichte wertende Sätze. Wir haben nicht genug Platz, um das zu trennen. Folglich müssen wir in den Artikeln kommentieren. Sie müssen werten, sonst könnten sie jeden Quatsch auf den Leser loslassen, nur weil es neu ist."58

Als Begründung fungiert bei Rainer Flöhl der unterschiedliche Kenntnisstand von Leser und Journalist. Da der Leser weniger weiß, bekommt er vom Journalist eine "Guidance", eine Führung, die Wertungen einschließt. Auch die Gentechnik-Expertin der FAZ, Barbara Hobom, schätzt die Bewertungen in ihren Artikeln nicht als "notwendigen, aber meist hilfreichen Bestandteil" ein.59

Der TAZ-Journalist Manfred Kriener äußert sich ähnlich:

"Die TAZ bewertet, um dem Leser zu helfen, Dinge einzuordnen. Sicher auch, um ihn zu beeinflussen. Wir wollen auch einfach mal im besten Sinne agitieren. Da schieben wir ein aufklärerisches Ideal vor uns her."60

Da die Unterscheidung der Darstellungsformen als Kriterium für das Auffinden von eigenen journalistischen Wertungen nicht trägt, soll die Möglichkeit erörtert werden, zwischen eigenen Wertungen des Autors und fremden, die er zitiert, unterscheiden zu können. Doch diese Trennung ist vom Autor leicht zu verwischen, wie folgendes Beispiel zeigt:

"Obwohl das Verteidigungsministerium vor der Enquetekommission Gentechnologie des Bundestags beteuerte, "die Bundeswehr selbst hat im eigenen Bereich kein gentechnologisches Labor", ist in München nach Recherchen der Grünen bereits seit 1986 ein derartiges von der Bundeswehr finanziertes Labor in Betrieb." (TAZ 12.12.87)

---

58 Gespräch mit Rainer Flöhl (FAZ) vom 15.1.89
59 Brief von Barbara Hobom vom Januar 1990
60 Gespräch mit Manfred Kriener (TAZ) vom 11.12.89

Schon mit Hilfe des redeeinleitenden Verbs "beteuern" kommentiert der Autor die Äußerungen Dritter. Je weiter sich der Journalist vom Originaltext entfernt und von direkter Zitierung zu raffender Inhaltswiedergabe übergeht, desto undurchdringlicher wird diese Kommentierung für den Leser.

Hermann Hoppenkamps untersucht die Wiedergabe einer Parlamentsdebatte in Zeitungen. Er unterscheidet dabei zwischen für den Leser offener und für ihn verdeckter Bewertung, zwischen solcher, die der Leser erkennen kann und solcher, die nur durch Vergleich mit dem Originaltext offensichtlich ist.[61] In der Analyse kann ich die Berichterstattung über ein Ereignis in fünf verschiedenen Zeitungen vergleichen und mit Hilfe von Zitaten feststellen, ob die Aussagen Dritter kommentiert werden.

Hans Mathias Kepplinger macht in seiner Untersuchung der Kernenergie in der Presse keine Unterscheidung zwischen eigenen Bewertungen des Autors und solchen, die er von Dritten zitiert.[62] Begründung: Es bestehe eine hohe Übereinstimmung zwischen der Tendenz von expliziten und impliziten Wertungen[63] in den Zeitungen. Bewertet der Autor die Kernenergie selbst als positiv, so unterstellt Kepplinger, wird er auch nur solche Äußerungen Dritter wiedergeben, die seiner Meinung entsprechen. Bei Kepplinger wird der Journalismus per se tendenziös und der Journalist zu einem, der nur eigene Vorurteile transportiert. Die Recherche spielt dann keine Rolle mehr, ebenso wenig wie das in der journalistischen Praxis übliche Verfahren Meinung und Gegenmeinung gegenüberzustellen.

---

[61] HOPPENKAMPS, Information oder Manipulation?, S.155 und S.159
[62] KEPPLINGER, Kernenergie in der Presse, S.659-683
[63] "Explizite Wertungen liegen vor, wenn der Urheber die Kernkraft selbst, ihre Ursachen, Folgen usw. mit eindeutig wertenden Begriffen charakterisiert. Beispiele hierfür sind u.a. gut, schlecht, verheißungsvoll, verhängnisvoll, Segen, Fluch. Implizite Wertungen liegen vor, wenn der Urheber der Kernenergie allgemein positiv oder negativ bewertete Bedingungen, Folgen oder Begleiterscheinungen zuschreibt. Beispiele hierfür sind die Sicherung oder Gefährdung von Arbeitsplätzen, der Stromversorgung, der Gesundheit oder von Leben."
KEPPLINGER, Kernenergie in der Presse, S.660

Für die Bewertungen behauptet Kepplinger, daß für eine negative Charakterisierung (eines Themas/Themenaspekts), die - quantitative - Intensität der Thematisierung wichtiger sei, als die Extremität der Bewertung.[64]
Auch ich werde in der Analyse Quantitäten von Bewertungen erheben. Mehr als für die Gesamttendenz der Artikel - auf Jahre und Zeitungen bezogen - interessiere ich mich für die Bewertungen von Teilthemen über die Zeit, um die beschriebenen Profile zu ermitteln. So kann ich zum Beispiel feststellen, wie der Themenbereich "Sicherheitsfragen" wann und in welchen Zeitungen wie[65] beurteilt wird. Dem groben Hinweis der Daten folgend, werde ich dann an einzelnen Textstellen zeigen, wie sich die Bewertungen sprachlich realisieren.[66]

4.2. Modell für die Sprachkarriere des Themas Gentechnik

Mit Hilfe der Wort-, Erklärungs- und Bewertungskarrieren läßt sich das Modell einer Sprachkarriere des Themas entwerfen. Die Phasen werden analog zu der der Themenkarriere benannt. Die Anregung dazu stammt von Matthias Jung, der den öffentlichen Sprachgebrauch am Beispiel der Umweltdebatte in der BRD untersucht.[67] Er spricht von der Kommunikationsgeschichte eines Themas.[68] Dazu untersucht Jung den Zeitraum von 1945 bis heute, sowohl auf der Basis von Zeitungsausschnitten, die die Stadtbü

---

[64] KEPPLINGER, Kernenergie in der Presse, S.661
[65] Die Daten erlauben die Frage nach dem "Wie" nur über die Abstufungen: Neutral, leicht und stark negativ oder positiv zu beantworten.
[66] Die quantitative Auswertung stützt die sprachwissenschaftliche Interpretation. Zur Verbindung der qualitativen - sprachwissenschaftlichen - Methodik mit dem quantitativen - medienwissenschaftlichen - Vorgehen vgl. Kapitel II, 6.
[67] JUNG, Umweltdebatte, S.76-98. Die Kernkraftkontroverse klammert Jung aus.
[68] JUNG, Umweltdebatte, S.76-98. Einige Seiten vorher benutzt STEGER, Sprache im Wandel, S.7 ebenfalls den Ausdruck Kommunikationsgeschichte. Wie Jungs Aufsatz kann meine Arbeit als Versuch eines thematisch orientierten Längsschnitts zur Kommunikationsgeschichte der Gegenwartssprache verstanden werden.

cherei Dortmund zum Thema Umwelt archiviert hat, als auch auf der Basis von Sachbuchliteratur.

Ähnlich wie für die Umweltdebatte gilt auch für die Gentechnikdebatte, daß sich generelle Tendenzen der deutschen Gegenwartssprache wie die Verwissenschaftlichung (Fachsprachen), die sondersprachlichen Einflüsse, das Benennungshandeln (Sprache in der Politik) oder der Einfluß des Englischen zeigen lassen.[69]

Ähnlich Luhmanns Einteilung spricht Jung von Vorphase, Generalisierung und Modethema.[70] Jung schließt mit einem "Ausblick auf die weitere Entwicklung", wie er es nennt.[71] Erste Auswertungen meines Materials zeigen, wie nah Jungs Ergebnisse für die Umweltdebatte an den linguistisch zu beschreibenden Entwicklungen sind, die ich für die Sprachkarriere des Themas Gentechnik für konstitutiv halte.[72]

Um die Sprachkarriere zu beschreiben, sind für die Analyse folgende Fragen leitend:

1. *Wortschatz*
- Mit welchen lexikalischen Mitteln wird über Gentechnikrelevante Sachverhalte gesprochen? Speziell: Welches neue Vokabular wird eingeführt?
- Welche neuen Worte setzen sich im journalistischen Gebrauch durch und werden zu Neologismen? Welche bleiben okkasionell?

69	BRAUN, Tendenzen
70	JUNG, Umweltdebatte, S.78,87,92. Luhmann spricht von Latenter Phase, Durchbruch, Modephase und Ermüdungserscheinungen.
71	JUNG, Umweltdebatte, S.96. Jungs letzte Belege sind von 1973, die dann schon als typisch für die Modephase der Umweltdiskussion gelten. Der Zeitraum von 1974-80 mit organisierter und politisierter Umweltopposition wird nur noch angerissen.
72	Vgl. Kapitel IV, 3. Sprachkarriere im Überblick

- Woher stammt der verwendete Wortschatz? Sind es Fachworte oder entstammen die Worte dem allgemeinsprachlichen Inventar?
- Welche Konnotationen werden dem Wortschatz durch den journalistischen Gebrauch hinzugefügt? Welche Konnotationen bleiben in der Verwendung beständig, welche verändern sich?
- Gibt es heterogenen Sprachgebrauch? Wird der Sprachgebrauch Anderer thematisiert?
- Woher stammt der verwendete Wortschatz? Sind es Fachworte, Entlehnungen oder stammt es aus allgemeinsprachlichem Inventar?
- Welche Metaphern veranschaulichen das Thema? Welche Einstellungen der Sprachbenutzer werden dadurch deutlich, welche Sehweise wird nahegelegt?

2. *Bewertungen*
- Welche Teilthemen werden von den Journalisten wie bewertet?
- Ändern sich die Bewertungen von Teilthemen? Welche Profile der Teilthemen entstehen?
- Welche Gesamteinschätzung des Themas wird deutlich? Auf welchen Wertvorstellungen beruht diese Einschätzung?
- Welche journalistischen Darstellungsformen werden verwendet, um zu bewerten?
- Wertet der Autor selbst oder zitiert er Bewertungen? Kommentiert er Redeäußerungen Anderer?

3. *Erklärungen*
- Welche Worte oder Sachverhalte wählen die Journalisten für Erklärungen aus?
- Mit welchen Strategien wird erklärt?
- Welches Vorwissen wird vorausgesetzt?
- Lassen die Erklärungen eine bewertende Absicht erkennen?

Es läßt sich prognostizieren, daß einzelne Phänomene (z.B. heterogener Sprachgebrauch) für bestimmte Phasen typisch sind, bzw. erst zu einem bestimmten Zeitpunkt der Sprachkarriere zu beobachten sind. Außerdem sind auch zeitungsspezifische Strategien anzunehmen.

5. UNTERSUCHUNGSMATERIAL

Für das Forschungsprogramm sind zwei wesentliche Faktoren zu klären: die Auswahl des Untersuchungsmaterials und die Festlegung des Untersuchungszeitraumes. Das folgende Kapitel begründet die Auswahl des Mediums Tageszeitung für die Untersuchung, die Zusammenstellung des Korpus in den Zeitungsarchiven und den Untersuchungszeitraum von 1973 bis 1989.

5.1. Das Medium Tageszeitung

Berg/Kiefer zeigen in ihrer jüngsten Langzeitstudie zur Mediennutzung und -bewertung, daß 72 von 100 Personen in ihren Haushalten über ein Zeitungsabonnement oder eine regelmäßig gekaufte Zeitung verfügen.[1] Darüber hinaus wird in der Studie festgestellt:

> "Wer Zeitung liest, scheint dies regelmäßig zu tun und sich seiner Gewohnheit auch entsprechend bewußt zu sein. Dies deutet auf eine andere Qualität des Umgangs mit dem Printmedium, als sie vielen der offenbar eher zufälligen Kontakte mit Hörfunk, aber auch Fernsehen zuzukommen scheint".[2]

1985 wie schon 1980 wird die Zeitung von den breitesten Bevölkerungskreisen als unentbehrliches Medium eingestuft.[3] Befragt, welches Medium oft eine wertvolle Hilfe ist, wenn man sich eine eigene Meinung bilden will, hat die Tageszeitung im Vergleich zu Hörfunk und Fernsehen deutlich die höchste Zustimmung.[4] Die Leserschaft schätzt an der Tageszeitung in erster Linie die Regionalität der Berichterstattung, gefolgt von der Vollständigkeit und der Verständlichkeit sowie der Möglichkeit, diese Bericht-

---

[1] BERG/KIEFER, Massenkommunikation III, S.21
[2] BERG/KIEFER, Massenkommunikation III, S.24. Hier soll kein Gegensatz aufgebaut werden. Es ist davon auszugehen, daß die tagesaktuellen Medien komplementär genutzt werden und sich nicht verdrängen.
[3] BERG/KIEFER, Massenkommunikation III, S.133
[4] BERG/KIEFER, Massenkommunikation III, S.149

erstattung als Gesprächsstoff zu verwenden.[5]

Klaus Schönbach hält die Presse hinsichtlich ihrer politischen Wirkungen im Vergleich zum Fernsehen für "Das unterschätzte Medium".[6] Er schreibt der Tageszeitung, in Übereinstimmung mit einer amerikanischen Studie, eine thematische "Initiationsfunktion" zu. Aufgrund ihrer Informationskapazität könne die Tageszeitung Themen sehr viel früher aufgreifen als das Fernsehen, erst wenn die Themen wichtig genug seien, um in der Presse auf der ersten Seite zu erscheinen, berichte auch das Fernsehen darüber.[7] Für die Beschreibung einer Themenkarriere, die auch den Start eines Themas erfassen will, ist deshalb die Konzentration auf Tageszeitungen geradezu notwendig.

5.2. Auswahl der Zeitungen

Eine Zusammenstellung, die exemplarischen Charakter für die Zeitungspresse in der Bundesrepublik hat, widerspricht dem Gebot der Griffigkeit des Korpus. Die Zahl der herangezogenen Presseorgane sollte nicht zu groß sein. Trotzdem sollten sie ausreichend Material liefern. Damit die Zeitungen eine quantitativ starke und heterogene Leserschaft repräsentieren, sollten sie überregional erscheinen und möglichst das gesamte politische Spektrum abdecken. Außerdem sollte eine kontinuierliche Wissenschaftsberichterstattung sichergestellt sein.

So fiel die Wahl auf die "Frankfurter Allgemeine" (FAZ), die "Süddeutsche Zeitung" (SZ), "Die Welt", "die tageszeitung" (TAZ) und den Kölner Stadt-Anzeiger (KST). Letzterer erscheint zwar nicht überregional, ist aber zusätzlich wichtig, um zu prüfen, ob und wie sich das lokale Schwergewicht in der Genforschung (Institut für Genetik der Uni Köln und das Max-Planck-Institut für Züchtungsforschung in Köln-Vogelsang) auf die Be-

---

[5] BERG/KIEFER, Massenkommunikation III, S.151
[6] SCHÖNBACH, Das unterschätzte Medium

richterstattung auswirkt. Der Kölner Stadt-Anzeiger hat im ersten Quartal 1989 eine verkaufte Auflage von 281 300 Stück, gehört also zu den auflagenstärkeren Zeitungen.[8] Die für Bildung und Hochschulpolitik eingestellte Redakteurin betreut[9] auch die Natur- und Technikseite, die donnerstags oder freitags vierzehntäglich erscheint. Die "prägende", weil kontinuierlich schreibende, Gentechnik-Autorin beim Kölner Stadt-Anzeiger ist die Reporterin Marianne Wichert-Quoirin, außerdem gibt es einen Kollegen im Lokalen, der das Thema betreut.[10]

FAZ, SZ und WELT gehören zu den auflagenstärksten Tageszeitungen der Bundesrepublik.[11] Die "Frankfurter Rundschau" wird nicht berücksichtigt, da sie unter 200 000 Stück verkaufter Auflage bleibt, also sogar vom Kölner Stadt-Anzeiger übertroffen wird. Die TAZ mit einer Auflage von 63 900 Stück wird dagegen einbezogen, da sie das linke politische Meinungsspektrum abdeckt und im Gegensatz zu den anderen "etablierten" Medien als "alternativ" gilt, was eine besondere Themenbehandlung erwarten läßt. Auch geographisch ist Vielfalt erreicht. Die FAZ erscheint in Frankfurt, die SZ in München, die WELT in Bonn, die TAZ in Berlin und der Kölner Stadt-Anzeiger in Köln.

Das älteste und personell mit fünf Redakteuren am besten ausgestattete Wissenschaftsressort besitzt die FAZ. Am 2. Dezember 1958 erschien die Seite "Natur und Wissenschaft" zum ersten Mal. Wöchentlich einmal, am Mittwoch, erscheint die Beilage, die besonders bei Wissenschaftlern einen guten Ruf besitzt. Leiter des FAZ-Ressorts ist Rainer Flöhl, der mit seinen Seiten an der "Front der Forschung"[12] sein möchte, also neue, wichtige

---

[7] SCHÖNBACH, Das unterschätzte Medium, S.61
[8] SCHÜTZ, Deutsche Tagespresse 1989, S.822
[9] Sabine Etzold arbeitet heute für die ZEIT. Ein Redakteur trat ihre Nachfolge an.
[10] Interview mit Marianne Wichert-Quoirin am 4.1.90 in Köln
[11] SCHÜTZ, Deutsche Tagespresse 1989, S.812-826. Verkaufte Auflage im ersten Quartal 1989 für die FAZ 354 800, SZ 373 200, WELT 220 700 Stück.
[12] Interview mit Rainer Flöhl am 15.11.89 in Frankfurt

Forschungsleistungen aus Naturwissenschaften, Medizin und Technik in den Vordergrund stellt.

Stärker auf ökologische Fragen hin orientiert ist das Wissenschaftsressort der SZ unter Leitung von Martin Urban. Am 22. Februar 1968 erschien erstmalig eine Seite mit dem Kopf "Forschung Wissenschaft Technik". Heute hat das Ressort drei festangestellte Redakteure, die seit dem 21. Juni 1990 jeden Donnerstag mehrere Seiten füllen.

Die Wissenschaftsseite der WELT war häufig Opfer wechselnder Redaktionspolitik und zeitweilig ganz verschwunden. Heute wird täglich eine halbe bis dreiviertel Seite lang über "Umwelt Forschung Technik" berichtet. Außer Ressortleiter Dieter Thierbach sind drei Redakteure beschäftigt.[13]

Die in Berlin erscheinende TAZ lehnt die strikte Teilung in Ressorts wie bei anderen Zeitungen ab. Seit Ende März 1990 gibt es aber jeden Mittwoch eine Wissenschaftsseite und eine hauptamtliche Wissenschaftsredakteurin. Außerdem ist Wissenschaft als Ökologieberichterstattung wichtig für die TAZ.[14] Die Zeitung will dabei besonders ein Forum für "kritische Wissenschaftler" sein.[15]

Jede dieser Zeitungen verfügt über ein Archiv, das die Berichterstattung dokumentiert. Diese Art des verläßlichen und kontinuierlich gefütterten "Gedächtnisses" habe ich genutzt, um das Textkorpus zusammenzustellen.

---

13   Interview mit Dieter Thierbach am 5.1.90 in Bonn Dieter Thierbach arbeitet mittlerweile nicht mehr für die WELT.

14   Die Ökologie wird von den Redakteuren Manfred Kriener und Gerd Rosenkranz betreut.

15   Interview mit Manfred Kriener am 11.12.89 in Berlin

5.3. Auswahl des Textmaterials in den Archiven

Entscheidend für die Überlegung, welche Artikel für die Beschreibung der Themenkarriere ausgewählt und wie sie ermittelt werden sollen, war die Frage nach Aufwand und Ertrag. Die naheliegende Zugangsweise, alle siebzehn Jahrgänge[16] der fünf Zeitungen selbständig durchzublättern und alles auszuwählen, was sich mit dem Thema Gentechnik befaßte, schien zeitlich und organisatorisch[17] für eine Person kaum zu bewältigen.

Die Frage, wie die Auswahl der Texte in annehmbarer Zeit und möglichst professionell zu gestalten sei, führte zu den Archiven der Zeitungen selber. Dort wird, um Material für zukünftige Berichterstattung und solches für die Prüfung der aktuellen Berichterstattung zu haben, von ausgebildeten Dokumentaren exakt, verläßlich und kontinuierlich alles erfaßt, was die eigenen und fremde Zeitungen sowie andere Quellen[18] schreiben. Die gespeicherten Archivdaten gehen dann in die redaktionellen Texte wieder ein. So berufe ich mich auf Material, auf das die Journalisten sich auch selbst berufen und trage damit auch journalistischer Arbeitsweise Rechnung. Die Zuordnung und Klassifizierung der Texte erfordert ein hohes Maß an Sachverstand, gerade bei sich erst anbahnenden Themen. Sichere Zuordnung gewährleistet die professionelle Ausbildung zum Dokumentar, oft genug auch ein Studium im Bereich des betreffenden Sachgebiets (hier eine Naturwissenschaft). Die Textlänge ist für die Archivierung unerheblich, eine zehnzeilige Nachricht wird ebenso eingeordnet wie ein 150zeiliger Bericht.

So habe ich die Archive mit dem Thema "Gentechnik" und einem Set von

---
16 Vgl. Untersuchungszeitraum Kapitel II, 5.4.
17 In der Hamburger Staats- und Universitätsbibliothek, hätte ich die Jahrgangsbände zwar einsehen, aber die Artikel nicht kopieren dürfen. Das Korpus wäre also nicht verfügbar gewesen. Eine Codierung am Computer wäre unmöglich, zumindest nur als doppelte Arbeit (erst handschriftlich, dann Computererfassung) möglich gewesen. Der Kölner Stadt-Anzeiger ist überdies laut Standortkatalog der deutschen Presse in Bremen nur in Köln, Dortmund, Bonn, Berlin und Frankfurt in Bibliotheken vorhanden.
18 Internationale Presse, Nachrichten- und Pressedienste, Zeitschriftenaufsätze usw.

Stichworten dazu konfrontiert und sie die entsprechenden Mappen mit den Zeitungsausschnitten heraussuchen lassen. Die Korpusauswahl wurde also auf mehrere, auch kompetentere Schultern gelegt. Alle Texte, die von den Dokumentaren als einschlägig identifiziert und gesammelt wurden, bilden das Korpus.

Um sicherzugehen, alles erfaßt zu haben, bin ich davon ausgegangen, daß jedes Archiv zumindest die eigene Zeitung vollständig erfaßt. Ich habe deshalb alle Archive der Zeitungen nacheinander aufgesucht, die Ausschnitte gesammelt und kopiert.

Die Archive sind personell und organisatorisch ungleich ausgerüstet. Die TAZ in Berlin leistet sich einen Dokumentar und führt erst ab 1987 ein Papierarchiv. Davor gibt es nur Registerbände, vor 1982 nur Karteikarten.[19] Die FAZ beschäftigt allein im Textarchiv 34 festangestellte Dokumentare und erfaßt die Texte auch elektronisch, um sie via Datenbank abrufen zu können. Trotz dieser unterschiedlichen Kapazitäten halte ich daran fest, daß jede Zeitung zumindest das eigene Produkt sorgfältig verschlagwortet.[20]

Mit der Festlegung auf die Archive, mußte auch ihre Archivtechnik akzeptiert werden. So werden die Texte ohne Bilder gesammelt[21]. Die Bilder fallen also für die Analyse aus. Außerdem werden nicht in allen Archiven die Seitenkennzeichnungen notiert, das heißt, ob die Artikel auf der Natur- und Wissenschaftsseite, auf den Politikseiten, im Feuilleton oder in der Wirtschaft erschienen sind. Obwohl es zumeist durch den Textausschnitt zu erkennen ist, konnte es nicht konsequent analysiert werden, fällt also für die Analyse aus. Das gilt auch für die Plazierung der Artikel auf den Seiten.

---

19   Die TAZ, die seit 1978 erscheint, systematisiert erst ab 1982 ihr Archiv durch Registerbände. Erst diese Registerbände ließen die Suche nach dem Stichwortset "Gentechnik" zu. Um methodisch konsequent nur das Material zu verwenden, das mir die Zeitungsarchive zur Verfügung stellten, beginnt die Untersuchung der TAZ erst ab 1982.

20   Einzig Dieter Thierbach von der WELT war nicht überzeugt davon, daß das Archiv des Springer-Verlages in Hamburg, das auch die WELT sammelt, alles erfaßt.

21   Die Bilder wandern zum Teil ins Bildarchiv, wenn eins vorhanden ist.

Ob rechts oder links, oben oder unten ist nicht zu ermitteln. Diese Einschränkungen betreffen aber nur formale Charakteristika der Artikel, die inhaltliche Analyse bleibt davon unberührt.

5.4. Untersuchungszeitraum

Die Bestimmung des Untersuchungszeitraums erfolgte durch die zugrundegelegte Definition für Gentechnik, als Bezeichnung "für die Anwendung von in-vitro-Techniken zur Erzeugung von DNA-Molekülen, die neue Gen-Kombinationen oder neue Kombinationen anderer DNA-Sequenzen enthalten".[22]

Die gezielte Veränderung der Erbanlagen von Mikroorganismen, Pflanzen, Tieren und auch Menschen ist erst ab einem bestimmten Zeitpunkt möglich.

Folgte man der Argumentation einzelner Autoren[23], so liegen die Wurzeln der heutigen Gentechnik bei den Babyloniern, die schon 6000 vor Christus mittels Hefe biotechnisch Bier gebraut haben.[24] Auch der Augustinermönch Mendel, der 1865 Vererbungsregeln studierte oder Charles Darwin, der als sein Zeitgenosse die Evolutionstheorie beisteuerte, werden immer wieder bemüht, wenn es um Daten auf dem Weg zur modernen Gentechnik geht. Sicherlich ist auch 1953, das Jahr in dem das Modell der Doppelhelix[25], die Struktur unseres Erbmaterials, von James Watson und Francis Crick vorgestellt wurde, ein solcher Markpunkt. Doch erst 1973 kann von einem Durchbruch gesprochen werden. Die beiden kalifornischen Biologen Herbert Boyer und Stanley Cohen fassen zwanzig Jahre biologischer Forschung in einem Experiment zusammen und entwickeln die grundlegende

---

22 OLIVER/WARD, Wörterbuch der Gentechnik, S.57
23 THUMSHIRN, Biotechnik - Was ist das überhaupt?, S.6-21; BMFT, Biotechnologie ein neuer Weg in die Zukunft
24 Zur Gleichsetzung von Bio- und Gentechnik vgl. Kapitel I, 3.1., S.27-31
25 Die DNS ähnelt einer fadenförmigen und spiralartig gedrehten Strickleiter und

Methode der DNS-Rekombination. Mit Hilfe eines ringförmigen DNS-Stücks, Plasmid genannt, schleusen sie ein DNS-Partikel des Bakteriums "Staphylokokkus aureus" in die DNS des Darmbakteriums Escherichia coli.[26] Dies gilt als Bruch der Schranken, die biologische Arten voneinander trennt.

Ich gehe davon aus, daß dieser naturwissenschaftliche Durchbruch für die publizistische Initialzündung notwendig ist.

Trotzdem habe ich kontrolliert, ob schon vor 1973 etwas zum Thema "Genchirurgie" zu finden ist. In der WELT erscheint am 23.8.1969 ein Artikel des Autors Christoph Wolff mit dem Titel "Maus-Mensch aus dem Chromo-Mixer". Sensationalistisch aufgemacht geht es um Hybriden, die aus der Fusion von Körperzellen entstehen (Mischzellentechnik)[27], was als Manipulation von genetischem Material bezeichnet werden kann. Obwohl dies keine Gentechnik im definierten Sinne ist, benutzt Wolff alle Metaphern, die Anfang der 70er Jahre für die Gentechnik benutzt werden. Er spricht von "biologischer Kernfusion", "Hexenmeistern biologischer Manipulation", die "makaber anmutende Kunststückchen" vollbrächten.

Eher visionär taucht das Thema 1970 auf, als über die erste geglückte Gen-Synthese, das künstliche Gen von Har Gobind Khorana berichtet wird. Dies wird allgemein als Wegmarke zur genetischen Manipulation gesehen, als erster Schritt zum gezielten Eingriff ins Erbgut.[28]

---

	wird deshalb als Doppelhelix (Helix = Wendel oder Spirale) bezeichnet.
26	In der Novemberausgabe der Fachzeitschrift "Proceedings of the National Academy of Sciences" erschien 1973 der entscheidende Artikel dazu. Verfasser waren Stanley N. Cohen, Annie C.Y. Chang, Herbert W. Boyer und Robert H. Helling, die dort beschrieben, daß sie fremde DNS so in eine Zelle eingeschleust hatten, daß sie von dieser Zelle wie eigene DNS behandelt wurde. BOYER/CHANG/COHEN/HELLING, Construction, S.3240-3244
27	Darunter versteht man die Verschmelzung von Zellen unterschiedlicher Herkunft und Funktion. Dabei entsteht eine Mischzelle. Es ist jedoch nicht möglich, aus solchen Zellhybriden differenzierte Tier- oder Menschengewebe oder gar ein ganzes Tier zu entwickeln. Deshalb sind diese Experimente mit tierischen Zellen nur für die zellbiologische Forschung interessant.
28	WELT vom 9. Juli 1970 und WELT vom 10. Januar 1970

Am 28.10.1971 verkündet Hans-Hilger Ropers in der SZ unter dem Titel "Eingriff in die Erbanlagen" den Erfolg von Amerikanern, erstmals gezielt menschliches Erbgut zu verändern. In Zellkulturen von Patienten, die aufgrund eines genetischen Defekts an einer bisher unheilbaren Stoffwechselkrankheit leiden, bauen sie mit Hilfe von Viren das fehlende Gen ein.[29] Der SZ ist diese "Erfolgreiche Gen-Transplantation" einen Kommentar wert (28.10.71). Martin Urban sieht Chancen, "daß einmal gewisse Erbkrankheiten heilbar sein werden". Von der im Reagenzglas praktizierten "Genchirurgie" zum "Menschen nach Maß" führe allerdings kein direkter Weg.[30]

In der WELT gibt es 1972 eine fünfteilige Serie unter dem Titel "Medizin im Neuland" von Christoph Wolff. In Teil IV vom 16.2.1972 titelt er: "Manipulationen am Erbgut: Reparierbar sind Gen-Defekte bereits - Viren als Informations-Träger". Eingriffe in die "Erbstruktur lebender Wesen" seien den Wissenschaftlern schon seit geraumer Zeit möglich, was zu dieser Zeit getrost als Übertreibung gewertet werden darf.

Am 2. Februar 1972 rückt Rainer Flöhl diese Berichterstattung zurecht, indem er titelt: "Genchirurgie immer noch Utopie". Er schreibt:

"Die Genchirurgie, die gezielte dauerhafte Veränderung von Erbanlagen, von Genen, ist zumindest vorläufig noch nicht zu realisieren. Obwohl sich die Wissenschaftler intensiv bemühen, Fortschritte bei der Manipulation der Erbanlagen zu machen, ist augenblicklich nicht einmal annähernd zu erkennbar, wie das Erbgut in größerem Maße selektiv beeinflußt werden könnte. Selbst die Faszination, die ohne Zweifel von den bisher möglichen, vergleichsweise groben und kaum steuerbaren, mehr zufälligen Manipulationen des Erbguts ausgeht, kann nicht über die Mühsal und Schwierigkeit derartiger Experimente hinwegtäuschen".[31]

Obwohl die Geburtsstunde der Gentechnik-, damals Genchirurgie-Bericht-

---

29   Rainer Flöhl meldet in seinem Artikel am 2.2.1972 in der FAZ mit Berufung auf einige Forscher Zweifel daran an, ob das neugebildete Enzym wirklich von der eingebauten Virus-DNS stammte.
30   Beides setzt er selbst in Anführungsstriche.
31   FAZ vom 2.2.1972

erstattung[32] also vor 1973 zu datieren ist[33], ging es mir nicht um den Fund des ersten Artikels, sondern um eine Themenkarriere, die zweifellos Anfang der 70er Jahre einsetzt. Rein quantitativ hat die Berichterstattung meiner Zeitungen (FAZ, SZ, WELT, TAZ, KST) fünf Artikel pro Jahr, wie für 1973 ermittelt, in den Jahren 1969-1972 nie überschritten. Für die Phasierung der Karriere bleibt die Latente Phase also richtig datiert, obwohl die detaillierte Beschreibung erst ab 1973 einsetzt.[34]

Der Untersuchungszeitraum endet im Juli 1989. Mitte August 1989 habe ich als erstes Zeitungsarchiv das der SZ in München besucht. Die SZ hatte ihre Gentechnik-Dossiers zu diesem Zeitpunkt bis Ende Juli geführt. Um Einheitlichkeit zu gewährleisten, habe ich auch die Dossiers der anderen Zeitungsarchive nur bis zu diesem Zeitpunkt ausgewertet, obwohl die Besuche zeitlich später lagen.

---

[32] Stichworte in den Archiven "Genetik, Vererbung, erbbiologische Beeinflussung" (WELT), "Erbkrankheiten" (SZ), "Genetik und Molekularbiologie" (FAZ).
[33] Auch im SPIEGEL und der ZEIT
[34] Vgl. Ergebnisse Kapitel III

6. PERSPEKTIVE: INHALTSANALYSE ALS METHODE

Nach der Auswahl des Untersuchungsmaterials standen für die Analyse 1679 Texte zur Verfügung, die in fünf Zeitungen von Anfang 1973 bis Ende Juli 1989 erschienen waren. Um die Textinterpretation zu unterstützen, wurde diese große Menge von mir quantitativ erschlossen.[1] Mit Hilfe der elektronischen Inhaltsanalyse habe ich eine Reihe von Textaspekten wie Erscheinungshäufigkeit in den Jahren oder die agierenden Personen, Gruppen und Institutionen ausgezählt.[2] Damit die Relation zwischen Aufwand und Ertrag vernünftig blieb, wurde das Material für die maschinengestützte Auswertung in zwei Schritten reduziert. Um durch eine zeitliche Stichprobe, zum Beispiel immer nur die ersten drei Monate eines Jahres, nicht den Zufall die Themenkarriere bestimmen zu lassen, die ja wesentlich einen zeitlichen Verlauf dokumentiert, habe ich im ersten Schritt eine textsortenspezifische Reduktion gewählt.

Die Inhaltsanalyse berücksichtigt nur Texte über 30 Zeilen, Nachrichten bzw. Meldungen habe ich nur durch Lektüre, nicht durch Codierung der Analyse unterzogen.[3] Damit schränke ich das Material für die Inhaltsanalyse um 572 Texte, also um ein Drittel, ein. Um die Zahl der zu codierenden Texte unter 1000 zu halten, habe ich im zweiten Schritt den Zeitraum eingegrenzt. Es war sinnvoll, das ohnehin nur halbe Jahr 1989 dafür heranzuziehen und das Korpus mit Ende 1988 zu schließen.[4] Die Gefahr, den Beginn der Themenkarriere zu beschneiden, war größer, als in der "heißen"

---

[1] Die methodische Verschränkung von Inhaltsanalyse und Textinterpretation ist im folgenden Kapitel II, 6.1. genauer erläutert.
[2] Die Entwicklung des Auswertungsschemas ist in Kapitel II, 6.2., beschrieben.
[3] Bei der Beschreibung der Phasen der Themenkarriere spielen alle Texte eine Rolle. Für qualitative Fragestellungen habe ich die Nachrichten als Beispielgeber mit herangezogen.
[4] Die Artikel, die 1989 erscheinen, werden - ohne quantitative Inhaltsanalyse - in Kapitel III, 5. interpretiert.

Phase der Themenkarriere, die schon länger in Gang war[5], etwas zu verpassen. So habe ich weitere 154 Texte aussortiert, so daß 953 Texte (über 30 Zeilen) bleiben. Diese wurden der computergestützten Inhaltsanalyse unterzogen.

6.1. Inhaltsanalyse nicht als Selbstzweck

Die Inhaltsanalyse ist ein Verfahren aus der empirischen Sozialforschung zur Analyse von Kommunikationsinhalten. An publizistischen Inhalten ist sie vielfach erprobt. Die klassische Definition der Inhaltsanalyse stammt von Bernard Berelson:

> "Content analysis is a research technique for the objective, systematic and quantitative description of the manifest content of communication".[6]

Berelsons Definition hat zahlreiche Kritiker auf den Plan gerufen, die über Jahre einen unversöhnlichen Streit über Leistungsfähigkeit und Leistungsgrenzen der Inhaltsanalyse führten. Für die Linguistik hat Ingunde Fühlau die "Sprachlosigkeit" der Inhaltsanalyse beschrieben, vor allem hinsichtlich der Annahmen und Voraussetzungen, die Sprache betreffen.[7]

Hier soll der Methodenstreit jedoch nicht wieder aufgenommen werden. Wer heute nach einer Definition für Inhaltsanalyse sucht, findet problematische Kategorien wie "Objektivität" getilgt und den Versuch, die Leistungen der Inhaltsanalyse vorsichtiger zu beschreiben. Werner Früh definiert:

---

[5] Eine hypothetische Einteilung habe ich schon nach der ersten manuellen Auszählung der Artikel (auf die Jahre verteilt) vorgenommen.

[6] BERELSON, Content Analysis, S.18

[7] FÜHLAU, Die Sprachlosigkeit der Inhaltsanalyse. Fühlau erkennt die Erleichterung der Quantifizierung an, sagt aber, daß die Untersuchungsgegenstände "zugerichtet" werden für eine Methode, die es erlaube, einem aus den Naturwissenschaften entlehnten Objektivitätspostulat zu huldigen, S.187. Den Charakter menschlicher Sprache hält sie für grundsätzlich unverträglich mit den Erfordernissen einer Inhaltsanalyse, S.96.

"Die Inhaltsanalyse ist eine empirische Methode zur systematischen und intersubjektiv nachvollziehbaren Beschreibung inhaltlicher und formaler Merkmale von Mitteilungen".[8]

In der vorliegenden Arbeit wird die Inhaltsanalyse genutzt, um große Textmengen unter einer bestimmten Fragestellung beschreiben zu können. Dabei beantwortet die Inhaltsanalyse die Fragen nicht, aber sie liefert stützende Argumente, mit der sich die zentralen Fragen beantworten lassen. So sind meine quantitativen Auszählungen so angelegt, daß sie inhaltlich zu interpretieren sind. Die Quantifizierung des Textmerkmals "in der FAZ erschienen" nutze ich zum Beispiel, um meine Hypothese zu prüfen, daß die Themenkarriere wesentlich von vielen Artikeln in der FAZ gefördert wird.

Dabei ist im Auge zu behalten, das die Aussagekraft einer solchen inhaltsanalytischen Produktanalyse für Rückschlüsse auf Leserreaktionen und Kommunikatorabsichten begrenzt ist, aber solche Rückschlüsse stützen können.[9] Das, was der Leser bei der Lektüre "dazutut", wie Wissen über das Medium oder den Autor, kann durch eigene Interpretation sowieso nie erschlossen werden.

Bei der Betrachtung einer Zeit von 1973-1989 aus der Sicht von 1990 ist außerdem das Problem der Retrospektivität zu berücksichtigen. Mein überschauender Blickpunkt "hoch" über der Szene, den kein zeitgenössischer Betrachter haben kann, muß methodisch in Kauf genommen werden. Einziges Mittel, um dieser Einschränkung entgegenzusteuern, ist die größtmögliche Transparenz der Analyse. Durch explizite Textbelege habe ich immer wieder Interpretationen offengelegt und verdeutlicht.

---

[8] FRÜH, Inhaltsanalyse, S.23
[9] FRÜH, Inhaltsanalyse, S.45

6.2. Entwicklung des Auswertungsschemas

Der methodisch wichtigste Teil jeder Inhaltsanalyse ist die Aufstellung eines Kategoriensystems, nach dem die Texte in den problemrelevanten Bereichen codiert werden.

Für mein Untersuchungsinteresse sind die folgenden Fragen und Kategorien wichtig: Da ich das Medienangebot zur Gentechnik unter der Perspektive der Entstehung und Ausweitung des Themas untersuche, muß ich auszählen, wann und wo Artikel erschienen sind. Außerdem habe ich die Kategorie "Thema"[10] aufzulösen. Da ich das Thema Gentechnik als kontrovers eingeführt habe und den Vorwurf an die Presse, Angst zu erzeugen, untersuche, werde ich zur thematischen Strukturierung auch Bewertungen untersuchen müssen. Da nie unabhängig von Personen bewertet wird, analysiere ich auch die Handlungsträger. Die Erhebung der Absender soll auch zeigen, welche Personen, Gruppen, Institutionen überhaupt in den Zeitungen auftauchen. Durch die Veränderung der zentralen Kategorien Thema, Handlungsträger und Bewertungen im Laufe der Zeit soll die Besonderheit der Themenkarriere der Gentechnik in der Presse erfaßt werden.

Das Untersuchungsraster umfaßt ursprünglich ein Kategorienschema von 37 Variablen zur Strukturanalyse der Gentechnikberichterstattung. Einige Variablen wurden als Zusammenfassung anderer erst nach der Grundauszählung erzeugt.

1.	Fallnummer
2.	Zeitungstitel
3.-5.	Erscheinungsdatum (Jahr/Monat/Tag)
6.	Widersprüche Schlagzeile/ Artikel
7.	Gesamttenor des Artikels
8.	Journalistische Darstellungsform
9.	Serie/Reihe?
10.	Anzahl der Teile der Serie

---

[10] Was ich unter "Thema" verstehe und wie sich das Thema "Gentechnik" über Teilthemen entwickelt, habe ich in Kapitel II, 3.1. dargestellt.

11.	Verfasserangabe (Name, Kürzel, Agentur usw.)
12.	Verfasser (Journalist, Politiker usw.)
13.-17.	Handlungsträger (max. 5 Nennnungen)
18.-22.	Thema (max. 5 Nennungen)
23.-27.	Bewertung der Themenaspekte (1 bis 5)
28.-32.	Wer bewertet die Themenaspekte (1-5)?
33.	Wo wird bewertet? (Journalist im Primärtext, Zitate im Sekundärtext)
34.	Wird zur Entwicklung der Gentechnik Stellung genommen?
35.	Werden Prognosen geäußert?
36.	Werden Alternativen zu einzelnen Anwendungsbereichen genannt?
37.	Wird etwas zur Akzeptanz der Gentechnik und ihrer Anwendungen gesagt?[11]

Am Beispiel der wesentlichen Kategorien Thema, Handlungsträger und Bewertungen soll vorgeführt werden, in welchen Schritten ich vorgegangen bin.

In einem ersten Schritt habe ich das Spektrum der Themenaspekte erkundet, das in der öffentlichen Diskussion auftaucht. Dazu wurde in einem ersten Gang das gesammelte Material gelesen und auftauchende Aspekte aufgelistet. Um nicht von vornherein der Selektion der Zeitungen zum Opfer zu fallen, habe ich darüber hinaus Primärliteratur gesichtet. Sach- und Fachbücher oder Broschüren lieferten weitere Themenaspekte. Diese konnten dann zwar nicht untersucht werden, aber festgestellt werden, ob die Presse bestimmte Ausschnitte der Diskussion ausblendet. Nach diesem Findungsprozeß habe ich das Set von Themenaspekten an einer Stichprobe von Artikeln getestet und wenn nötig modifiziert. Größte Schwierigkeit für mich war, wie eng oder wie weit gefaßt die Themenaspekte sein sollten. Das Anwendungsgebiet "Gen-, Genom-Analyse" als Themenaspekt wäre über die Zeit zu pauschal gewesen. Einzelne Artikel beschäftigen sich gezielt mit der Genanalyse im Strafverfahren ("Genetischer Fingerabdruck") oder in der Arbeitswelt ("Arbeitnehmerscreening" als Einstellungsvoraussetzung). Auch die Totalsequenzierung des menschlichen Genoms (Humane Genome Project) als besonders strittiger Aspekt Mitte der 80er

---

11 Aus Darstellungsgründen habe ich auf die Nennung aller Ausprägungen der einzelnen Variablen verzichtet (z.B. 113 Themenaspekte für die Variable Thema) und die 37 Variablen nur aufgelistet.

Jahre fiele darunter. Manchmal muß trotz engerer Definition der Themenaspekte wie "somatische" oder "Keimbahn-Therapie" (an Körper- oder an Keimzellen) die weitere Ausprägung "Eingriffe ins menschliche Erbgut" als Aspekt erhalten bleiben, da anfänglich in der Presse überhaupt nicht differenziert wird.

Da es von dem Abstraktionsgrad eines Themenaspekts abhängt, wieviele Aussagen darunter zu fassen sind, wird dadurch auch vorherbestimmt, wieviele Artikel diesem Themenaspekt zugeschlagen werden können. Es mußte ein Kompromiß gefunden werden, zwischen der Verdichtung auf wenige, aber ausfasernde Themenaspekte, die viele Nennungen aufnehmen konnten und der praxisnäheren Formulierung vieler Detailaspekte mit wenigen Nennungen. Die Themenaspektliste sollte zu keinem der beiden Pole zu stark tendieren. So gab es abschließend 113 Möglichkeiten, die Themenaspekte eines Artikels zu verschlüsseln. Diese Aspekte habe ich in elf Bereiche geordnet und zusammengefaßt. Die Bereiche Anwendungen, Sicherheit, Wirtschaft, Soziales, Politik, Recht, Kultur, Wissenschaft, Technik, Ethik und Öffentlichkeit entsprechen der normalerweise in Inhaltsanalysen vergleichbarer Art vorgenommenen Gliederung. Bei einem Pretest zeigte sich, daß kein Bereich so übergewichtig war, daß eine weitere Untergliederung nötig war.

Die Liste der Handlungsträger kam durch die gleiche Vorgehensweise zustande. Einzelne Namen wurden nicht erfaßt. Die Person Heinz Riesenhuber interessiert nur in ihrer Funktion als Bundesforschungsminister. Durch die Veränderung der politischen Konstellationen in den 16 Jahren des Untersuchungszeitraums wäre sonst ein ungeheures Set von Namen zustande gekommen.[12] Diese Nameninflation hätte die Codierung unnötig er-

---

12 1982 endete die seit 1969 bestehende sozialliberale Koalition zugunsten einer christlich-liberalen. Bis Mai 1974 war für die SPD Horst Ehmke für Forschung und Technologie zuständig, dann Hans Matthöfer, Volker Hauff, schließlich bis Oktober 1982 Andreas von Bülow. Seitdem ist Heinz Riesenhuber von der CDU Bundesforschungsminister.

schwert. Insgesamt konnten 92 verschiedene Akteure[13] in 13 Bereichen verschlüsselt werden.[14] Für jeden Artikel konnten maximal fünf Themenaspekte und fünf Handlungsträger codiert werden.

Die Kategorie "Bewertungen" wurde in mehrere Variablen aufgelöst:
1. Bewertung durch Schlagzeile (Gibt die Headline den Tenor des Artikels wider oder verzerrt sie ihn unzulässig (überspitzen, abmildern)?
2. Bewertung durch Darstellungsformen (Berichtet oder kommentiert die Berichterstattung häufiger?)[15]
3. Bewertung durch Prognosen (Wird in den Artikeln in die nähere oder weitere Zukunft prognostiziert?
4. Bewertung durch Historie (Wird in den Artikeln zur Entwicklung der Gentechnik Stellung genommen?
5. Bewertung durch Nennung von Alternativen zur Gentechnik und einzelnen Anwendungsgebieten
6. Bewertung durch Stellungnahmen zur Akzeptanz der Gentechnik und einzelnen Anwendungsgebieten
7. Bewertung im Primär- oder Sekundärtext (Werten die Journalisten selbst oder lassen sie andere werten?)
8. Gesamttenor der Artikel (Welchen Gesamteindruck vermitteln die Bewertungen im Text? Hierzu wurde der Textinhalt auf eine Grundaussage kondensiert und der Tenor so auf einer Skala von 1-5 "neutral, leicht positiv, stark positiv, leicht negativ, stark negativ" eingeschätzt).

Komplexere Fragestellungen wie: Wer kommt mit welchem Themenaspekt zu Wort? Wie werden die Themenaspekte von wem bewertet? erforderten eine vernetzende Codierung. So konnte für jede der fünf möglichen Themenaspektnennungen festgelegt werden, wie auf einer Skala von 1-4 (neutral, positiv, negativ, abwägend) bewertet wurde und wer so bewertete. Zur Festlegung dieser Bewertung dienten einzelne Textpassagen, die die jeweiligen, separaten Themenaspekte behandelten.

---

13   Die Bezeichnungen Handlungsträger und Akteure verwende ich synonym.
14   Diese Bereiche sind die Parteien, die Legislative, die Judikative, die Exekutive, die Industrie, supranationale Organisationen, Interessenverbände, Interessengruppen und Netzwerke, Genetische Beratungsstellen, Forschungseinrichtungen, Sachverständige (allgemein), namentlich genannte Experten und die Medien.
15   Zum Unterschied der idealtypischen Gestaltung von Darstellungsformen in der Theorie und ihrem Gebrauch in der Praxis, vgl. Bewertungskarrieren, Kapitel II, 4.1.3., S.110-113

6.3. Codierung und Auswertung

Da ich mein einziger Codierer war, habe ich den Mangel an Kontrolle durch eine andere Person dadurch ausgeglichen, daß ich von Zeit zu Zeit die Codierung einzelner Texte wiederholt habe, um die Ergebnisse auf Identität zu überprüfen. Kam es zu Unstimmigkeiten, habe ich noch einmal geprüft und gegebenenfalls korrigiert. War eine Entscheidung einmal getroffen, so wurde ein Kommentar angelegt, um dies für alle weiteren Fälle zu vereinheitlichen.

Um die eigenen Möglichkeiten als einziger Codierer nicht zu sprengen, mußte notwendig selektiv vorgegangen werden und die Auswahl der Kategorien begrenzt werden.[16] Darüber hinaus soll hier noch einmal darauf verwiesen werden, daß die Quantitäten in erster Linie den Geruch der willkürlichen Interpretation aufheben sollen. Sie bilden die Basis für die linguistischen Beschreibungen.

In der Auswertungsphase wurden Variablen wie Zeitungstitel, Erscheinungsjahr, Themenaspekte usw. systematisch aufeinander bezogen. Die wichtigste Kreuzung war stets die mit dem Erscheinungsdatum, um den zeitlichen Verlauf der Themenkarriere daraus herleiten zu können. Codierung und Auswertung erfolgte mit dem Statistik-Programm SPSS.

---

[16] Auf die Beschränkungen, die sich aus der Archivtechnik ergeben, wie keine Plazierung oder Seitenkennung ersichtlich, habe ich im vorigen Kapitel hingewiesen.

III ERGEBNISSE

Die Verteilung der 953 Artikel auf die 16 Jahre Berichterstattung läßt erkennen, wo die quantitativen Spitzen liegen. Die jeweiligen Höhepunkte werte ich als erstes Indiz für den Start einer neuen Phase der Berichterstattung. Der Zeitraum von 1973 - 1988 ist in vier Phasen gegliedert. Auch die prozentuale Verteilung der Artikel stützt die Einteilung: In den letzten drei Jahren des Untersuchungszeitraumes (1986-1988) zum Beispiel erscheinen über 50 Prozent der Artikel. 1986 beginnt die Modephase des Themas Gentechnik.

Tabelle: Phasen der Gesamtberichterstattung

Erscheinungsjahr		Anzahl	Prozent
Latenz			
	73	5	0,5
	74	9	1,5
	75	10	2,5
	76	12	3,8
	77	14	5,2
Aufbruch			
	78	35	8,9
	79	31	12,2
	80	23	14,6
	81	34	18,2
	82	35	21,8
	83	43	26,3
Durchbruch			
	84	85	35,3
	85	120	47,8
Mode			
	86	175	66,2
	87	137	80,6
	88	185	100,0

Die einzelnen Phasen der Themenkarriere werden in drei Schritten beschrieben. Im ersten Schritt beschreibe ich anhand der Tabellen, die das Ergebnis der quantitativen Analyse zeigen, den Trend der Phase. In Schritt zwei folgt die inhaltliche Charakterisierung des Zeitraums: Jedes Jahr der betreffenden Phase wird einzeln interpretiert. Der Trend wird schlaglichtartig mit Textbeispielen belegt. Im Anschluß an die inhaltliche Charakterisierung, die vereinzelt schon sprachliche Merkmale aufgreift, werden in Schritt drei die sprachlichen Folgen der thematischen Entwicklung als Sprachkarriere kommentiert.

1. LATENTE PHASE 1973 - 1977
ODER: EIN THEMA WIRD GEBOREN

1.1. Statistik

Tabelle: Berichterstattung einzelner Zeitungen '73 - '77

	Gesamt	Erscheinungsjahr				
		'73	'74	'75	'76	'77
Basis	50	5	9	10	12	14
FAZ	23	3	5	4	5	6
SZ	11	0	3	2	3	3
WELT	13	2	1	3	2	5
TAZ	0	0	0	0	0	0
KST	3	0	0	1	2	0

1978 steigt die Berichterstattung signifikant an. Während von 1973-1977 insgesamt 50 Artikel erscheinen, sind es allein 1978 35, soviel wie in den drei Jahren davor zusammen. Prozentual ausgedrückt erscheinen 5,2 Prozent der Gesamtberichterstattung bis 1977, nach 1978 sind es bereits 8,9 Prozent.[1] Die fünfjährige Enstehungszeit von 1973 - 1977 beschreibe ich

---
[1] Vgl. vorige Tabelle, S.135

im folgenden als Latente Phase. Von den 50 Artikeln der Latenten Phase sind in allen Jahren die meisten in der FAZ zu lesen. Insgesamt erscheinen 23 in der FAZ, elf in der SZ, dreizehn in der WELT und drei im KST.[2]

Tabelle: Themenbereiche '73 -'77

	Gesamt	Erscheinungsjahr				
		'73	'74	'75	'76	'77
Basis	50	5	9	10	12	14
Anwendungen	26	4	2	6	5	9
Sicherheit	24	0	7	5	6	6
Wirtschaft	2	0	2	0	0	0
Soziales	1	0	1	0	0	0
Politik	14	1	2	2	1	8
Recht	8	0	0	2	2	4
Kultur	4	1	1	0	0	2
Wissenschaft	23	2	4	5	7	5
Technik	1	0	0	0	1	0
Ethik	4	1	0	0	1	2
Öffentlichkeit	8	0	0	1	4	3

Thematisch prägt der Themenbereich "Anwendungen" der Genchirurgie[3] die Latente Phase. Aber auch der Themenbereich Wissenschaft ist stark vertreten, darunter besonders die Aspekte "Beschreibung der Forschungsprojekte" und "wissenschaftliche Methodik".[4] Schon 1974 wird auch die Frage nach der Sicherheit vermehrt gestellt. 1977, am Ende der Einstiegsphase, ist dann bereits der Themenbereich Politik stärker als die Bereiche

---

[2] Die TAZ, die seit 1978 erscheint, führt erst ab 1982 ein Archiv mit Registerbänden, das die Suche nach dem Stichwortset Gentechnik ermöglichte. Deshalb wird die TAZ erst ab 1982 berücksichtigt.

[3] Da in der Latenten Phase von Genchirurgie oder Genmanipulation gesprochen wird, benutze ich diese Bezeichnungen für diesen Zeitraum.

[4] Zur Terminologie: Die Tabellen zeigen die 11 Themen*bereiche* (Wirtschaft, Sicherheit, Politik usw.), in denen die 113 möglichen Themen*aspekte* des Themas Gentechnik zusammengefaßt sind. Sprachwissenschaftlich kann von *Teilthemen* des Themas Gentechnik gesprochen werden. Vgl. Thema "Thema" Kapitel II, 3.1., S.68-71 und die Entwicklung des Auswertungsschemas in Kapitel II, 6.2., S.130-133

Wissenschaft und Sicherheit.[5]

Der Blick auf die einzelnen Zeitungen ergibt: Die FAZ betont auch 1977 Wissenschaft und Politik gleichermaßen, die SZ thematisiert von Beginn an stärker Sicherheitsfragen und ökologische Folgen. Die WELT nennt schwerpunktmäßig Möglichkeiten der Anwendung.[6]

Im Laufe der Latenten Phase erweitert sich das Spektrum der Themenbereiche, die rechtliche Ebene (eng verknüpft mit politischen Überlegungen), aber auch ethische Fragen sowie Einschätzungen und Beteiligungsmöglichkeiten der Öffentlichkeit werden Mitte der 70er Jahre erstmalig erwähnt.

Detailliert betrachtet bedeutet der Themenbereich "Anwendungen" in den ersten fünf Jahren: Gentechnisch hergestellte Medikamente und Eingriffe ins menschliche Erbgut. Im weiten Abstand folgen Anwendungen in der Landwirtschaft, die Pflanzen- und Tierzucht einschließt.

Die Sicherheitsfragen konzentrieren sich auf Krebsgefahr durch genmanipulierte Viren, die aus den Laboratorien entweichen könnten.

---

[5] Die Kategorien, die in den Tabellen erwähnt sind, beispielsweise die Themenbereiche oder die Handlungsträger, sind im Kapitel II, 6.2., eingeführt.

[6] Generell beruhen meine Interpretationen auf den vorgelegten Tabellen. Im Einzelfall gehe ich darüber hinaus und interpretiere zusätzliche Befunde (wie hier die Ergebnisse einzelner Zeitungen), die keine eigene Tabelle lohnten.

Tabelle: Handlungsträger '73 -'77

	Gesamt	'73	'74	'75	'76	'77
Basis	50	5	9	10	12	14
Parteien	0	0	0	0	0	0
Legislative	2	0	0	0	2	0
Judikative	0	0	0	0	0	0
Exekutive	10	0	0	1	3	6
Industrie	2	0	0	1	0	1
Supranationale Organisationen	6	0	0	1	2	3
Interessenverbände	0	0	0	0	0	0
Interessengruppen Netzwerke	2	0	0	0	1	1
Genetische Beratung	0	0	0	0	0	0
Forschungseinrichtungen	37	3	6	8	9	11
Sachverständige	12	0	3	3	2	4
Medien	12	2	5	2	1	2
Experten	10	2	1	2	4	1

Der thematischen Konzentration auf vielversprechende Möglichkeiten der Wissenschaft entspricht die dominierende Stellung von Forschungseinrichtungen, wissenschaftlichen Sachverständigen, namentlich genannten Experten und Fachzeitschriften im Spektrum der Handlungsträger.

Unter den Forschungseinrichtungen dominieren die amerikanischen Universitäten und die dortigen Wissenschaftler. Auch Nennungen von supranationalen Organisationen wie dem NIH tragen zu der Betonung der amerikanischen Forschung bei.

Erst 1976 und 1977 gewinnt die Exekutive an Bedeutung. Im Zuge der startenden politischen Debatte werden das BMFT und der Forschungsminister sowie eine Experten-Kommission genannt. Interessengruppen wie (amerikanische) Bürgerinitiativen werden ebenfalls 1976 und 1977 das erste Mal erwähnt.

Tabelle: Gesamtbewertung von '73 - '77

	Gesamt	Erscheinungsjahr				
		'73	'74	'75	'76	'77
Basis	50	5	9	10	12	14
Wertung neutral	15	2	2	1	4	6
leicht positiv	18	1	5	6	4	2
stark positiv	4	0	1	2	1	0
leicht negativ	10	2	0	0	3	5
stark negativ	3	0	1	1	0	1

Die Tendenz der Artikel von 1974-1976 ist eindeutig positiv.[7] 1973 wird in zwei Artikeln von fünf leicht negativ gewertet, in einem leicht positiv, in zweien neutral. 1977 verhalten sich ebensoviele Autoren neutral wie negativ, von 14 jeweils sechs. Bewertungsintensiv ist das Thema von Beginn an.

Die Bewertungen, die über den Gesamttenor des Artikels hinaus, direkt auf einzelne Themenaspekte der Artikel bezogen sind,[8] bestätigen dieses Bild.

---

[7] Um die Tendenz der Artikel zu ermitteln, wurde der Textinhalt auf eine Gesamtaussage verknappt. Zur Methode vgl. Kapitel II, 6.2., S.133

[8] Möglich, aber nicht verbindlich, sind pro Artikel (953) die Nennung von fünf Themenaspekten und entsprechend fünf Bewertungen. Insgesamt ergeben sich 3024 Einzelbewertungen in allen Jahren und 146 in der Latenten Phase.

Tabelle: Themenbezogene Wertungen '73 - '77

	Gesamt	Erscheinungsjahr				
		'73	'74	'75	'76	'77
Basis	146	11	25	25	36	49
Bewertung						
Negativ	45	1	9	8	7	20
Abwägend	31	8	3	3	5	12
Positiv	70	2	13	14	24	17

Während 1974 - 1976 die positiven Bewertungen die negativen deutlich überwiegen, ist es 1977 erstmals umgekehrt.

Praktische Anwendung und wissenschaftliche Grundlagenforschung werden positiv eingeschätzt, die Sicherheitsfragen eher skeptisch beurteilt. Der politische Regelungsbedarf wird 1977 ebenso oft positiv wie negativ eingeschätzt.

Meinungsäußernde Darstellungsformen, deren Aufgabe es ist, zu werten, sind entgegen den bisherigen Ergebnissen, jedoch nur schwach vertreten (vgl. folgende Tabelle, S.142). Von 50 Artikeln sind in allen Jahren knapp drei Viertel Berichte (71,4 bis 91,7 Prozent).[9]

---

[9] Die Ergebnisse sind nur beschränkt aussagefähig, da die idealtypische Gestaltung der Darstellungsformen, besonders was die Trennung von Nachricht und Meinung betrifft, in der journalistischen Praxis nicht immer eingehalten wird. Vgl. Kapitel II, 4.1.3., S.110-113

Tabelle: Darstellungsformen '73 - '77

	Gesamt	Erscheinungsjahr				
		'73	'74	'75	'76	'77
Basis	50	5	9	10	12	14
Journalistische Darstellungsform						
Bericht	41	80.0	77.8	90.0	91.7	71.4
Dokumentation	.0	.0	.0	.0	.0	.0
Pressespiegel	1	.0	.0	.0	.0	7.1
Reportage/Feature	.0	.0	.0	.0	.0	.0
Portrait	.0	.0	.0	.0	.0	.0
Interview	.0	.0	.0	.0	.0	.0
Diskussion	.0	.0	.0	.0	.0	.0
Leserbrief	1	.0	11.1	.0	.0	.0
Essay	2	20.0	.0	.0	.0	7.1
Kommentar	1	.0	.0	.0	8.3	.0
Leitartikel	3	.0	11.1	10.0	.0	7.1
Glosse	.0	.0	.0	.0	.0	.0
Kolumne	.0	.0	.0	.0	.0	.0
Kritik/Rezension	1	.0	.0	.0	.0	7.1

1.2. Inhaltliche Charakterisierung der Latenten Phase

1973 - Manipuliertes Leben

An der Initialzündung des Themas ist die FAZ maßgeblich beteiligt. Am 21. März 1973 berichtet die FAZ unter dem Titel: "Die Genmanipulation bleibt Utopie" über das Thema Humangenetik. Es geht um die Heilung von Erbkrankheiten. Autor Cyran zitiert in seiner Kongreßberichterstattung einen Humangenetiker, der "eine genetische Manipulation der Intelligenz und des "Charakters" und ebenso der Physis durch direkte Eingriffe in die menschliche Erbsubstanz" ins Reich der "Utopie" verweist. Die Erklärungen beschränken sich darauf, Genetik als Lehre von den "Erbanlagen" oder genetisch als "in der Erbsubstanz fest verankert" zu übersetzen. Am 28.

März 1973 geht es um eine künstliche Verschmelzung von Ratten- und Mäuse-Embryonen. "Auf dem Wege zur Rattenmaus?" fragt die FAZ im Titel vorsichtig. Analog zur genetischen Kombination wird auch sprachlich zusammengesetzt. Die "Rattenmaus" wird zum Prototyp der Zusammensetzung von Tiernamen, mal sind die Worte vollständig kombiniert, mal nur Silben verschmolzen. Die Zusammensetzung "Mausoninchen" enthält eine o-Fuge, "Schiege" und "Schwafe" sind Wortkreuzungen. Von jedem der Ausgangsworte "Schaf" und "Ziege" fällt ein Teil aus. Zwei Jahre später stellt SZ-Autor Christian Schütze fest, daß die Sprache oft schneller als der wissenschaftliche Fortschritt ist. "Nicotunia" sollte die Neuschöpfung aus einer Tabakart und einer Petunie heißen, "doch sei es leichter gewesen, den Namen zu erfinden, als nun auch die Sache herzustellen" (SZ 25.6.75).

Am 19. Mai 1973 läßt die WELT einen britischen Professor zu Wort kommen, der davon ausgeht, daß die Fortschritte der Biologie die Eugenik wieder aktuell machen. "Der Manipulation des Erbguts wird bald Tür und Tor geöffnet sein" befürchtet er. Ebenso kritisch fragt die WELT am 25. Juli 1973: "Manipuliertes Leben - Segen oder Verhängnis?".

Die unsichere Beurteilung des Themas drückt sich sprachlich in der fragenden Gegenüberstellung "Segen oder Verhängnis?" aus. Weitere Beispiele für das janusköpfige Image des Themas sind die Gegensatzpaare: "Hoffnung oder Horror?", "Chancen und Risiken" oder "Möglichkeiten und Grenzen".

Im Untertitel heißt es in der WELT: "Gelehrte im Widerstreit um die Genchirurgie". Die Jahrestagung der American Association for the Advancement of Science gibt Anlaß, über die Möglichkeiten der mißbräuchlichen Nutzung der Genchirurgie zur "Schaffung von Menschenleben im Reagenzglas" zu spekulieren. Außerdem könne man "verbesserte Zuchttechnologie" bei Tieren auf Menschen übertragen. Genmanipulierte Tiere werden mit dem werbesprachlich steigernden Präfix "Super" zu "Superkälbern", "Superkühen" und "Superstieren". Auch "Super-Pflanzen" oder ein "Super-Bakterium" gibt es in dieser Phase (WELT 26. Juni 1975).

1974 - Die Wissenschaftler stoppen sich selbst

1974 ist das beherrschende Thema der Berichterstattung die Initiative amerikanischer Genetiker, die Forschung für einen bestimmten Zeitraum zu stoppen. "Genetiker erbitten Forschungsstopp wegen Krebsgefahr" heißt es am 22. Juli 1974 in der WELT, "Biologen verzichten auf Gen-Experimente" am 31. Juli in der FAZ. Rainer Flöhl (FAZ) lobt die "einmalige Initiative" der Wissenschaftler. Freiwillige Selbstkontrolle durch wissenschaftliche Gremien scheint Flöhl angemessen, "gesetzliche Regelungen dürften nur Behinderungen mit sich bringen". Flöhls Position ist die der Wissenschaftler. Ein ständiger Forschungsstopp verhindere wichtige und nützliche Entwicklungen. Gesundheitliche Gefährdungen seien durch entsprechende Sicherheitsmaßnahmen in den Labors einzuschränken (FAZ 30.10.1974). Oberster Wert, auf dem diese Einschätzungen beruhen, ist die Freiheit der Forschung. Auch die SZ-Autorin Renate Schweyen bewertet ein "Forschungsembargo" als negativ. Kaum seien praktische Anwendungen wie die Produktion von Insulin und die Heilung von schweren Erbleiden in Sicht, werde eine "Bannbulle" verlesen (21.8. 1974). Zwei Monate später plädiert SZ-Journalist Horst Krautkrämer für eine "Denkpause" der Wissenschaftler (25.10.74). Die Beurteilung des Moratoriums wird durch die wertende Wortwahl sichtbar: "Forschungsembargo" und "Bannbulle" signalisieren Ablehnung, "Denkpause" bedeutet Zustimmung.

Horst Krautkrämer sieht den "Besen des Zauberlehrlings" im Moment noch in der Ecke stehen (25.10.74). Goethes Gedicht wird zur häufigen Analogie für eine wissenschaftliche Entwicklung, die nicht mehr zu kontrollieren ist. Auch die Parallele zur Situation "der Atomphysik in den dreißiger Jahren" zieht der SZ-Journalist. Später wird häufiger auf die Person des Physikers John Robert Oppenheimer hingewiesen, als einem verantwortlich handelnden Wissenschaftler.

1975 - Eine Konferenz macht Furore

1975 ist die Konferenz im kalifornischen Asilomar das wichtigste Ereignis für die Berichterstattung. Rainer Flöhl bleibt in seiner Bewertung der Dinge stringent. Er hält eine gesellschaftliche Entscheidung über die Gefahren der Genmanipulation für notwendig. Die "Kontrolle" im Sinne der Öffentlichkeit sollte aber durch die Wissenschaftler selbst geleistet werden. Öffentlich anerkannte Institutionen wie die DFG sollten Richtlinien erarbeiten (2. und 18.3.75). Durch die DFG-Kommission zu Problemen der Genmanipulation bekommt das Thema eine nationale Dimension. Renate Schweyen von der SZ betont in ihrem Asilomar-Artikel nicht die Auflagen, die den Forschern gemacht worden seien, sondern die gebannten Gefahren. Dementsprechend spricht sie bewertend auch von "großen" Risiken und "katastrophalen Folgen" (27.3.75). Die SZ konzentriert sich in ihrer Berichterstattung auf einen Wissenschaftler. Peter Hans Hofschneider, Direktor der Abteilung Virusforschung am Max-Planck-Institut für Biochemie in Martinsried bei München, wird zum meistzitierten Forscher. Schon 1975 fürchtet er, daß die Richtlinien der DFG der deutschen Wissenschaft den Anschluß an die internationale Entwicklung abschneiden (SZ 27.3.75). 1975 scheint die Gefahr, daß "krebserregende oder gegen Antibiotika resistente Krankheitskeime" aus dem Labor gelangen und Epidemien auslösen (WELT 3.3.75), durch die technischen Sicherheitsmaßnahmen, die in Asilomar beschlossen werden, gebannt. Die Sicherheitsdebatte bleibt auf technische Aspekte beschränkt. Gefahr wird ohnehin nur auf Menschen bezogen thematisiert. Ökologische Folgen werden nicht erwähnt.

Den publizistischen "Ausreißer" zur einheitlich positiven Berichterstattung präsentiert die WELT am 8. Dezember 1975 auf der Vermischten Seite. Unter dem abwägenden Titel "Gen-Manipulation - Fluch oder Segen?"

wächst "die Furcht vor einer biologischen Katastrophe". "Tödliche Mikroorganismen in der Retorte erbrütet und durch Unachtsamkeit in die Umwelt gelangt, könnten Epidemien auslösen, gegen die es keine Waffe gibt". Da gibt es "nützliche Wunderpflanzen" wie "Tabakmöhre und Kohlrettich" und Möglichkeiten, vor denen den Wissenschaftlern "graut". Es sei den "Gen-Ingenieuren" schon heute leicht, Koli-Bakterien zu züchten, die das Lebensmittelgift Botulin enthielten, "ein Teelöffel genügt, alles Leben in London auszulöschen". Der mögliche Machbarkeitswahn von Wissenschaftlern, auch von FAZ und SZ thematisiert, wird in der WELT zum "ungestümen" Experimentieren von kriminellen Wissenschaftlern "im Hinterzimmer". Der deutliche Appell an Ängste der Leser wird in keinem der 952 anderen Artikel jemals so deutlich wie in diesem WELT-Artikel 1975. Derjenige, bei dem die überzogene Darstellung keine Heiterkeit auslöst, der wird hier am ehesten das Etikett "angstschürend" verteilen.

Insgesamt konzentriert sich die Berichterstattung 1975, wie auch in der Latenten Phase allgemein, auf punktuelle Ereignisse und eine kleine Gruppe von Akteuren.

1976 - Die ersten Bürgerinitiativen machen mobil

Die Berichterstattung des KST durch Werner Hees ist ein gutes Beispiel dafür, wie wichtig es für die Themenkarriere ist, daß einzelne Journalisten das Thema aufgreifen und kontinuierlich verfolgen. Dies gilt sicher auch für die FAZ und die Person von Rainer Flöhl.

Am 30. August 1976 eröffnet Werner Hees neben der Kernenergie den zweiten Vergleichsbereich der Genchirurgie[10]: die Mikroelektronik.

> "Ein Gen (...) funktioniert im übertragenen Sinn wie ein Elektronenrechner. Es speichert die vererbte Information, die dann wiederum gewisse chemische Reaktionen der Zelle auslöst oder beeinflußt".

---

10 Am Anfang der Themenkarriere sprechen die Journalisten von Genchirurgie und erst später von Gentechnik, vgl. Sprachkarriere, Kapitel III, 1.3., S.150

Die Berichterstattung des KST ist besonders bildhaft in der Latenten Phase. Werner Hees schreibt am 1. September 1976 den ersten Kommentar zum Thema: "Menschen aus der Retorte". Er baut einen Kontrast von modernen Genforschern zu mittelalterlichen Alchimisten auf.

> "Die Alchimisten unserer Tage tragen weiße Kittel und arbeiten in weißgekachelten, penibel sauberen Laboratorien. Sie streben nicht danach, Gold aus niederer Materie herzustellen, sondern haben nicht weniger im Sinn, als das Leben selbst zu manipulieren (...)"

Im weiteren greift Hees auch auf den Homunculus aus Goethes Faust II und Goethes Zauberlehrling zurück. Beide Vergleiche sind negativ konnotiert. Retortenwesen ("Homunculi") gelten als unberechenbar und unheimlich, der Zauberlehrling verliert die Kontrolle über die selbst eingeleitete Entwicklung. Am 6. November 1976 führt Hees dann noch den "Frankenstein" aus dem Labor ein.

Hees thematisiert das schwache öffentliche Interesse an der Genmanipulation und vermutet: "Die öffentliche Meinung erregt sich zur Zeit über den Bau von Kernkraftwerken". Dies ist vermutlich auch der Grund für die geringe Berichterstattung. Die Kernkraft-Diskussion, in den 70er Jahren Modethema, überlagert die noch "junge" Problematik der Genmanipulation. Erst als die bundesdeutsche Kernenergie-Debatte abflaut, rückt das Thema Genmanipulation auf der Agenda der Medien vor.

Am 30. Juni 1976 führt die FAZ am Paradebeispiel der 70er Jahre, dem Insulin, einen neuen Themenaspekt ein: den Patentschutz von gentechnischen Verfahren und Produkten. Erstmals wird über die ökonomische Dimension des Themas berichtet. Die FAZ initiiert noch einen weiteren Themenbereich. In den USA, wo die Debatte um die Genchirurgie schon fortgeschrittener ist, versucht der Stadtrat von Cambridge den Bau eines Forschungslabors an der Harvard-Universität zu stoppen. Die Öffentlichkeit, in Form einer kommunalen Körperschaft, will informiert und an Entscheidungen beteiligt sein. Die FAZ titelt am 14. Juli 1976: "Stadtverwaltung blockiert Genchirurgie" und warnt vor den Folgen öffentlichen Protestes:

"Sollte es zu einer allgemeinen Protestbewegung gegen die Genchirurgie kommen, könnten auch wichtige medizinische Entwicklungen verzögert oder ganz verhindert werden".

Die Risiken der Forschung seien durch Isolierlaboratorien kalkulierbar. Gänzlich anderer Meinung dazu ist die WELT am 6. November 1976. Der Autor Herbert L. Schrader betont, daß die Bürgerinitiative die Unterstützung vieler Wissenschaftler habe. Diese warnten wie Robert Oppenheimer oder Otto Hahn vor den Folgen wissenschaftlichen Erkenntnisdranges. Man habe Angst vor der "biologischen Kettenreaktion". Die Uneinigkeit der Wissenschaftler über die Risiken der Forschung begründet den öffentlichen Protest. Die "Gegenexperten" werden die zentralen Gewährsleute der ersten Bürgerinitiativen.

Am 27. Juli 1976 beginnt in der FAZ die politische Debatte um die Reglementierung der Genchirurgie in der Bundesrepublik. Ein deutscher Politiker, Forschungsminister Hans Matthöfer, fordert, die Allgemeinheit sei an Entscheidungen über genchirurgische Forschung zu beteiligen. Der Schutz von Grundwerten wie der "Würde des Menschen" habe Vorrang vor dem Streben nach wissenschaftlicher Erkenntnis. Rainer Flöhl referiert diese Position, ohne auf die Brisanz von Matthöfers Äußerung einzugehen. Seine Konsequenz aus Matthöfers Forderungen: Sofortmittel für den Ausbau von Sicherheitslaboratorien. Flöhl vertritt in der FAZ konsequent die Position der Wissenschaftler. Er referiert wissenschaftliche Fortschritte und die Bewertungen einzelner prominenter Wissenschaftler wie des Amerikaners Herbert Boyers, der schon nach den ersten Erfolgen der Wissenschaftler die Genchirurgie die Ära der Grundlagenforschung verlassen und sich der praktischen Anwendung zuwenden sieht.

1977 - Gesetz oder nicht Gesetz ...

1977 versucht Hans Matthöfer die Kontrolle der Genforschung auf eine gesetzliche Basis zu stellen.

"Bundesminister Hans Matthöfer erklärte bei der Vorlage der bisherigen Beratungsergebnisse in Bonn, es gelte, die Öffentlichkeit über Vorteile und Gefahren der Genforschung zu informieren". (KST 19.8.1977)

Auch die SZ berichtet am 19. August 1977 über Matthöfers Vorstoß. Doch die Journalisten, als Vertreter der Öffentlichkeit, bewerten Matthöfers Initiative als negativ und "fortschrittsfeindlich". Am 24. August 1977 lautet die Schlagzeile der SZ: "Matthöfer verschärft die Diskussion um die Gen-Manipulation", der Untertitel: "Trotz "Entwarnung" in den USA möchte der Minister eine ethisch motivierte Begrenzung der Genforschung". Der Autor Christian Ullmann berichtet, daß die Wissenschaftler in den USA bekannt hätten, die möglichen Gefahren beträchtlich überschätzt zu haben. Aber das "fortschrittsfeindliche" Klima in der Bundesrepublik führe dazu, die Wissenschaft trotzdem zu begrenzen. Die Journalisten, wenige Jahre später selbst als technikfeindlich kritisiert, nutzen den Topos hier, um die politische Gesetzesinitiative zu torpedieren. Sie werden zum Sprachrohr von Wissenschaftlern wie Peter Hans Hofschneider, der in der SZ Matthöfers Politik der Information der Öffentlichkeit kritisiert. So auch das eigene Fazit des Autors in seinem Bericht: Matthöfer rühre an "verständliche Empfindlichkeiten" und öffne "abenteuerlicher Phantasie" Tür und Tor. Dieselben Argumente richten die Wissenschaftler einige Jahre später gegen die Medien. Gefürchtet wird eine "aufgeschreckte" Öffentlichkeit. Die FAZ-Berichterstattung orientiert sich weiter am Vorbild der USA. Am 17. November berichtet Flöhl über den Auftritt von Philipp Handler, Präsident der amerikanischen nationalen Akademie der Wissenschaften, vor dem amerikanischen Kongreß. Der verkündet einen "wissenschaftlichen Triumph ersten Ranges", der Wissenschaftler Herbert Boyer habe Somatostatin (ein Hormon) gentechnisch hergestellt. Die Methode, wissenschaftliche Erfolge nicht zuerst in Fachzeitschriften zu veröffentlichen, sondern auf Pressekonferenzen oder auf einem Kongreß-Hearing thematisiert Flöhl zwar, bewertet sie aber positiv. Das politische Interesse der Wissenschaftler, durch die Bekanntgabe eines wissenschaftlichen Durchbruches vor der

Verabschiedung eines Gesetzes zur "Beeinträchtigung" der Gen-Forschung zu warnen, sei legitim, da die Genchirurgie bei "vernachlässigbarem" Risiko für die Biosphäre von großem Nutzen sei.

Andererseits ist Rainer Flöhl der einzige Autor, der den anfänglichen Sensationalismus der Berichterstattung immer wieder relativiert. Das Insulin, das in den ersten Jahren der Berichterstattung zum Fetisch für die segensreichen Möglichkeiten der Genchirugie wird, sei möglicherweise nicht verträglicher und wirksamer als die heute verwendeten tierischen Insuline, schreibt Flöhl am 15. Juni 1977, und es trage zum "Mystizismus der Genmanipulation" bei.

Fazit des Jahres 1977: Der erste Anlauf zu einem Gen-Gesetz scheitert. Während die Politiker für ein Gesetz sind, sind die Wissenschaftler dagegen. Die Presse teilt die Position der Wissenschaftler-Gemeinde. Besorgnisse, anfangs ebenfalls von Wissenschaftlern geäußert, gelten als übertrieben und durch technische Sicherheitsmaßnahmen als kontrollierbar.

1.3. Sprachkarriere 1973 - 1977

Das neue Phänomen wird sprachlich mit "Genmanipulation"[11] und "Genchirurgie" benannt.[12] Die "Genchirurgie" knüpft an die (als bekannt vorausgesetzte) Vorstellungswelt der Medizin an. Die FAZ spricht am 30.10.74 von "molekularen Skalpellen" und davon, daß DNS in Bakterien "injiziert" werde. Am 27.3.75 berichtet die SZ von der Gefahr eines "operierten Bakteriums", sicherer seien "amputierte" Mikroorganismen. Am 16.7.77 sind es in der FAZ dann "verkrüppelte" Bakterien. Da werden Zellkerne "herauspräpariert" und in andere Zellen "transplantiert" (FAZ 11.12.74). Fremde Erbsubstanz wird wie bei einer "Infektion" in die Bakte-

---
[11] Die Schreibweise wechselt zwischen "Genmanipulation" und "Gen-Manipulation".

[12] Die Beschreibung der Sprachkarriere der jeweiligen Phasen nimmt die Elemente auf, die in den Wort-, Erklärungs- und Bewertungskarrieren in

rien eingeschleppt oder Bakterien "eingepflanzt" (SZ 25.5.77; 3.12.77). Einer gefährlichen Technik, die über Medizinmetaphern vermittelt wird, kann ein Gesetz dann "vorbeugen" (SZ 19.8.77).

Entgegen der Vermutung, daß die Religion eine weitere wichtige Bezugswelt, ist der Wortschatz christlicher Religion selten. "Segen oder Verhängnis?" fragt die SZ am 27.7.73 und spricht von "Schaffung". Auch im KST heißt es am 30.8.76 "US-Forscher schufen erstes Gen". Am 19.3.77 schreibt die WELT erstmals von einer neuen "Schöpfungsgeschichte".

Außer der Medizin wird die Technik zum Aufbau von Bezugswelten genutzt. Die Erbstruktur wird zur "Molekular-Architektur" (WELT 31.10.74), in der FAZ wird im "Reagenzglas konstruiert" (21.8.74), in der SZ "planvolle Konstruktion von Zwitterwesen druch Vermischung der genetischen Baupläne" betrieben (30.8.74). Am 23.12.75 vergleicht die WELT DNS-Stücke mit "genormten Bausteinen" und "vorfabrizierten Fertigteilen". Diese sind dann 1977 in der WELT "maßgeschneidert" (30.7.77; 26.11.77). Den Technikbezügen entspricht auch die Charakterisierung der Genmanipulation als künstlich und synthetisch (WELT 31.10.74). "Im Reagenzglas" oder "aus der Retorte" sind sichere sprachliche Indikatoren, daß der Artikel sich mit genetischen Manipulationen beschäftigt (WELT 19.5.73; FAZ 21.8.74). Diejenigen, die diese Manipulationen vornehmen sind pauschal "Wissenschaftler" (FAZ 21.8.74), spezieller "Biologen" (FAZ 31.7.74) oder "Molekularbiologen" (SZ 21.8.74), seltener "Biochemiker" (SZ 30.8.74). Alltagssprachlich werden Genetiker dann zu "Erbforschern" (SZ 21.8.74), einmal zu "Erbmanipulateuren" (WELT 26.11.77). Ausnahmen bleiben auch "Mikrobengenetiker" (WELT 21.8.74) oder "Genkosmetiker" (WELT 6.11.76). Die "Gen-Ingenieure" der WELT vom 26.6.75 stammen aus der Übersetzung des amerikanischen "genetic engineering". "Gen-Ingenieuren" gibt es zwar nie, es wird zu Genmanipulation, aber die Akteure werden zu Ingenieuren, die folgerichtig bauen und

---

Kapitel II, 4. bereits entwickelt wurden.

konstruieren. Die WELT fragt am 26.6.75: "Läßt sich die menschliche Erbmasse durch Gen-Manipulationen ("Genetic-Engineering") verändern?". Das fachsprachliche "Gen-" wird zum standardsprachlichen Wortelement "Erb-". Synonym wird von "Erbsubstanz" (FAZ 21.3.73), "Erbmaterial" (FAZ 3.7.74), Erbstruktur (WELT 31.10.74) oder "Erbanlagen" (SZ 30.8.74) gesprochen. "Erbkreuzung" (WELT 26.6.75) bleibt okkasionell. Aber auch Kombinationen mit dem Wort "Gen-" kommen vor. So "Gen-Sicherheitsfragen" (FAZ 16.7.75), "Gen-Experimente" und "Gen-Defekte" (FAZ 21.3.73) oder "Genforschung" (KST 16.3.77).

Die Vermutung, daß gerade in der Einführungsphase des Themas grundlegende Zusammenhänge, zum Beispiel über die Struktur des Erbguts, erklärt werden, bestätigt die Berichterstattung nicht. Auch der Mechanismus, wie Erbmaterial von Zelle übertragen wird, ist nur selten erklärt. Das Muster dafür ist jedoch in allen Zeitungen ähnlich. Erklärt wird über die Handlungsfolge: Schneiden/spalten - Kleben - Beladen - Einschleusen.

"Bei der weiteren Erforschung der Restriktionsenzyme hat sich herausgestellt, daß diese die DNS - mehr oder weniger lange, kettenförmige, gelegentlich auch zu einem Kreis geschlossene Moleküle - jeweils an ganz bestimmten Stellen spalten. (und ...) die von den Restriktionsenzymen gespaltene DNS über sogenannte "klebrige" Enden ("sticky ends") verfügt. (...) Die Restriktionsenzyme garantieren, daß die verschiedenen DNS-Stücke wie genormte Bausteine oder vorfabrizierte Fertigteile genau aneinander passen." (FAZ 30.10.74)

"Die Voraussetzung für die überraschend möglich gewordene Gen-Chirurgie sind (...) mit der Entdeckung der sogenannten Restriktionsenzyme geschaffen worden. (...) Sie können die Desoxyribonukleinsäure (DNS) des Erbmaterials erkennen und so spalten, daß die von verschiedenen Organismen stammenden DNS-Stücke wie genormte Bausteine oder vorfabrizierte Fertigteile genau aneinanderpassen". (FAZ 18.3.75 und FAZ 31.12.75)

Rainer Flöhl (FAZ) bemüht sich, den Forschungserfolg zu verdeutlichen, der nötig ist, um Erbmaterial neu kombinieren zu können. Dieser Strategie bleibt er bis zur völligen Textidentität 1975 treu. Seinen Tribut an die Verständlichkeit sichert der Vergleich von DNS-Stücken mit genormten Bausteinen.

"Man kann heute mit Hilfe von sogenannten Restriktionsenzymen die Erbsubstanz einer beliebigen Zelle - sie hat die Form eines Fadens und besteht aus Desoxyribonukleinsäure (DNS) - in kleinere oder größere Stücke zerschneiden. Diese Stücke lassen sich dann in ringförmige DNS-Moleküle (Plasmide oder Vehikel genannt) einfügen. Das mit der Spender-DNS "beladene" Vehikel kann schließlich in Bakterien eingeschleust werden". (SZ 25.9.76)

Die SZ verdeutlicht den Transport des Erbmaterials bildhafter als die FAZ. 1977 ist sogar von "einschmuggeln" die Rede (SZ 7.2.77). Ob einschleppen, einschleusen oder einschmuggeln, die Anklänge an "kriminelle Machenschaften" sind deutlich. Dementsprechend können manipulierte Bakterien auch "ausbrechen" (WELT 19.8.77) und "entkommen" (FAZ 15.6.77). Die Assoziation "gefährlich" wird hier durch die Erklärung nahelegt.

Die - sich später durchsetzende (und friedliche) - Metapher für die Struktur des Erbmaterials ist die Sprach-Metapher.[13] Das "Alphabet des Lebens" wird sprachlich 1975 vorbereitet.

"In Form eines Kodes, der aus vier "Buchstaben" besteht, sind die Informationen in der DNS niedergelegt. Diese "chemischen Buchstaben" sind vier verschiedene Nukleotid-Typen (...). Nimmt man die Anfangsbuchstaben dieser vier Basen, nämlich Adenin, Cytosin, Guanin und Thymin, so hat man das Alphabet schon zusammen, das dem "genetischen Kode" zugrunde liegt: Seine Buchstaben sind A, C, G und T." (WELT 23.12.75)

Der WELT-Autor Wolfgang Nöhden baut das "genetische ABC" (SZ 7.2.77) über die Basen als "Buchstaben" auf. "Die Reihenfolge der vier Basentypen im Kettenmolekül ist einem Text aus Schriftzeichen vergleichbar" schreibt die SZ am 7. Februar 1976. Auch der Transport von Erbmaterial läßt sich in dieser Bezugswelt beschreiben.

"So verglich er die Zelle zunächst mit einer Bibliothek, in der Millionen Bände voll genetischer Information stehen. Handelt es sich um eine Bakterienzelle, so kann man heute bereits einen bestimmten Band herausnehmen und der genetischen Bibliothek eines anderen Bakteriums einverleiben". (SZ 7.2.77)

Es ist zu vermuten, daß der Wortschatz der ersten Phase prägend für die weitere Sprachkarriere sein wird. Die wesentlichen Eckpunkte des Ver-

---

13   Die Sprach-Metapher knüpft an die Vorstellungswelt des Sprechens, Lesens und Schreibens an.

mittlungslexikons für das Thema sind bereits mit Ende der Latenten Phase 1977 gesetzt.

Zusammenfassend ist zu sagen: Die Latente Phase ist in hohem Maße durch die Einführung neuen Wortschatzes, besonders naturwissenschaftlichen Vokabulars, geprägt.

Soweit möglich wird der Transfer von Fach- in Standardsprache auf der Wortebene durch einfachen Austausch des fachsprachlichen Wortelements "Gen-" durch das standardsprachliche "Erb-" versucht.

Daneben gibt es zahlreiche Entlehnungen aus dem Englischen, die von den Journalisten, besser oder schlechter, übersetzt werden ("sticky ends" zu "klebrige Enden", dagegen "genetic engineering" zu "Gen-Ingenieure").

Besondere Bedeutung haben die Metaphern, die das Thema veranschaulichen sollen. Der dominante Spenderbereich der Metaphorik in der Latenten Phase ist zweifellos die Medizin. Daneben knüpfen die Journalisten, wenn auch weitaus seltener, an die Vorstellungswelt der Technik und später auch des Lesens und Schreibens an.

2. AUFBRUCH 1978 - 1983
ODER: EIN THEMA SETZT SICH DURCH

2.1. Statistik

Tabelle: Berichterstattung einzelner Zeitungen '78 - '83

	Gesamt	Erscheinungsjahr					
		'78	'79	'80	'81	'82	'83
Basis	201	35	31	23	34	35	43
FAZ	87	17	11	7	19	15	18
SZ	42	3	10	7	9	7	6
WELT	40	8	5	7	6	8	6
TAZ	9	0	0	0	0	3	6
KST	23	7	5	2	0	2	7

Von 1978 bis 1983 erscheinen 201 Artikel. Das ist das Vierfache der Jahre davor. Legt man Prozentzahlen zugrunde, relativiert sich das Ergebnis: Ein Fünftel der Gesamtberichterstattung erscheint in den sechs Jahren des Aufbruchs (21,1 Prozent). Insgesamt erscheinen bis Ende 1983 251 Artikel, das sind 26,3 Prozent aller Texte der Themenkarriere. Das heißt, in elf Jahren (von 1973 - 1983) erscheint nur ein Viertel der Gesamtberichterstattung. Trotzdem ist der Aufbruch des Themas ab 1978 deutlich.

Wieder dominiert die FAZ quantitativ die Berichterstattung. 87 Artikel erscheinen in der Frankfurter Zeitung, 42 in der SZ, 40 in der WELT, 23 im KST und neun in der TAZ (nur 1982 und 1983). Fast jeder zweite Artikel dieser Jahre ist also in der FAZ zu lesen (43,3 Prozent).

Tabelle: Themenbereiche '78 - '83

	Gesamt	Erscheinungsjahr					
		'78	'79	'80	'81	'82	'83
Basis	201	35	31	23	34	35	43
Anwendungen	134	16	17	18	21	28	34
Sicherheit	47	10	19	5	4	4	5
Wirtschaft	40	6	7	2	7	9	9
Soziales	7	2	1	0	1	1	2
Politik	62	10	19	4	7	7	15
Recht	24	5	1	5	7	4	2
Kultur	22	10	0	5	2	3	2
Wissenschaft	85	11	10	8	18	15	23
Technik	12	1	1	1	4	3	2
Ethik	32	4	3	4	5	6	10
Öffentlichkeit	22	5	7	3	1	2	4

Die Anwendungsmöglichkeiten der Gentechnik sind der stärkste Themenbereich (134 Nennungen) und werden über die Jahre kontinuierlich ansteigend erwähnt. Zwei Drittel der Artikel (66,6 Prozent) nennen regelmäßig mindestens eine praktische Anwendung der Gentechnik. Es folgt die Wissenschaft (85 Nennungen), die Politik (62), die Sicherheit (47), die Wirtschaft (40), die Ethik (32) und das Recht (24). Kultur (22) und Öffentlichkeit (22) liegen gleichauf. Technik und Soziales sind Außenseiter. Erstmals sind jedoch alle Themenbereiche mindestens einmal jedes Jahr erwähnt.[1]
Das Thema differenziert sich demnach aus.

---

[1] Ausnahme ist der Themenbereich Soziales 1980 und der Themenbereich Kultur 1979. Da jedoch 1979 und 1980 generell die schwächsten Jahre des Aufbruchs sind, bleibt der Trend davon unberührt.

Tabelle: Reihenfolge ausgewählter Anwendungen

Erscheinungsjahre '73 - '83	Gesamt
1 Pharmazie	26
2 Medizin allgemein	25
3 Pflanzenzucht	23
4 Gentechnik allgemein	21
5 Gen- und Reprotechniken	19
6 Krebsforschung	15
7 Eingriffe ins menschliche Erbgut	14
8 Tierzucht	13

Auch die Anwendungsgebiete sind nicht mehr auf gentechnisch hergestellte Medikamente und die Heilung von Erbkrankheiten beschränkt. Die "molekulare" Landwirtschaft, besonders die Pflanzenzucht, wird häufig thematisiert, da sich dort schneller Erfolg versprochen wird. Auch die Tierzucht wird zum Forschungsfeld. Große Erwartungen werden in die gentechnisch unterstützte Krebsforschung gesetzt. Für Aufsehen sorgt die Gentechnik im Zusammenhang mit der Reproduktionsmedizin.

Interessant sind die Zuwächse oder Einbrüche der einzelnen Bereiche.[2] So steigen die Sicherheitsfragen 1978 und 1979 noch an, um dann in den achtziger Jahren stark an Gewicht zu verlieren. Die ökonomischen Aspekte gewinnen dagegen an Bedeutung. Analog zur Sicherheit hält sich die Politik nur noch 1978 und 1979 im Zentrum des Interesses. Von 1980-82 spielt sie nur eine Nebenrolle. 1983 bekommt die Politik ihren zweiten Auftritt. Die kulturellen Fragen flackern 1978 als Strohfeuer kurz auf. Die Ethik gehört zunehmend mit zum inneren (wichtigen) Katalog der Themenbereiche.

Ein Blick auf die einzelnen Zeitungen zeigt, daß der Themenbereich Wissenschaft, der gleichbleibend gut ein Drittel der Themennennungen jedes Jahres ausmacht, von der quantitativ starken FAZ-Berichterstattung getra-

---

[2] Vgl. Tabelle Themenbereiche 1978 - 1983, S.156

gen wird, die diesen Bereich favorisiert. In allen Zeitungen (also auch im Lokalen) findet ein auffälliger Wechsel im Themenverbund statt. Während 1978/79 Sicherheit und Politik kombiniert werden, kommt es 1983 zur Alliance von Wirtschaft und Politik. Der politische Regelungsbedarf kann nur über wirtschaftliche Interessen wieder aktualisiert werden. Ab 1981 kurbelt besonders die FAZ den Themenbereich Ökonomie an. Die Frage des Wettbewerbs unter den Nationen, die ökonomische Konkurrenz, und Industriebeteiligungen an universitärer Forschung sind für diesen Themenbereich konstitutiv.

Die TAZ, die 1982 erstmals ausgewertet wird, setzt, da sie sich als "alternativ" versteht, vermutlich andere thematische Schwerpunkte als FAZ, SZ, WELT und KST.[3]

Tabelle: Themenbereiche TAZ

	Gesamt	Erscheinungsjahr '82	'83
Basis	9	3	6
Anwendungen	8	66.7	100
Sicherheit	5	66.7	50.0
Wirtschaft	2	66.7	.0
Soziales	1	33.3	.0
Politik	6	33.3	83.3
Recht	2	33.3	16.7
Kultur	1	33.3	.0
Wissenschaft	3	33.3	33.3
Technik	0	.0	.0
Ethik	3	.0	50.0
Öffentlichkeit	3	33.3	33.3

Auch für die TAZ ist das Thema unter wirtschaftlichen Gesichtspunkten

---

[3] Die TAZ, die seit 1978 erscheint, führt erst ab 1982 ein Archiv mit Registerbänden, das die Suche nach dem Stichwort Gentechnik ermöglichte. Deshalb wird die TAZ erst ab 1982 ausgewertet.

interessant. Vermutlich ist jedoch die Bewertung anders als in der FAZ. Bereits hier sei angemerkt, daß auch in der TAZ Industrievertreter häufig zitiert werden. Die ökologischen Folgen (Themenbereich Sicherheit) werden in der TAZ trotz abflauendem Interesse in den anderen Zeitungen thematisiert. Wissenschaftliche Informationen sind in der TAZ nicht wichtiger als Fragen der Öffentlichkeitsbeteiligung. Auch die TAZ benutzt als Träger ihrer Themen und Positionen Wissenschaftler und "eigene" Experten.

Tabelle: Handlungsträger '78 - '83

	Gesamt	Erscheinungsjahr					
		'78	'79	'80	'81	'82	'83
Basis	201	35	31	23	34	35	43
Parteien	8	1	1	0	1	0	5
Legislative	8	0	2	0	0	1	5
Judikative	0	0	0	0	0	0	0
Exekutive	51	12	16	5	6	5	7
Industrie	41	1	7	4	7	13	8
Supranationale Organisationen	25	4	3	4	5	4	5
Interessenverbände	12	1	3	0	0	4	4
Interessengruppen Netzwerke	1	0	1	0	0	0	0
Genetische Beratung	0	0	0	0	0	0	0
Forschungseinrichtungen	128	19	21	13	25	20	30
Sachverständige	37	4	13	3	3	5	9
Medien	68	15	8	7	14	11	13
Experten	60	9	9	9	9	10	14

Generell weitet sich mit dem Spektrum der Themenbereiche auch das Spektrum der Handlungsträger aus. Erstmals geben die Parteien Statements ab. Vor allem Länder und Kommunen, greifen das Thema auf (besonders 1983). Die Exekutive gewinnt an Profil, indem zum Beispiel die Kommission für biologische Sicherheit (ZKBS) öfter in Aktion tritt. Geradezu Karriere machen die Industrievertreter: Kleine Gentech-Firmen wie große Konzerne gehören dazu. Das Thema bleibt jedoch vor allem eine Arena für Wissenschaftler und Sachverständige. Wie schon die Latente Phase gezeigt hat, vertreten diese keine einheitliche Position, sondern eine Vielfalt von Interessen. Der Bereich der Medien, besonders Sachbücher oder auch Hörfunk- und Fernsehsendungen, sind zunehmend Quellen der Berichterstattung. Während Interessenverbände wie die Kirchen oder die Gewerkschaften das Thema entdecken, sind kleinere Zusammenschlüsse wie Behindertengruppen oder Bürgerinitiativen gegen die Genforschung fast gar nicht vertreten.

Tabelle: Gesamtbewertung '78 - '83

	Gesamt	Erscheinungsjahr					
		'78	'79	'80	'81	'82	'83
Basis	201	35	31	23	34	35	43
Wertung neutral	68	8	13	10	11	11	15
leicht positiv	83	13	8	10	18	18	16
stark positiv	2	1	0	0	0	0	1
leicht negativ	42	11	9	3	5	5	9
stark negativ	6	2	1	0	0	1	2

Auch in der Aufbruchsphase bewerten die meisten Artikel die Genforschung insgesamt positiv. Einzig 1979 kommen zehn Artikel zu einem negativen Fazit und nur acht zu einem positiven. In 42,3 Prozent der Berichterstattung ist die Gesamtaussage positiv, in 23,8 Prozent ist sie negativ, 33,8 Prozent bleiben neutral (Total 85 pos., 48 neg., 68 neutral).

Tabelle: Bewertung ausgewählter Themenbereiche '78 - '83

	Erscheinungsjahr					
	'78	'79	'80	'81	'82	'83
Basis	90	105	64	98	99	130
Bewertung Wirtschaft						
Positiv	2.2	1.0	.0	3.1	10.1	6.9
Abwägend	2.2	.0	.0	3.1	.0	.8
Negativ	4.4	6.7	3.1	4.1	7.1	3.1
Politik						
Positiv	5.6	5.7	3.1	2.0	4.0	4.6
Abwägend	4.4	5.7	1.6	.0	.0	3.1
Negativ	4.4	9.5	3.1	5.1	4.0	4.6
Kultur						
Positiv	4.4	.0	3.1	.0	3.0	.0
Abwägend	1.1	.0	.0	1.0	.0	.0
Negativ	6.7	.0	1.6	2.0	.0	1.5
Ethik						
Positiv	2.2	1.9	6.3	4.1	4.0	3.1
Abwägend	2.2	.0	.0	.0	3.0	3.1
Negativ	1.1	1.0	3.1	2.0	.0	2.3
Öffentlichkeit						
Positiv	2.2	2.9	1.6	1.0	2.0	1.5
Abwägend	.0	.0	1.6	.0	.0	.8
Negativ	3.3	3.8	1.6	.0	1.0	.8

Die Themenbereiche, die in dieser Phase wichtiger werden, wie Wirtschaft, Ethik, Kultur und Öffentlichkeit zeigen ein unterschiedliches Bild. Die wirtschaftliche Dimension des Themas wird anfangs zurückhaltend, 1982 und 1983 aber deutlich positiv behandelt. Die Fragen nach einer Bio- oder Gen-Ethik werden positiv diskutiert. Kulturelle Auswirkungen, zu denen auch die Frage nach eugenischen Traditionen und Utopien gehört, werden dagegen negativ eingeschätzt. Der Informationsstand der Öffentlichkeit wird anfangs negativ beurteilt, eine Beteiligung an der Diskussion aber zunehmend für erforderlich und positiv gehalten (1981-83). Die Politik zeigt sich 1982 und 1983 als stark umstritten, die politische Debatte wird ebenso oft positiv wie negativ kommentiert.

Die Positionen der einzelnen Zeitungen polarisieren sich zunehmend. Für die FAZ sind die Sicherheitsprobleme berechenbar, ethische Diskussionen und Beteiligung der (Laien-) Öffentlichkeit nicht nötig. Die SZ wertet weniger entschieden als die FAZ. Oft wird Pro und Contra gegeneinander abgewogen. Tendenziell sind die Positionen jedoch konträr zur FAZ. Wirtschaft und Politik, aber auch die Ethik werden von der WELT positiv dargestellt. Für eine politische und rechtliche Regelung stimmt der KST. Die ökologischen Folgen scheinen den Kölnern eher unberechenbar zu sein.

Den Negativausschlag gibt die TAZ 1982 und 1983. Generell werden alle Bereiche kritisch (im Sinne von negativ) betrachtet. Den größten Kontrast stellt jedoch die Bewertung der Anwendungsmöglichkeiten der Genforschung dar. Während alle anderen Zeitungen hier positive Impulse sehen, ist das Fazit der TAZ eindeutig negativ.

Ob die Zeitungen die Geschichte der Gentechnik schildern oder Vorhersagen wagen, zeigen die beiden folgenden Tabellen (vgl. S.162/163).

Tabelle: Historie '78 - '83

	Gesamt	Erscheinungsjahr					
		'78	'79	'80	'81	'82	'83
Basis	201	35	31	23	34	35	43
Historie							
Ja	54	22.9	25.8	8.7	29.4	28.6	37.2
Nein	147	77.1	74.2	91.3	70.6	71.4	62.8

Tabelle: Prognosen '78 - '83

	Gesamt	Erscheinungsjahr					
		'78	'79	'80	'81	'82	'83
Basis	201	35	31	23	34	35	43
Prognosen Nein	147	88.6	74.2	73.9	64.7	65.7	72.1
Ja, kurzfristige	15	.0	6.5	13.0	5.9	14.3	7.0
Ja, langfristige	39	11.4	19.4	13.0	29.4	20.0	20.9

Die Vermutung, daß in den Artikeln auf die Entwicklung der Genforschung eingegangen wird oder in die Zukunft gerichtet Prognosen abgegeben werden, erweist sich als falsch. Beide Punkte wären jedoch sinnvoll, um Zusammenhänge darzustellen und Konsequenzen zu verdeutlichen.

Die Euphorie über die Anwendungsmöglichkeiten der Genforschung ist über die Jahre konstant hoch. Erst 1982 und 1983 tauchen vereinzelt Überlegungen auf, ob es zum Beispiel in der Landwirtschaft oder in der Medizin auch Alternativen zu gentechnischen Lösungen gibt.

Erwartungsgemäß thematisiert die TAZ solche Alternativen. Auch die SZ überlegt ab 1983 in diese Richtung. Spekuliert wird hingegen etwas mutiger über die Akzeptanz der Gentechnik allgemein.

Tabelle: Darstellungsformen '78 - '83

	Gesamt	Erscheinungsjahr					
		'78	'79	'80	'81	'82	'83
Basis	201	35	31	23	34	35	43
Journalistische Darstellungsform							
Bericht	153	22	25	15	31	26	34
Dokumentation	1	0	0	0	0	1	0
Pressespiegel	0	0	0	0	0	0	0
Reportage/Feature	3	0	1	1	0	1	0
Portrait	0	0	0	0	0	0	0
Interview	1	0	0	0	0	0	1
Diskussion	2	1	1	0	0	0	0
Leserbrief	5	2	1	0	0	1	1
Essay	6	1	0	0	0	1	4
Kommentar	13	4	1	3	2	2	1
Leitartikel	3	0	2	0	0	0	1
Glosse	0	0	0	0	0	0	0
Kolumne	0	0	0	0	0	0	0
Kritik/Rezension	14	5	0	4	1	3	1

Die journalistischen Formen der Darstellung des Themas werden vielfältiger. Zwar dominiert weiterhin der informationsbetonte Bericht die Themenbehandlung (von 201 Artikeln sind 153 Berichte), aber die Kommentare werden häufiger (13). Auch rezensiert wird nun stärker (14). Seltener wird von anderen als Journalisten geschrieben, so zum Beispiel in Essays (von Wissenschaftlern oder Politikern) oder in Leserbriefen. Reportagen, Diskussionen und ein Interview gibt es in dieser Phase erstmalig. Wertet man alle anderen Darstellungsformen als den Bericht als stärker meinungsbetont, so sind das knapp ein Viertel aller Artikel (21,9 Prozent). An Textbeispielen wird zu zeigen sein, wie auch die Berichte werten.

2.2. Inhaltliche Charakterisierung der Aufbruchsphase

1978 - Einstein und Frankenstein werden geklont

Am 11. März 1978 fragt die FAZ "Das exakte Duplikat eines Menschen?" und beginnt den monatelangen Presserummel um ein Buch des amerikanischen Autors David M. Rorvik. Der behauptet, daß es irgendwo in Kalifornien ein 14 Monate altes Klon-Kind geben solle. Dieses Kind sei das Duplikat eines Millionärs, der sich dadurch gleichsam unsterblich machen wolle. Die FAZ-Autorin rückt das Klonen über Zitate in die Nähe der Gentechnik ("Molekular-Technologie", "genetische Experimente"). So wird das Klonen zum Stellvertreter für das Schaudern vor dem Unberechenbaren in Wissenschaft und Technik, besonders der Gentechnik. Sabina Lietzmann (FAZ) vermutet, daß das Publikum eher an "doppelte Hitlers als etwa doppelte Mozarts oder heilige Franzisken" denke. Erstmals tritt Jeremy Rifkin auf, der später den Gentechnik-Widerstand in den USA anführt. Er sieht einen zweiten König Tut-Ench-Amon geklont und viele Kopien von Hitler. Lietzmanns Artikel ist, wie sie selbst über die Nachricht des Klon-Kindes schreibt, eine Mischung aus Schauder und Reserve. Auch die WELT berichtet am 14. März 1978 über "Rummel um den doppelten Elvis", den es nun auch geben soll. Der WELT-Autor spricht von einem "Retortenkind" und zitiert (wie auch die FAZ) eine Reihe von Äußerungen namhafter Genetiker, die ein Klon höherer Lebensstufe (nicht Frösche oder Fruchtfliegen) für unmöglich halten. Am 3. Juni 1978 meldet die SZ "Künstliche Zeugung menschlicher Ebenbilder nicht möglich". Das Buch Rorviks enthalte eine Reihe "wissenschaftlicher Schnitzer". Am 17. Oktober 1978 wird das Buch in der FAZ besprochen, es sei "mittelmäßig und uninteressant" schreibt Beatrice Flad-Schnorrenberg. Sie macht die Angst vor dem "genetic engineering" für den Erfolg des Buches verantwortlich. Aber die Frage: "Kommen Menschen bald aus dem Reagenzglas" (WELT 2.12.78) prägt von nun an die Diskussion. Interessant sind vor allem die Personen, die geklont werden sollen und für Segen oder Fluch der Klon-Technik stehen.

Die Spannbreite der positiven Beispiele wie Einstein oder Beethoven (WELT 2.12.78) ist breiter als die der negativen (Hitler). Die Berichterstattung bemüht sich auffällig um Augenmaß bei der Behandlung des Themas.

Besondere Brisanz bekommt die Schauergeschichte Rorviks durch das erste "Retortenbaby" im Juli 1978. Den britischen Wissenschaftlern Patrick Steptoe und Robert Edwards gelingt es, eine im Reagenzglas befruchtete Eizelle in die menschliche Gebärmutter zu verpflanzen. Louise Brown wird geboren. Die SZ veröffentlicht eine Diskussion zum Thema "Mensch aus der Retorte?" (SZ-Gesundheitsforum 9.11.78). Auf die Möglichkeit der Menschenzüchtung durch genetische Manipulation wird hingewiesen. Für Rainer Flöhl hat der Fortschrit der Forschung bei der menschlichen Fortpflanzung seine Grenzen. Am 29. Juli 1978 kommentiert er unter dem Titel: "Schutzlose Retortenbabys" die Entwicklung der Reproduktionsmedizin. Flöhl stellt explizit einen Zusammenhang von Genmanipulation und Reproduktionsmedizin her. Genforschung und Fortpflanzung seien ins Reagenzglas verlagert. "Der wissenschaftliche Ehrgeiz dominiert, gepaart mit einer mechanistischen Interpretation des Lebens" schreibt er über die Ärzte und Gynäkologen. Flöhls Kommentar, der ethische Motive wie Menschenbild und Menschenwürde gegen Retortenbabys anführt, stellt eine merkwürdige "Wenn schon, dann auch .."-Kausalität her.

"Auch hier sind, wie für die biochemische Genmanipulation, endlich klare, von unabhängigen Experten aufgestellte Richtlinien nötig. Der Schutz des Individuums beim Embryotransfer ist genauso unabdingbar wie Maßnahmen zur Vermeidung von Katastrophen bei der Genmanipulation". (FAZ 29.7.78)

Flöhl, der im Frühjahr 1978 verbindliche Regelungen der Genforschung zur Schicksalsfrage einer Nation hochstilisiert hatte, und vehement für die Freiheit der Forschung eintritt, offenbart das typische Dilemma vieler (kirchengebundener) Konservativer. Einerseits ist er gegen jegliche gesetzliche Normierung, die die Forschung behindern könnte, andererseits ist mit der Freiheit der Forschung da Schluß, wo die menschliche Fortpflanzung berührt wird.

Am 22. März 1978 kommentiert Flöhl die durch Richtlinien "Behinderte Genmanipulation". Die neugegründete ZKBS trage Verantwortung "für das wissenschaftliche Schicksal einer forschungsabhängigen Industrienation, die es sich kaum leisten kann, sich unnötig Fesseln anzulegen". Forschungsminister Volker Hauff[4], der die Richtlinien zu einem Gesetz erweitern will, stößt auf die Ablehnung von Wissenschaftlern und Journalisten. WELT, KST und FAZ kommentieren das Gesetz ablehnend (WELT 25.8.78; KST 25.8.78; FAZ 13.9.78). Der Topos "Forschung muß frei sein" wird durch das Argument "Drohender Verlust der Konkurrenz-Fähigkeit" aufgebaut.

"Das könnte bedeuten, daß die Bundesrepublik auf diesem zukunftsträchtigen Forschungszweig hoffnungslos ins Hintertreffen gerät". (KST 25.8.78)

Die Machtprobe der Regierung und der Wissenschaftler endet im November mit Hauffs Rückzug, er wolle das Gesetz "überarbeiten" lassen.

Einzig die SZ verhält sich zurückhaltend. "Alptraum von der totalen Manipulation" titelt die SZ am 27. November 1978.

"Am Beispiel Insulin wird deutlich, daß die Gen-Forschung nicht nur aus "reiner Menschenfreundlichkeit" geschieht, sondern daß ein "gewaltiger finanzieller Stimulus" dahintersteckt, wie es Walter Klingmüller vom Lehrstuhl für Genetik der Universität Bayreuth formulierte". (SZ 27.11.78)

Neben dem Insulin wird 1978 ein neuer Anwendungsbereich der Gentechnik diskutiert: die Genanalyse (WELT 7.1.78; 25.8.78; FAZ 23.8.78; 28.12.78; SZ 13.4.78). Die ersten Sachbücher und Fernsehsendungen zum Thema werden rezensiert (SZ 8.11.78, KST 8. und 10.3.78).

Als Fazit bleibt festzustellen, daß die Journalisten Retortenbabys und Klonkinder im Kontext der Gentechnik-Debatte diskutieren. Dies wird einige Jahre später als unzulässige Themenausweitung stark umstritten sein.

---

4 Am 16. Februar 1978 wird Volker Hauff Nachfolger von Hans Matthöfer (beide SPD).

1979 - Die Wissenschaftler machen sich unglaubwürdig

1979 bricht der Verbund von Wissenschaftlern und Journalisten auseinander. Obwohl Rainer Flöhl die Gefahren der Genchirurgie für überschätzt hält, wehrt er sich doch gegen die 180Grad-Wendung von Wissenschaftlern wie James Watson oder Charles Weissmann. Watson will der Öffentlichkeit deutlich machen, "daß es genausowenig Grund gibt, die Genchirurgie zu fürchten wie das Monster von Loch Ness". Weißmann wendet sich gegen die "jahrelange Verteufelung" der Genchirurgie" (FAZ 21.3.79). Die von den Wissenschaftlern selbst potentiell für gefährlich gehaltene Technik, wird nun als völlig ungefährlich deklariert.

"Mit dieser überraschenden Wende dürften die Genchirurgen ihr Ansehen und ihre Glaubwürdigkeit in der Öffentlichkeit erheblich einbüßen. Nach dem Desaster von Harrisburg bestätigt diese Haltung, die einer vollständigen Entwarnung gleichkommt, daß es diesen Wissenschaftlern weithin an Verständnis für gesellschaftliche Zusammenhänge fehlt. Viele Stellungnahmen, auch deutscher Wissenschaftler zur Genmanipulation sind derart zynisch, daß nur von einer Verachtung von Gesellschaft und Politik gesprochen werden kann."[5] (FAZ 6.6.79)

Flöhl weist auf die enge Verstrickung von renommierten Wissenschaftlern mit neugegründeten Gentech-Firmen wie "Biogen", "Cetus" oder "Genentech" hin. Auch die WELT berichtet am 21. Juli 1979 über "Forschung zwischen Profit und Risiko". Wie Flöhl vermutet Egmont R. Koch kommerzielle Interessen für die plötzlichen 100-Prozent Sicherheit der Forschung, die die Wissenschaftler behaupten. Beide Autoren befürchten, daß die Wissenschaftler mit ihrer falschen Politik zu einem negativen Bild der Gentechnik beitragen. Im September 1979, nach einer mehrtägigen Experten-Anhörung des Bundesforschungsministeriums zu einem möglichen Gen-Gesetz, wird von den Journalisten jedoch weiter gegen "Forschung im Korsett der Gesetze?" (WELT 21.9.79) argumentiert. Die Journalisten unterstellen den Politikern, "in der nur oberflächlich informierten Öffentlichkeit" Ängste zu wecken (WELT 24.9.79). Allgemein

---

[5] Flöhl bezieht sich auf den Unfall im Kernkraftwerk Three Mile Island (Harrisburg/USA) im März 1979.

wird die Anhörung als kontrovers geschildert, sie sei von positiven und negativen Szenarien beherrscht, schreibt die SZ am 22. September 1979. Die Diskussion um die Gentechnik polarisiert sich zunehmend.

Die Berichterstattung bemüht sich um diskursiven Stil, das heißt, verschiedene Positionen gegenüberzustellen. Die SZ läßt bereits im Mai "Gen-Technologie: Möglichkeiten und Gefahren" von Experten diskutieren (SZ 5.5.79). Das Fazit ist positiv: Die gentechnische Forschung soll fortgeführt werden. Schon im April 1979 beginnt die SZ von der "Atombombe der Biologie" zu sprechen und die Gentechnik als "gesellschaftliches Problem" zu kennzeichnen (SZ 2.4.79). Es zeichne sich ein Konflikt zwischen "forschungsbeflissenen Wissenschaftlern und einer mißtrauisch gewordenen Öffentlichkeit" ab (SZ 30.4.79). Der SZ-Autor Girstenbrey beruft sich auf amerikanische Wissenschaftler wie den Biologen Jonathan King und den Soziologen Sheldon Krimsky. Die "mißtrauische" Laien-Öffentlichkeit wird von Experten vertreten.

Ohne diese Wissenschaftler, die die Sicherheitsdebatte weiterführen, obwohl Aussicht auf kommerziellen Erfolg und harter Konkurrenzkampf ihre Kollegen zur "Umkehr" bewegt hat, gäbe es keinen Konflikt, den die Berichterstattung aufgreifen könnte. Denn andere Interessengruppen wie die Kirchen beginnen 1979 erst, ihre Position zu formulieren (SZ 26.7.79). Die besondere Problematik des Themas - und ein Motor der Themenkarriere - ist der Fortgang der Grundlagenforschung. Grundlegende Annahmen werden durch neue Erkenntnisse ersetzt. Kontinuierlich und ausführlich berichtet die FAZ über Forschungserfolge und ordnet sie in die (wenn auch kurzen) wissenschaftsgeschichtlichen Zusammenhänge ein. Die Erkenntnis, daß Gene nicht aus einer ununterbrochenen Folge von Bausteine bestehen, die direkt in das Genprodukt übersetzt werden, sondern aus kodierenden Abschnitten (Exons) und solchen, die scheinbar "nutzlos" sind (Introns), greift die FAZ-Autorin Barbara Hobom am 12. September 1979 auf.[6] Am

---

6   Exons sind die kodierenden (nach außen wirksamen) Abschnitte der DNS, In-

19. Dezember 1979 berichtet sie ausführlich über mobile genetische Elemente, sogenannte "Transposons"[7] im Kontext einer Preisverleihung an den Kölner Genetiker Peter Starlinger.

1980 - Ein Bakterium wird patentiert

1980 zeigt sich die Gentechnik als ökonomisch vielversprechend. Der oberste Gerichtshof der USA gibt den Weg für die Patentierung von lebenden Organismen frei. Dem Mikrobiologen Ananda Chakrabarty ("General Electric Company") wird Patentschutz für sein "ölfressendes" Bakterium zugestanden. Wissenschaftler, pharmazeutische und biotechnische Firmen können nunmehr ihre durch Genmanipulation geschaffenen Mikroorganismen patentieren lassen (KST 19.6.80, 11.7.80). Am 21. Juni 1980 erscheint in der SZ der erste, stark negative Komentar zur Patentierung und zur Gentechnik unter dem Titel "Erwünschte Ölfresser".

Erstmals wird gefürchtet, es könnten Arten entstehen, die das "ganze ökologische Gleichgewicht umstürzen". Die SZ sieht "seit Jahren" einen Streit unter "Wissenschaftlern, Pharma-Industriellen und Gesundheitspolitikern" darüber toben, wie gefährlich die Sache sei.

> "Es ist deshalb kein Wunder, daß so ein problematischer Fortschritt wie die Neukombination von Erbanlagen sich gern als Vater *erwünschter* Neuerungen präsentiert". (SZ 21.6.80)

Nützlich zur biologischen Bekämpfung von Öllachen und "gut fürs Geschäft" kommentiert die SZ. Die Möglichkeit der Gentechnik, schneller als die Natur zu sein, bekommt hier eine negative Konnotation.

Zweite ökonomisch interessante Meldung des Jahres: Im November 1980 geht die erste Gentechnik-Firma an die Börse.

---

7   trons sind die dazwischenliegenden "leeren" Abschnitte des Erbmaterials.
    Transposons sind sogenannte "springende" oder "vagabundierende" Gene, die keinen festen Platz im Chromosom haben. Bei ihren Platzwechseln können sie genetisches Material "mitschleppen" und so das Erbmaterial erheblich verändern.

Die Aktien der amerikanischen Firma "Genentech" steigen am ersten Tag ihrer Notierung von 35 auf 71 Dollar, verdoppeln also ihren Wert. Am Ende der FAZ-Nachricht wird die Gentechnik zur sicheren Geldanlage (FAZ 5.11.80).

Die Goldgräberstimmung, die sich in der Presse ausbreitet, wird durch wissenschaftliche Erfolgsmeldungen unterstützt ("Menschliches Interferon aus Darmbakterien" FAZ 23.1.80; "Jetzt auch Affen-Insulin aus Bakterienkulturen" FAZ 30.1.80; "Menschliches Insulin aus Bakterien voll aktiv" FAZ 3.9.80; "Genchirurgie läßt hoffen" SZ 19.1.80).

Das Image der Wissenschaftler jedoch ist angekratzt. Vermehrt berichtet die Presse über Verstöße gegen Sicherheitsvorschriften. Den Wissenschaftlern wird Ehrgeiz bis zur Grenze der Kriminalität unterstellt (WELT 9.8.80; FAZ 20.8.80). "Kommt erst das Wissen und dann die Moral?" fragt Egmont R. Koch am 1. März 1980 in der WELT und stellt die "Bioethik" als Lösung vor (auch SZ 13.2.80). Am 12. November 1980 gibt es dann wieder Anlaß zu Kritik an einem Wissenschaftler. Die FAZ berichtet: "Gentherapie beim Menschen erfolglos". Der amerikanische Wissenschaftler Martin J. Cline hatte bei zwei Patienten in Neapel und Jerusalem versucht, eine schwere Blutkrankheit durch die Übertragung von synthetischer menschlicher Erbsubstanz zu beheben. In den USA war Cline von dem zuständigen Ethikkomitee nicht erlaubt worden, seine Therapie zu beginnen. Deshalb ging er ins Ausland. "Verfrüht" und "ethisch fragwürdig" lautet Flöhls Kritik an seinem Versuch.[8]

---

8   Erst im Mai 1981 berichten auch WELT und SZ über die "wissenschaftliche Verantwortungslosigkeit" des Martin J. Cline.

Fazit: Die Ökonomie und die Ethik lösen 1980 den politischen Regelungsbedarf thematisch ab. Immer noch sind die Ereignisse in den USA der wesentliche Motor für die Berichterstattung.

1981 - Genetik und Gen-Ethik

Symposien und Tagungen zum Thema "Gentechnik und ..." kommen in Mode. Der Philosoph Hans Jonas spricht über ethische Probleme des Klonens und fordert, daß die heutige Ethik ein Grundrecht auf Nichtwissen fordern müsse. Nur im Nichtwissen des eigenen, teils genetisch bedingten Schicksals, sei der Mensch frei (SZ 15.5.81). Am 29. Juli 1981 wird diskutiert, ob der aktuelle Stand der Genetik eine neue "Gen-Ethik" nötig mache oder die traditionellen Ethiken ausreichten (WELT 29.7.81 und SZ 27.7.81).

Am 28. Juli 1981 wird bestätigt, daß das Thema Gentechnik die politische Agenda verlassen hat. "Kein neues Gesetz zur Kontrolle der Gen-Technologie" lautet der Titel der Meldung in der WELT. Bis zur endgültigen Klärung der Gefahrenlage gäbe es keine gesetzliche Regelung, die bisherigen Richtlinien hätten sich bewährt. Rainer Flöhl kommentiert dies als "klugen Verzicht" (FAZ 28.7.81). Der Gesetzesverzicht sei die notwendige Konsequenz der internationalen Entwicklung, die gezeigt hätte, daß die Genchirurgie längst nicht so gefährlich sei wie angenommen. Christian Schützes Kommentar in der SZ ist zurückhaltender (SZ 29.7.81). Die Entscheidung über "Chancen und Risiken" der Gentechnik bleibe nun offen. Schütze zeigt Verständnis für den Widerstand gegen gentechnische Aktivitäten, mit denen "der Natur unser Tempo aufgenötigt" werde. Er führt die Differenzen über die Gentechnik auf die grundsätzliche Uneinigkeit über die Frage: Technischer Fortschritt Ja oder Nein? zurück und versucht, die Konfliktpositionen miteinander zu vergleichen. Doch die Ebene "Technikfreund-Technikfeind" polarisiert die Diskussion zusätzlich. Schütze fordert abschließend eine "öffentliche Debatte". Wieder entsteht der Eindruck, als spiele die Berichterstattung weder bei der Information der Öffentlichkeit noch als Forum öffentlicher Debatte eine Rolle.

Einen scheinbaren "Beweis" für die Richtigkeit des Gesetzesverzichts liefert die Berichterstattung über den Sicherheits-Bericht der ZKBS, die keinen (gentechnischen) Unfall und damit keine Gefahr meldet (FAZ und SZ 7.8.81). Wirbel gibt es dagegen über die Beteiligung der Firma Hoechst an einem amerikanischen Gen-Labor (SZ 23.5.81, WELT 21.11.81). Die Hoechst AG investiert 50 bis 60 Millionen Dollar in das Forschungsprogramm des Massachusetts General Hospital in Boston. "Hoechst schürt das Wettrennen in der Gen-Technik" titelt die SZ und berichtet über einen "Run" auf Forschungskapazitäten in den USA (SZ 14.7.81). "Bahnbrechende Entwicklungen" gebe es vor allem auf landwirtschaftlichem Gebiet. Das Wirtschaftsressort der FAZ nutzt die Hoechster Investitionen für eine Abrechnung mit der deutschen Forschungsförderung und den Universitäten (FAZ 23.5.81, 4.9.81). Die "Misere der deutschen Forschung" sei deutlich geworden schreibt der Autor und zitiert Klaus Weissermel, Vorstandsmitglied und Forschungsleiter der Hoechst AG.

Der erhebliche Rückstand der gentechnischen Forschung in der Bundesrepublik gegenüber den übermächtigen Amerikanern wird am 23. September 1981 im Feuilleton der FAZ auf die Japaner ausgedehnt, die die "zehnfache Forschungskapazität" hätten. Auf den Wirtschaftsseiten der FAZ werden großtechnische Realisierungen der Gentechnik prognostiziert. Impfstoffherstellung, Stickstoff-Fixierung mit Bakterien bei Pflanzen (Verzicht auf künstliche Düngung), Erdölförderung und Alkoholgärung qua Gen-Verfahren werden in Aussicht gestellt. Die Wissenschaftsberichterstattung der FAZ bezieht in den Schlagzeilen gleichlautend Position. "Genetik im Dienste der Landwirtschaft" (22.12.81), "Gentechnologie verbessert Umweltschutz" (25.3.81), "Immer bessere Genkarten des Menschen" (4.11.81) heißt es dort. Allerdings wird immer das wissenschaftliche Potential der Erfolge relationiert, wenn die FAZ "beachtlich, experimentell einzigartig, aber..." schreibt.

Fazit 1981: Das Thema wandert zwischen den Ressorts. Wirtschaft, Politik und Feuilleton berichten über verschiedene Aspekte der Gentechnik. Die Bewertung ist trotz Aufgabenteilung einheitlich positiv bei den Zeitungen.

1982 - Die TAZ und die wahren Interessen der Gen-Lobby

Am 5. Juli 1982 produziert die TAZ eine ganze Seite zur Gentechnik unter dem Titel "Bio-Ökonomie". Drei Artikel erscheinen: eine Rezension zu Jost Herbigs Buch "Bio-Boom", ein Artikel zum Hoechst-Einstieg in den USA und ein Bericht zu Gentests als Einstellungsvoraussetzung. Außerdem stellt die TAZ nachrichtlich die "Umweltfreundliche Biotechnologie?" in Frage. Jost Herbigs Sachbuch solle dem Laien "Möglichkeiten zur Mitsprache bei den politischen Entscheidungen um das Wofür und das Wohin der Gentechnik" ermöglichen. Denn von den eigentlichen Gefahren sei die Öffentlichkeit immer abgelenkt worden. Als Beispiel für ein solches Ablenkungsmanöver wird die Asilomar-Konferenz genannt. Eines der "Lieblingsgespenster" der Gentechnik-Lobby (Wissenschaftler, Pharmaindustrie, Politiker) sei der "genetisch manipulierte Mensch". Gefährlicher sei aber die "Institutionalisierung genetischer Kontrolle durch das Hintertürchen "Medizinische Vorsorge für Erbkrankheiten"". Genkarten des Menschen würden "Anomalitäten" feststellen und es werde zu entscheiden sein, was "normal" und was "anormal" sei. Auch Anwendungen in der Landwirtschaft werden problematisiert.

> "Besondere Gefahr der genmanipulierten Nutzpflanzenzüchtung ist die Verarmung der genetischen Vielfalt dieser Pflanzen, da ertragreiche Sorten in Anpassung an ihren ökologischen Standort und die Nahrungsbedürfnisse einer Bevölkerung nur aus den "Ursorten" gezüchtet werden können". (TAZ 5.7.82)

Die TAZ bezeichnet die Gentechnik nicht als "revolutionär" oder "vielversprechend", sondern als "gänzlich unentwickelt" und "unverläßlich". Gentests dienten der Diskriminierung von Arbeitnehmern.[9] "Mangelhafte" Gene seien dann bald an Erkrankungen der Arbeiter schuld, nicht etwa mangelhafte Sicherheitsvorkehrungen oder schädliche Stoffe. Auch der Kooperationsvertrag zwischen der Max-Planck-Gesellschaft und der Bayer AG (nach dem Vorbild der Hoechst AG) stößt auf Ablehnung. "Durch einen vertraglichen Einstieg der Industrie in mit Steuergeldern geförderte Forschungsinstitute erschleichen sich die Konzerne auch Forschungsgelder (...)" und nehmen Einfluß auf die Forschung schreibt die TAZ und befürchtet im Titel: "Das Ende der "freien" Wissenschaft?". Einzig die Organisation des Widerstands in Form von "Koordinationsgruppen" scheint positiv besetzt zu sein (TAZ 6.12.82). Die TAZ bietet Gruppen, die ein "breites kritisches Bewußtsein gegenüber der Biotechnologie" schaffen wollen, ein Forum. Fazit: Die TAZ greift andere Themenaspekte auf, bewertet bekannte Themenaspekte (z.B. einzelne Anwendungen) anders und bemüht sich um die Mobilisierung anderer Akteure.

Am 30. Juni 1982 schreibt Marianne Quoirin im KST über "Manipulation an den Erb-Substanzen". In den folgenden Jahren prägt sie die Gentechnik-Berichterstattung des KST, obwohl für den KST eine Reihe von Autoren über Gentechnik schreiben, deren Positionen sehr heterogen sind. Marianne Quoirins Position ist nahe der der TAZ. Von Anfang an bezieht sie Stellung gegen die gentechnische Entwicklung, es sei Fortschritt, "der große Gefahren bringt". Vor allem kritisiert sie das Tempo der Entwicklung und befürchtet, daß über "all die ausgeklügelten wissenschaftlichen Spiele mit den Bausteinen unseres Lebens erst geredet wird, wenn der fragwürdige Fortschritt nicht mehr zu bremsen ist".

Der wissenschaftliche "Knüller" des Jahres ist die "Riesenmaus" (WELT 22.12.82; FAZ 29.12.82). Am 22. Dezember 1982 berichtet die WELT über die erfolgreiche Gen-Transplantation bei einem Säuger: der Maus. Bei

---

9 Auch die SZ berichtet am 31. August 1982 kritisch über "Personalauswahl im Gentest-Labor".

Ratten wurde das Gen, daß das Wachstumshormon erzeugt, aus der Hirnanhangdrüse isoliert und in befruchtete Eizellen von Mäusen verpflanzt. Diese Mäuse wurden dann ungewöhnlich groß und schwer. Die WELT prognostiziert "schnellwachsende Rinder oder Schweine", die die Fleischproduktion steigern könnten, um das Welternährungsproblem zu lösen. Wie bereits in der Pflanzenzucht wird der Hunger in der Dritten Welt auch hier zum Argument für die gentechnische Forschung.

Wesentlichen Einfluß auf die schnelle Entwicklung der Gentechnik ab 1982 hat die 1:1 Entsprechung von staatlicher Forschungsförderung und industriellen Interessen. Der seit November 1982 amtierende Forschungsminister Heinz Riesenhuber (und sein Vorgänger Andreas von Bülow) sind sich einig, daß das "zukunftsträchtige Gebiet der Biotechnologie"[10] vordringlich zu unterstützen sei (SZ 28.9.82 (von Bülow); SZ 16.11.82 (Riesenhuber)). Ein neuer Schwerpunkt in der Forschungspolitik müsse gesetzt werden.

Forschungsminister wie Industrie wiederholen das Argument vom Nachholbedarf der Bundesrepublik in der Biotechnologie im internationalen Vergleich (SZ 28.9.82; 11.12.82). Die FAZ beklagt geradezu penetrant das unfruchtbare Arbeits- und Forschungsklima in der Bundesrepublik. Der FAZ-Wirtschaftsjournalist Claus Henninger kommentiert den deutschen Rückfall in die Mittelmäßigkeit und lamentiert über den "Sommerschlußverkauf" junger deutscher Talente nach Amerika ("Nur Zaungast bei der Biotechnik?" FAZ 11.8.82). Auch auf den Wissenschaftsseiten wird der Forschungs-Patriotismus deutlich. Der Hoechst-Vertrag in Amerika sei für die deutsche Wissenschaft "beschämend" und es gelte das "heimische Forschungspotential" zu nutzen (FAZ 26.5.82). Prügelknabe dieser Jahre ist die Öffentlichkeit, die von allen als träge, passiv und uninformiert charakterisiert wird.

---

[10] Beide Politiker sprechen von der "Biotechnologie" und schließen die Gentechnik mit ein.

> "In der deutschen Öffentlichkeit ist kaum bewußt geworden, daß gerade auf dem Gebiet der Gentechnologie eine wissenschaftliche Revolution von großer Tragweite stattfindet". (FAZ 11.8.82)

Ab 1982 beginnt der Aufbau der Genzentren in der Bundesrepublik. Die Industrie investiert hohe Summen in die Forschung. Die Titel der Artikel zeigen diese Entwicklung: "Die BASF fördert die Gen-Forschung" (FAZ 28.1.82), "Biotechnologie nun auch in Berlin" (FAZ 24.9.82), "Millionen für die Genforschung" (KST 18.3.82).

Fazit 1982: In Einklang mit staatlichen und wirtschaftlichen Interessen baut die Presse - bis auf die TAZ - das Bild der Gentechnik als revolutionär, zukunftsträchtig und der gezielten Förderung bedürftig auf.

1983 - Vom Himmel der Wünsche und der Hölle der Befürchtungen

> "Für Staunen, Erheiterung, Kopfschütteln und manchmal auch ein bißchen Angst, kurzum zur Unterhaltung des interessierten Lesers ist die Biotechnologie allemal gut". (TAZ 5.4.83)

Die TAZ-Autorin Christa Knorr deutet mit ihrer Beschreibung auf den Nachrichtenwert des Themas hin. 1983 wird das Thema schon seit einiger Zeit kontinuierlich thematisiert (Zeit), es hat eine gewisse Dynamik und bietet wissenschaftlichen Fortschritt (Erfolg) wie eine scharfe Auseinandersetzung (Konflikt). Die TAZ überspitzt den Topos der "wirtschaftlich vielversprechenden" Technik und fragt: "Biotechnologie - Heilsretterin der Industriegesellschaft"? (TAZ 5.4.83). Die Appelle der TAZ richten sich an die Öffentlichkeit: "Wir sollten mindestens ein offenes Auge auf die Schreibtische der Verantwortlichen halten (...)". Der TAZ geht es nicht um wirtschaftlichen oder wissenschaftlichen Rückstand, sondern um den Rückstand der politischen Diskussion.

1983 wird die Öffentlichkeit entdeckt. Befürworter wie Gegner der Gentechnik sind sich einig, daß die Diskussion nun "breit und öffentlich" geführt werden müsse (TAZ 12.10.83). Minister Riesenhuber erwartet durch die Information der Öffentlichkeit, die Vermeidung von "Verzerrungen,

Mißverständnissen und emotionalen Reaktionen" (TAZ 12.10.83), die Gegner erhoffen, daß es durch den Druck der Öffentlichkeit zu gesetzlichen Auflagen und Einschränkung der Gentechnik-Forschungsförderung kommt. Die Grünen fordern erstmals die Einsetzung einer Enquete-Kommission zur Gentechnik, um ihre "ethischen, ökologischen, sozialen und rechtlichen Probleme öffentlich zu diskutieren" (TAZ 12.10.83). Moralische Ablehnung richtet sich vor allem gegen die Reproduktionsmedizin. Am 1. Mai 1983 kommentiert Martin Urban (SZ) die "Manipulierte Schöpfung". Die Tierzüchter gingen den Ärzten die nächsten Schritte voraus. Doch die Natur sei bereits in Unordnung: "Was nützt die Hochleistungsmedizin für Pflanze, Tier und Mensch in einer krankmachenden Umwelt?". Urban reizen die überheblichen Forscher, die trotz bescheidenem Wissen, alles was machbar erscheine, auch zu machen versuchten. In der SZ wird weiter argumentiert, daß die traditionelle Züchtung schon "Bravourleistungen" wie Hochleistungsschwein, Hochleistungsrind und Rassehundkrüppel erbracht hätte, die gentechnische Zukunft werde noch schlimmer.

Am 6. Oktober 1983 beginnt die TAZ die Berichterstattung über die ersten "Freilandversuche" in den USA (die Bezeichnung setzt die TAZ selbst noch in Anführungsstriche). Mehrere amerikanische Umweltgruppen unter Leitung von Jeremy Rifkin protestieren gegen die Versuche, da sie unabwägbare Gefahren für das Ökosystem befürchten. Erster Freilandversuch sind "frostverhindernde" Bakterien, die Pflanzen mit ihnen besprüht, drei bis vier Grad niedrigere Temperaturen überstehen lassen. Auch die FAZ meldet, daß das zuständige Beratergremium in den USA, Tests mit genetisch veränderten Pflanzen und Mikroorganismen "in der Natur" erlaubt habe. Die FAZ bewertet wie die TAZ:

> "Die Einführung derartig genetisch veränderter Organismen dürfte für die Umwelt weit gefährlicher sein als die aufs Labor beschränkten Genmanipulationen" (FAZ 3.8.83).

Von der TAZ werden die Freilandversuche in den Kontext der Kommerzialisierung der Gentechnik gestellt. Die Themenkarriere der Gentechnik entwickelt auch Karrieren von einzelnen Themenbereichen. Die *Wirtschaftsgeschichte* des Themas beginnt im Juni 1980 mit der Patentierung künstlich hergestellter Lebensformen und dem Börsen-Erfolg des ersten Gentechnik-Unternehmens. Die *Sicherheitsgeschichte* beginnt 1974 mit dem Aufruf der elf amerikanischen Molekularbiologen, die Forschung einzuschränken, die *Wissenschaftsgeschichte* beginnt Anfang der 70er Jahre mit den Erfolgen von Boyer und Cohen, Erbmaterial neuzukombieren (oft schon 1953 mit der Entschlüsselung des genetischen Codes).

Ähnlich wie die TAZ, nur sprachlich weniger drastisch, argumentiert die SZ am 21. Juli 1983 für "präventiven Umweltschutz" statt für "elegante Bekämpfung der zuvor achtlos emittierten Verschmutzung" von Luft, Boden und Wasser. Die TAZ formuliert die Frage nach den Alternativen für gentechnische Lösungen alltagssprachlich und fragt, warum die Industrie ihren Dreck überhaupt ins Abwasser leitet und spricht von Genmanipulation als "großtechnologischer Strategie der Symptombekämpfung" (TAZ 5.4.83).

Die Presse versucht merklich, nicht stereotyp zu polarisieren, sondern für die Leser durchsichtig darzustellen, welche Positionen auf welchen Gründen beruhen. So analysiert der Philosoph Reinhard Löw am 29. Oktober 1983 in der SZ die Argumentation von Befürwortern und Gegnern der Eingriffe ins menschliche Erbgut. Friedrich Cramer, Direktor des Max-Planck-Instituts für experimentelle Medizin, fragt in der SZ, ob die Gentechnik der Himmel der Wünsche oder die Hölle der Befürchtungen sei (18.11.83)? Die FAZ läßt fünf Wissenschaftler auf die Frage: "Dürfen wir machen, was wir können?" antworten. Der Biologe Hubert Markl nimmt am 24. Dezember 1983 Stellung zur Genforschung. Einzig die WELT scheint frei von Zweifeln. Die Gentechnik biete eine "atemberaubende neue Dimension mit schier unerschöpflichen neuen Forschungsimpulsen" heißt es am 22. Februar 1983. Auch 1983 scheint der ganze Globus weiter in der Forschung als die Bundesrepublik. "Deutsche weit zurück - Wenig Biotechnologie" lautet das Fazit am 13. September 1983 im KST. Im Kölner Stadt-Anzeiger verpaßt die deutsche Chemie den Anschluß und verschläft die technologische Zukunft (KST 12.3.83). Kleine Laborfirmen und wagemutige Jungunternehmer werden analog zu den "Garagen-Firmen" in Silicon-Valley (Mikroelektronik) zu den neuen Helden der Berichterstattung.

2.3. Sprachkarriere 1978 - 1983

In der Aufbruchsphase ersetzen die Journalisten die Benennungen "Genchirurgie" und "Genmanipulation" durch "Gentechnik". Von nun an verwenden sie das Wort "Genmanipulation" im pejorativen Sinne.

> "Die Diskussion über Arbeiten mit neukombinierter DNS laufen oft unter dem Titel Gen-Manipulation. Im deutschen Sprachgebrauch hat das Wort Manipulation den Charakter von etwas Unerwünschtem". (FAZ 18.10.78)

Genmanipulation gilt als negativ konnotiert. Schon am 14. Januar 1978 schreibt die WELT über eine Tagung, es ginge: "um die Grenzen der Forschung am Beispiel des genetic engineering, bei uns ein wenig polemisch meist als "Gen-Manipulation" übersetzt". Besonders die Wissenschaftler stören sich an der "Manipulation":

> "Die Gentechnologie - die Molekularbiologen schätzen den häufig gebrauchten Begriff Genmanipulation wegen seiner negativen Besetzung nicht so sehr - steht im Vordergrund des Interesses". (SZ 2.4.79)

Die FAZ spricht weiter von der Genmanipulation (15.2; 8.5.; 16.8.; 17.8.1978). Als im Dezember 1978 Barbara Hobom als neue Autorin bei der FAZ das Thema übernimmt, setzt sie sprachlich den neuen Akzent und spricht von "Gentechnologen".

Die Sprachinitiative für den Wechsel zur "Technik/Technologie" geht von der Regierung aus. Mit der Gesetzesinitiative wird von "Gentechnologie" und "gentechnischen Arbeiten" gesprochen (FAZ 13.9.78; 9.11.78). Die Institutionensprache prägt hier die Mediensprache.

Ab 1980 wird häufiger von "Biotechnik/-technologie" oder "biotechnisch" gesprochen. Es steht nicht in Opposition zur Gentechnik. Obwohl Unterschiede zwischen Gen- und Biotechnik bestehen, wird es synonym gebraucht (KST 11.7.80, SZ 15.5.81). Auch die TAZ übernimmt die Bezeichnung kritiklos (5.4.83).

Die Leseanreize, die in der Latenten Phase geschaffen wurden, aber auch die Erklärungsangebote, werden in der Aufbruchsphase wiederaufgenommen. Dies gilt vor allem für die Medizin als "Vokabelspender": "Operation am Leben" (KST 8.3.; 10.3.78), Restriktionsenzyme als "Operationsmesser" (SZ 5.5.79), "Gentherapie" (FAZ 12.11.80, WELT 30.5.81, SZ 23.9.82), "Sektionstisch der Genchirurgen" (FAZ 22.10.80), die Genmanipulation "hilft" und "heilt" (WELT 28.4.82; 29.5.82) oder die "Anatomie eines Krebsgens" (SZ 4.11.82) sind nur einige Beispiele. Die beiden wesentlichen Bezugsbereiche Medizin und Technik lassen sich vereinigen, so werden am 5. August 1978 in der WELT "erbkranke" DNS-Moleküle "repariert".

Auch der Vergleich mit der Kernenergie und der Mikroelektronik wird fortgeführt. Die SZ spricht von der "Atombombe der Biologie" (2.4.; 30.4.79), die WELT vom "Gen-Gau" (21.11.80), die TAZ vom "genetischen Hiroshima" (7.12.83). Der KST schreibt, die Gen-Manipulation sei für die Biologie was die erste Kernspaltung für die Physik oder der Mikroprozessor für die Elektronik sei (22.9.79). Neben den "elektronischen Wunderzwergen" werde es die "biologischen Wunderzwerge" geben, meint ein Mikrobiologe in der SZ am 26. Juni 1979, die FAZ bezeichnet die Genchirurgie als "Mikroprozessor" der pharmazeutischen Industrie (6.6.79).

Da die Erbinformation mit einem Text verglichen wird, kann es auch passieren, daß die Zellen, die im DNS-Stück vorgegebene Bauvorschrift nicht "lesen" können (FAZ 8.9.78).[11] Am 17. Februar 1983 baut der Genetiker Peter Starlinger die Sprach-Metapher weiter aus. Gene seien eine Art Schrift, die vier Bausteine des Erbmaterials seien vier Buchstaben. Diese ergäben in Kombination "sinnvolle Wörter" und "sinnvolle Sätze".

"Der Gentechnologe versuche nun, die Eigenart dieser Sprache zu erforschen und - um bei dem Vergleich zu bleiben - einzelne Buchstaben durch andere zu ersetzen". (KST 17.2.83)

Meist werde ein nicht erwünschtes Ergebnis erzielt, wie beim Austauschen von Buchstaben oft, aber manchmal entstehe etwas Interessantes, aus einem "Aussteiger" werde ein "Aufsteiger", aus einer "Motte" eine "Lotte". Die Wissenschaftler professionalieren ihre Fähigkeit, die Gen-Forschung verständlich und einprägsam zu vermitteln. Sie gehen dabei durchaus strategisch vor und versuchen, ihre (positive) Sichtweise durchzusetzen.[12] Die Kirchen legen am 26. Juni 1979 in der SZ eine historische Assoziation nahe. Die "Schöpfung aus Menschenhand" biete "Segen", berge aber auch die Gefahr des "genetischen Holocaust". Die faschistische Vergangenheit wird sprachlich mit der Gentechnik verknüpft. Der Vorwurf der Eugenik wird später von der TAZ aufgegriffen.

Einige Referenzbereiche bleiben okkasionell. Am 9. September 1978 gibt es in der WELT "genetisch umtrainierte Bakterien". Doch der Sportvergleich setzt sich nicht durch. Einzig für den Konkurrenz-Aspekt wird er genutzt. "Hoechst schürt das Wettrennen in der Gen-Technik" schreibt die SZ am 14. Juli 1981.

Viele Autoren mühen sich, sprachlich innovativ zu sein. So spricht die SZ am 19. August 1981 von "hüpfenden Genen" und "Hüpf-DNS". Die beweglichen genetischen Elemente, um die es geht, werden sonst einheitlich als "springende" Gene, seltener "vagabundierende" Gene bezeichnet. An

---

11   Vgl. Sprachkarriere der Latenten Phase, Kap. III, 1.3. S.153-154
12   Ein anderes Beispiel ist Friedrich Cramer (MPI Göttingen) in der SZ am 18.11.83, der vom "Tonband voll Leben" spricht, "Minitonbänder", die der Fachmann "abhören" könne.

einer anderen Stelle spricht die SZ-Autorin von DNS-Stücken, die "intermolekulare Reisen" unternehmen. Die sprachliche Parallele zu den "interstellaren" Reisen bleibt okkasionell.

1978 ist das Jahr der Alliterationen mit dem Buchstaben "G". So "Genius und Gen" (WELT 25.8.78), "Gene und Gesetze" (FAZ 13.9.78), "Gedoptes Blut schmuggelt Gene in Gastzellen" (WELT 5.8.78) oder "Gene nach Geschmack" (KST 11.4.83). Auch Alliterationen mit "M" werden häufiger, so "Neue Biologie für Mäuse und Menschen" (SZ 2.4.79), was an John Steinbecks Buchtitel "Of Mice and Men" anknüpft.

Anfang der 80er Jahre ist es einfacher, kontroverse Meinungen in der Berichterstattung zu finden, als zu verstehen, was in den Laboratorien passiert.

Heterogene Einschätzungen über die Gentechnik und ihre Risiken dokumentieren sich in Adjektiv-Attributen. Da gibt es "überschätzte" Gefahren (FAZ 21.3.79), "imaginäre" (SZ 4.10.79) gegen "unabschätzbare" Risiken" (WELT 17.3.81) und "große" Gefahren (KST 30.6.82). Für die SZ ist es "problematischer" (21.6.80), für den KST "fragwürdiger" (30.6.82) Fortschritt, für die WELT hat die Gentechnik dagegen "epochale Bedeutung" (21.7.; 21.9.79). Einig sind sich die Journalisten über die sprachvermittelte Deutung der Bemühungen um ein Gen-Gesetz. "Forschung an der Leine?" befürchtet der KST (25.8.78), die FAZ spricht von "Fesseln" für die Forschung (22.3.78). Die Debatte deutet sich in Formulierungen wie "vieldiskutiert" oder "heftig umstritten" an (FAZ 8.9.78; 23.8.78). Die Funktion der Zeitungen als Forum verschiedener Meinungen läßt die Berichterstattung diffuser werden. Ein Bewertungskonzept zu rekonstruieren (Wer bewertet was auf welcher Basis wie warum?) wird zunehmend schwieriger.

Die Vermittlung von Grundlagenwissen[13] (Erklärungen) in der Aufbruchsphase ist gleichermaßen schwierig und chancenreich. Schwierig, da das Thema sich zunehmend politisiert und Meinungen und nicht Wissen im Vordergrund stehen. Chancenreich, da der Erkenntnisfortschritt es ermöglicht, bei neuen Ergebnissen auch wieder Basiswissen einzuführen.

In der politischen Berichterstattung wird syntaktisch einfach, in Form von Nebensätzen, erklärt.

> "Für die sogenannte Gen-Technologie, mit der Erbanlagen von Menschen und Tieren von außen verändert werden können, und die lange als eine der gefährlichsten Wissenschaften der heutigen Zeit galt (...)". (WELT 28.7.81)

Die Erklärung wird mit einer Bewertung kombiniert. Die Nahelegung, die Gentechnik sei heute nicht mehr gefährlich, wird durch die einleitende, erklärende Passage unterstützt.

Die Wissenschaftsberichterstattung verändert den Fokus ihrer Erklärungen von Basis- auf Detailwissen. Einzelne Puzzlesteine aus dem Prozeß der Neukombination von Erbmaterial werden eingeführt. So erklärt die FAZ kontinuierlich wie die "Genfähren" (Plasmide) zum Einschleusen von fremdem Erbmaterial (der "Fracht") beschaffen sind (25.3.81; 9.3.83; 1.6.83; 7.12.83).

> "Als unentbehrliches Werkzeug der Molekulargenetiker erwiesen sich zunehmend die Plasmide, kurze Stücke von Erbmaterial, die nicht an die Chromosomen gebunden sind und unabhängig davon vermehrt und übertragen werden können. Mit diesen "Genfähren" läßt sich beispielsweise fremde DNS, die man zuvor an das Plasmid angeheftet hat, in Zellen einschleusen". (FAZ 7.12.83)

Auch die sogenannten "springenden Gene", die ihren Platz im Chromosom wechseln können, werden vielfach erklärt (FAZ 28.4.82; TAZ 12.10.83). 1978 muß die Frage: Was ist Klonen? beantwortet werden. Der schnelle Fortschritt der Forschung und eine ereignisorientierte Berichterstattung führen zu einer Reihe von bruchstückhaften Erklärungen. Für den Leser ist

---

[13] Was die DNS ist und was Gene und Chromosomen für eine Rolle spielen, ist nach der Latenten Phase bereits notwendiges Vorwissen.

es schwer, die Teile in Bezug zur Gentechnik als Ganzer zu setzen.

Maßgebliche Akzente in der Sprachkarriere setzt die TAZ-Berichterstattung ab 1982. So verlangt die TAZ-Journalistin Christa Knorr heterogenen Sprachgebrauch eines Autors (Jost Herbig), der ein kritisches Sachbuch zur Gentechnik geschrieben hat.

> "Unverständlich bleibt mir, wie Herbig seinen eigenen Ansprüchen so untreu werden kann, daß er sich vornehmlich in diesem Zusammenhang genau der Sprache derer bedient, die er kritisiert". (TAZ 5.7.82)

Die TAZ-Rezensentin bemängelt Herbigs Wortgebrauch, so die "Eiweißfabriken", die "biologische Maschinerie" oder "das Steuerprogramm der Fabrik Zelle" und resümiert: "Herbig sollte die Naturvorgänge auch außerhalb der ökonomischen Sichtweise beschreiben können". Der TAZ-Autorin geht es nicht um unverständliche Fachsprache, sondern um die Wahl der Metaphern im Bemühen um Anschaulichkeit. Die Ablehnung der Gentechnik als "kommerziell", läßt sie eine Gegensprache der Kritiker einfordern, die sich auch sprachlich von den Befürwortern abgrenzen sollen.

Die Lexik der TAZ ist stärker allgemeinsprachlich als in anderen Zeitungen und wirkt besonders drastisch. Im ersten Absatz einer Nachricht über die Kooperation der Universitäten Wuppertal, Genf und der Bayer AG bei der Umweltsanierung heißt es fachsprachlich:

> "Dabei sollen Bakterien "konstruiert" werden, die giftige Umweltschadstoffe wie Insektizidrückstände, Detergenzien (aus Waschmitteln), und industrielle Chemikalien in Abwässern abbauen". (TAZ 5.7.82)

Der zweite Absatz der Nachricht ist alltagssprachlich formuliert und konterkariert durch Wortwahl wie "die Industrie", "Gift" und "Dreck" die Fachsprache im ersten Absatz des Textes.

"Wer uns die Schwermetalle wegfressen soll, was die oben angeführten Bakterien aus den von ihnen aufgenommenen Giften herstellen und warum die Industrie ihren Dreck erst gar nicht ins Abwasser leiten soll, erklärte Herr Andreas von Bülow[14] nicht". (TAZ 5.7.82)

Die allgemeinsprachliche Drastik des zweiten Absatzes der Nachricht läßt vermuten, daß die TAZ die Fachsprache der Experten als euphemistisch empfindet.[15] Die offene Wertung in der Darstellungsform "Nachricht" zeigt deutlich, daß die TAZ die Norm der Trennung von Information und Meinung nicht akzeptiert.

Zusammenfassend ist zu sagen: Wie in der Latenten Phase wird in der Aufbruchsphase der Wortschatz erweitert. Die Journalisten bilden eine Reihe von Zusammensetzungen und Ableitungen mit dem Kompositum "Bio-" oder "Gen-". Außerdem verwenden sie erstmals Alliterationen mit M (Mammon und Mikroben) und G (Gene und Gesetze).

Die bewertenden Zuschreibungen der Journalisten nehmen zu. Deutlich wird dies durch eine Reihe von Adjektiv-Attributen wie "fragwürdiger Fortschritt" oder "unabschätzbare Risiken".

Auch die Metaphern spiegeln die Bewertungsintensität wider. Im Vergleich zur Startphase bleibt der Spenderbereich Medizin als positive Veranschaulichung erhalten. Gegenpol als Vokabelspender wird die Kernenergie (Gen-Gau, Atombombe der Biologie), die eine negative Sichtweise der Gentechnik nahelegen soll.

Die in der Aufbruchsphase beginnende TAZ-Berichterstattung setzt sich konsequent vom Sprachgebrauch der anderen Journalisten ab und fordert

---

[14] Andreas von Bülow (SPD) war Bundesforschungsminister von November 1980 bis Oktober 1982.

[15] Diese Strategie des Kontrastes von Fach- und Standardsprache (eher Umgangssprache) setzt die TAZ fort (5.4.83). Kritik am Sprachgebrauch der "Anderen" zeigt sich auch an "distanzierenden" Anführungsstrichen. Ist der Mensch berechtigt, die Schöpfung zu "verbessern"? (TAZ 6.10.83)

explizit Bezeichnungspluralität für gentechnische Sachverhalte, um eine eigene Position sprachlich manifest werden zu lassen.

Im Gegensatz zur Latenten Phase werden in der Aufbruchsphase nun speziellere Sachverhalte erklärt. Offenbar halten die Journalisten die Vermittlung von Basiswissen bereits für abgeschlossen.

3. DURCHBRUCH 1984-1985

ODER: EIN THEMA HAT ES GESCHAFFT

3.1. Statistik

Tabelle: Berichterstattung einzelner Zeitungen '84 - '85

	Gesamt	Erscheinungsjahr '84	'85
Basis	205	85	120
FAZ	72	26	46
SZ	52	19	33
WELT	32	10	22
TAZ	21	14	7
KST	28	16	12

1984 und 1985 erscheinen 205 Artikel. Der Unterschied zu den Jahren davor ist deutlich: Allein 1984 erscheinen doppelt soviele Artikel wie 1983. 1985 ist erstmals die Grenze von 100 Artikel jährlich überschritten. Der zahlenmäßige Anstieg verteilt sich gleichmäßig über alle Zeitungen. Einzig die TAZ fällt 1985 mit nur sieben Artikel aus dem Rahmen.

Bei den Themenbereichen bleiben die Anwendungsmöglichkeiten der Gentechnik dominant (vgl. folgende Tabelle, S.188). Die Beschreibung der wissenschaftlichen Methodik tritt jedoch hinter die Schilderung der politischen Entwicklung zurück. Die Sicherheitsfragen, die in den ersten Jahren Spitzenwerte mit 77 Prozent Nennungen in den Artikeln erzielten, werden 1984 nur in 20 Prozent, 1985 nur in 10 Prozent der Artikel erwähnt. Dafür gewinnt der Informationsstand und die Mitwirkungsmöglichkeiten der Öffentlichkeit an Gewicht. In jedem fünften Artikel wird ein Aspekt aus dem Themenbereich Öffentlichkeit/ Partizipation erwähnt.

Tabelle: Themenbereiche '84 - '85

	Gesamt	Erscheinungsjahr '84	'85
Basis	205	85	120
Anwendungen	151	76.5	71.7
Sicherheit	29	20.0	10.0
Wirtschaft	30	20.0	10.8
Soziales	15	9.4	5.8
Politik	76	36.5	37.5
Recht	33	11.8	19.2
Kultur	31	11.8	17.5
Wissenschaft	58	28.2	28.3
Technik	19	9.4	9.2
Ethik	39	24.7	15.0
Öffentlichkeit	42	20.0	20.8

Detailliert betrachtet gibt es bei den Anwendungsmöglichkeiten der Gentechnik zwei Besonderheiten (siehe Tabelle unten). Erstens werden die Eingriffe ins menschliche Erbgut spezifiziert; in den Mittelpunkt des Interesses rückt die Keimbahntherapie. Zweitens wird der Zusammenhang von Gen- und Reproduktionstechnik, 1978 durch Retortenbaby und Klonkinder begonnen, stark betont. Die Berichterstattung konzentriert sich auf die Anwendungen am Menschen (Humangenetik).

Tabelle: Humangenetische Anwendungen

	Gesamt	'84	'85
Humangenetik allg.	9	7	2
Gentest	23	6	17
Eingriffe ins menschliche Erbgut	15	7	8
Eingriffe in die Keimbahn	19	9	10
Gen- und Reprotechniken	27	11	16

Tabelle: Handlungsträger '84 - '85

	Gesamt	Erscheinungsjahr '84	'85
Basis	205	85	120
Parteien	32	17	15
Legislative	12	5	7
Judikative	3	2	1
Exekutive	87	35	52
Industrie	34	15	19
Supranationale Organisationen	11	4	7
Interessenverbände	24	8	16
Interessengruppen Netzwerke	14	5	9
Genetische Beratung	5	2	3
Forschungseinrichtungen	102	43	59
Sachverständige	17	8	9
Medien	65	17	48
Experten	56	32	24

Die Handlungsträger sind vor allem Politiker. Das liegt an der Bildung von Kommissionen, die Vorschläge für den Umgang mit der Gentechnik erarbeiten sollen. Da die Politiker wissenschaftlicher Beratung bedürfen, dominieren auch weiterhin Experten die Berichterstattung.

Vermehrt melden sich aber auch Interessenverbände (Gewerkschaften) und Interessengruppen (Frauengruppen) zu Wort. Beide stehen der Gentechnik kritisch gegenüber.

Tabelle: Gesamtbewertung '84 - '85

	Gesamt	Erscheinungsjahr '84	'85
Basis	205	85	120
Wertung neutral	98	48.2	47.5
leicht positiv	48	20.0	25.8
stark positiv	13	5.9	6.7
leicht negativ	41	22.4	18.3
stark negativ	5	3.5	1.7

Die Berichterstattung bewertet die Gentechnik merklich zurückhaltender als in den Jahren davor. Fast in der Hälfte der Artikel jeden Jahres versuchen die Autoren, sich neutral zu verhalten. 1984 wird in einem Viertel der Artikel die Gentechnik positiv bewertet, in einem Viertel aber auch negativ.

Auch die themenaspektbezogenen Wertungen zeigen, daß sich das Meinungsklima in den Zeitungen verschlechtert.

Während die politische Initiative (Kommissionsbildung) begrüßt wird, werden die Anwendungsmöglichkeiten kritischer diskutiert. Es ist zu vermuten, daß dies mit dem Fokus "Humangenetik" zusammenhängt. Hier wird auch die Akzeptanz als besonders negativ eingeschätzt.

Tabelle: Darstellungsformen '84 - '85

	Gesamt	Erscheinungsjahr '84	'85
Basis	205	85	120
Journalistische Darstellungsform			
Bericht	131	62	77
Dokumentation	2	1	1
Pressespiegel	3	0	3
Reportage/ Feature	3	2	1
Portrait	1	1	0
Interview	2	2	0
Diskussion	1	1	0
Leserbrief	17	5	12
Essay	9	3	6
Kommentar	15	5	10
Leitartikel	1	0	1
Glosse	1	1	0
Kolumne	0	0	0
Kritik/Rezension	11	2	9

Die Verteilung der Artikel auf die Darstellungsformen zeigt vor allem 1985 ein deutliches Bild. Die Berichte gehen zugunsten der Rezensionen, Essays und Kommentare zurück. Besonders die Leser beteiligen sich jetzt intensiver an der Diskussion in der Zeitung. Die Leserbriefe nehmen zu. Deutlicher als früher werden Meinungen als solche gekennzeichnet und in den dafür vorgesehenen Formen präsentiert.

3.2. Inhaltliche Charakterisierung der Durchbruchsphase

1984 - In Kommissionen wird es prinzipiell

Zwei Kommissionen bestimmen das Jahr 1984: die Benda-Kommission[1]

---
[1] Die Kommission ist nach ihrem Vorsitzendem Ernst Benda benannt.

"In-vitro-Fertilisation, Genomanalyse und Gentherapie" und die Enquete-Kommission "Chancen und Risiken der Gentechnologie". Die erste soll ethische und rechtliche Fragen klären, die zweite ökonomische, ökologische, rechtliche und gesellschaftliche Auswirkungen. Die Benda-Kommission, die sich mit der Anwendung der Gentechnik beim Menschen beschäftigt, legt mit ihrem dreigeteilten Aufgabengebiet den Grundstein für eine brisante Debatte. Künstliche Befruchtung (Fortpflanzung) wird im Zusammenhang mit Eingriffen ins Erbgut diskutiert: die Vision von gezüchteten Menschen wird nahegelegt. Auch der Vorsitzende Ernst Benda, ehemaliger Präsident des Bundesverfassungsgerichts, thematisiert Horrorvisionen wie Menschen "in Serie", um sie im nächsten Atemzug aus Gründen der "Menschenwürde" kategorisch abzulehnen (WELT 20.11.84). Auch Tierchimären wie zum Beispiel Mäuse-Menschen werden erst in Aussicht gestellt, um danach prinzipiell verurteilt zu werden und das Verbot gesetzlich zu verankern.

> "Riesenhuber plant eine Festlegung dessen, was man nicht tun dürfe. Als weitere Beispiele für Unzulässiges nannte er die Entwicklung von lebensfähigen Chimären, Mischwesen aus menschlichen und tierischen Zellen, sowie das sogenannte Klonieren, die Vervielfältigung von Menschen zu identischen Zwillingen oder Mehrlingen. (...) Der Minister betonte, daß er für alle anderen Bereiche der Gentechnik, etwa bei der Entwicklung von Bakterien zum Schadstoffabbau oder von sich selbst düngenden Pflanzen, einfache Richtlinien einem Gesetz vorziehe". (SZ 12.6.84)

Die gesellschaftspolitische Diskussion wird auf das Feld begrenzt, auf dem die Ablehnung auf breitesten Konsens stößt. Befürworter wie Gegner der Gentechnik sind sich einig, weder künstliche Menschen noch Mietmütter zu wollen.

Motor der Szenarien über Tiermenschen und Klone, die Science-Fiction-Romanen entstammen, sind die Politiker, nicht die Presse. WELT, FAZ und KST kolportieren die humanethischen Überlegungen, ohne die Einengung der Debatte zu erkennen. SZ und TAZ kritisieren die "ethisch-moralischen Nebelwerfer" (TAZ 23.1.84). Jost Herbig[2] vermutet, daß die Diskussion auf Eingriffe in die menschliche Vermehrung begrenzt werde, um das Geschäft in den Bereichen Pharmazeutika oder Landwirtschaft nicht zu behindern (SZ 11.8.84). Verhängnisvoller sei der "normale biotechnische Fortschritt" in Medizin, Landwirtschaft und Industrie.

Der "normale" biotechnische Fortschritt ist das Thema der Enquete-Kommission. Die Kommission soll breitgefächert Chancen und Risiken der Gentechnik untersuchen. Mit Beginn der Arbeit beider Kommissionen ist abzusehen, daß gesetzliche Regelungen für die Gentechnik wahrscheinlich werden. Die SPD wird mit der Äußerung zitiert, der gegenwärtige Rechtszustand sei eine "problematische Grauzone" (SZ und KST am 26.4.84). TAZ, WELT und FAZ berichten, daß die SPD für die Bildung einer Enquete-Kommission plädiere (TAZ 26.4.84; WELT/FAZ 27.4.84). Im August wird dann die Konstituierung der Enquete-Kommission gemeldet (WELT/FAZ 15.8.84).

Die TAZ wird ihrer Forumsfunktion gerecht und gibt am 27. August 1984 Wolf-Michael Catenhusen (SPD) und Erika Hickel (Die Grünen) auf einer ganzen Seite Gelegenheit, ihre Positionen zur Gentechnik allgemein und zur Aufgabe der Enquete-Kommission zu formulieren. Obwohl sich beide kritisch zum gentechnischen Fortschritt äußern, wird deutlich, daß Catenhusen "Maßnahmen für den Umgang" mit der Gentechnik erarbeiten will, Erika Hickel dagegen einen "Maßnahmenkatalog zur Unterbindung" gentechnischer Experimente erreichen will. Besonders der Vorsitzende der Enquete-Kommission Catenhusen wird in den folgenden Jahren zum Medienstar avancieren. Da die Grünen-Mitglieder in der Kommission rotieren, ist hier für die Presse die Personalisierung wesentlich schwieriger. Ähnlich

---

2   Jost Herbig, der zwei Sachbücher zum Thema geschrieben hat ("Die Gen-Ingenieure", "Der Bio-Boom") ist einer der wesentlichen Förderer des Themas Gentechnik in der Bundesrepublik. Seine Bücher werden von der Presse vorgestellt, er nimmt als Experte am SZ-Forum 1978 teil und schreibt auch selbst Artikel.

personalisiert verläuft die Schilderung des "Widerstandes" gegen die Gentechnik. Der Amerikaner Jeremy Rifkin produziert in einer Art "Ein-Mann-Show" laufend kritische Äußerungen zu allen Bereichen des gentechnischen Fortschritts: Ob Bio-Waffen, Gentests oder Freisetzungen, Jeremy Rifkin meldet sich zu Wort (TAZ 6.8.84).

TAZ und KST thematisieren die Dynamik des technischen Fortschritts, der die langsam anlaufende gesellschaftliche Debatte "überrollt". Das Gefühl, daß die öffentliche Kontrolle die Entwicklung kaum steuern kann, sondern die Gentechnik durch technische Innovationen und kommerzielle Interessen rasend schnell angeschoben wird, verschärft die Auseinandersetzung.

> "Während in der Öffentlichkeit nämlich in aller Breite über ethische Grundsatzfragen gestritten wird - auch der Forschungsminister läßt diskutieren - schafft die Industrie vollendete Tatsachen (...)". (TAZ 25.1.84)

Stellvertreter für das "Hinterherhinken" sind die beiden Expertenkommissionen. So kommentiert Marianne Quoirin am 26. April 1984 unter dem Titel "Doch wann?", daß die Forscher und ihre Fähigkeiten schon längst "enteilt" seien, wenn die Kommissionen ihre Ergebnisse präsentierten.

Daß ein Thema engagierte Teilöffentlichkeiten braucht, um Karriere zu machen, zeigt das Engagement der Frauenbewegung in der Gentechnik-Debatte. Besonders betroffen durch "optimierte" Reproduktionstechniken, die als Voraussetzung für genetische Manipulationen am Menschen gesehen werden, fordern und beteiligen sie sich an der öffentlichen Diskussion (TAZ 12.9.84; 3.10.84). Die TAZ ermöglicht auch die Stellungnahme von Behindertengruppen, die durch Gentechnik verbesserte "Genetische Beratung" (vor der Geburt) als kontinuierliche Fortsetzung der nationalsozialistischen Eugenik verurteilen (TAZ 21.7.84).

Die Bewertungen, die in SZ, KST und TAZ geäußert werden, stehen konträr zur FAZ und WELT-Berichterstattung. Dort steht weiterhin das wirtschaftliche Potential der Technik im Vordergrund (Unternehmensgründung/ Patentierung) sowie die unterdurchschnittliche Leistungsfähigkeit der Genforschung (FAZ 30.4.84; 1.8.84; 26.9.84; 7.12.84). Während in den anderen Zeitungen die genuine Wissenschaftsberichterstattung über Methoden und Erfolge der Grundlagenforschung abnimmt, bleibt sie bei der FAZ konstant. Wie ohne Konzept und völlig zusammenhanglos wirkt die WELT-Berichterstattung.

Im KST erscheint die erste Gentechnik-Serie.[3] Am 7. Januar 1984 beginnt die achtteilige Serie "Menschen nach Maß" von Marianne Quoirin. Eingriffe in die menschliche Fortpflanzung hält die Autorin im Gegensatz zur Gen-Manipulation für die akutere Problematik. So liegt ihr Schwerpunkt auf tiefgekühlten Embryonen, Klonkindern und Frauen als Gebärmaschinen (7.1.84; 10.1.84; 11.1.84; 12.1.84). In Teil sechs beschäftigt sie sich mit dem "Eingriff der Forscher in die Bausteine des Lebens" (17.1.84). Sie unterscheidet genau zwischen Eingriffen in Körper- und Keimzellen. Auch die Entschlüsselung menschlicher Erbanlagen (Gen-Analysen) wird erklärt. Quoirin fordert eine öffentliche Kontrolle der Forschung und steht dem steuernden Eingriff der Menschen in die Evolution negativ gegenüber (18.1.84; "Wenn Menschen Gott spielen wollen", 19.1.84). Die vielen Leserbriefe, die nach dem Ende der Serie erscheinen, loben begeistert die leicht verständliche Darstellung des Themas (KST 24.1.84).

1985 - Unentwirrbares Knäuel ominöser Manipulationen?

1985 wird der halbherzige Versuch unternommen, Genmanipulation, Künstliche Befruchtung und Retortenbabies auseinanderzuhalten. Öffentlichkeit und Politiker seien mit der "komplizierten Materie" überfordert, schreibt die WELT am 10. Januar 1985. So komme es zu der Vermischung der verschiedenen Thematiken. Gleichzeitig gehe damit eine "starke Emotionalisierung (Mit Reizbegriffen wie "Leihmütter")" einher, die die gesell-

---

[3] Die FAZ-Serie "Forschung in Deutschland" oder die SZ-Serie über Forschung in Max-Planck-Instituten thematisieren zwar auch gentechnische Forschung, spezialisieren sich aber nicht darauf.

schaftliche Zustimmung verhindere (WELT 30.4.85). Die FAZ argumentiert im Sinne der Wissenschaftler.

"Die Gentechnologen möchten - durchaus verständlich - nicht für Entwicklungen verantwortlich gemacht werden, die sie nicht zu vertreten haben. Für die Öffentlichkeit handelt es sich aber weithin um einen Komplex, alles gehört irgendwie zusammen" (FAZ 6.5.85)

Die Wissenschaftler, die die Diskussion begrenzen wollen, werden jedoch von der FAZ dafür kritisiert, daß sie es versäumt hätten, ihr Arbeitsgebiet der Öffentlichkeit verständlich zu machen.

"Die Folge sind (...) irrige Vorstellungen, die dazu geführt haben, daß die Gentechnik häufig als unentwirrbares Knäuel verschiedenster ominöser Manipulationen empfunden wird. So ist aus Embryonen, Zellen, Chromosomen und Genen ein unverdaulicher Brei entstanden, der nach Mißbrauch riecht". (FAZ 6.12.85)

Der von Forscherhand genetisch manipulierte Mensch wird zum Antipoden des Positiv-Fetisch-Insulin. Während alle Erwartungen des Anfangs vom gentechnisch hergestellten Insulin getragen werden, werden alle Befürchtungen des Durchbruchs durch den gezüchteten Menschen transportiert. 1985 stehen drei Arten von gentechnischem Know-How zur Diskussion: Die Genanalyse und zwei Arten der Gentherapie. Die Genanalyse an ungeborenem (pränatal) und geborenem Leben (z.B. Arbeitnehmerscreening) fordert Diskussionen über Freiwilligkeit, ärztliche Schweigepflicht und Datenschutz heraus (TAZ 22.4.85; FAZ 24.4.85; WELT 14.9.85; SZ 31.10.85, WELT 21.12.85, WELT 31.12.85). Das Thema "Genetische Analyse und Arbeitsschutz" aktiviert den Deutschen Gewerkschaftsbund (DGB). Die Gen-Analyse von Arbeitnehmern wird abgelehnt, da an die Stelle präventiver Maßnahmen zur Beseitigung oder Verhinderung gesundheitlicher Risiken die personelle Aussonderung trete (FAZ 21.9.85). Obwohl durch die pränatale Diagnostik über die Identifizierung von Genen für Erbkrankheiten deren Heilung zukünftig möglich werde, weisen die Autoren auf die "moralische Zwickmühle" für Eltern, Genetiker und Ärzte hin. Denn die Diagnose bedeutet keinesfalls gleichzeitig Heilung (WELT 24.4.85). Die TAZ weist auf weitere Gefahren der Kartierung des Erbgutes hin.

"Dummheit ist erblich, sie lauert in den Genen wie die Veranlagung zur Bluterkrankheit oder zum Klumpfuß. Wir wissen zwar noch nicht, in welchem Teil unserer Erbschlange, der Desoxyribonukleinsäure (DNS), sie sich versteckt hält, aber wir werden sie schon finden!" (TAZ 11.1.85)

Für die TAZ entwickelt sich aus der Gentechnik ein gefährlicher Biologismus, was sei überhaupt noch gesund? Soziale Umwelteinflüsse gerieten gegen genetische Veranlagung immer stärker aus dem Blickfeld.

1985 wird durch Rezensionen die Flut von Gentechnik-Sachbüchern deutlich, die den Markt überschwemmen (FAZ 13.2.85; FAZ 27.3.85; FAZ 28.8.85; WELT 19.9.85; KST 13.9.85).

Die SZ-Berichterstattung beginnt die "wahren Wunder", die von der Gentechnik erwartet werden, wie umweltfreundliche Produktionsverfahren oder die Umwandlung von Abfällen in harmlose Substanzen, in Frage zu stellen (SZ 5.8.85). Neben Martin Urban schreibt ab August 1985 Hania Luczak zum Thema Gentechnik. Wer zu dieser Zeit das erste Mal in der SZ über "das Geschäft mit dem Lebendigen" liest, bekommt eine fundierte Einführung ins Thema Gentechnik. "Von Riesenmäusen und Maßmenschen" geht von den Regelungsbemühungen aus, die Technik sozial und politisch in den Griff zu bekommen und erläutert Gentechnik bei Mikroorganismen, in der Tier- und Pflanzenzucht, genetische Analyse des Menschen und Gentherapie. Hoffnungen und Befürchtungen werden jeweils dazu vorgestellt (SZ 28.9.85). Es beweist sich, daß die zusätzliche personelle Ausstattung im Wissenschaftsressort für die Leser einen günstigen Moment bestimmt, um ins Thema einzusteigen.

Beide Kommissionen sind auch 1985 in der Berichterstattung vertreten. Die Enquete-Kommission präsentiert ihren Zwischenbericht im Januar, die Benda-Kommission ihren Abschlußbericht im November.

Den endgültigen Durchbruch in die Modephase schafft das Thema mit seiner Premiere auf der FAZ-Sportseite am 10. Dezember 1985. Auf dem

Sportärztekongreß in München sagt ein Humangenetiker, daß man Supersportler nicht züchten könne. Das Thema ist in seinem Facettenreichtum ein "und"-Thema geworden; hier: "Genetische Manipulationen und Sport".

3.3. Sprachkarriere 1984 - 1985

Bei den WELT-Journalisten wird es am 21. April 1984 militärisch. "Gezielte Schüsse auf die Zelle" lautet der Titel des Artikels, der gentechnisch geformte Antikörper beschreibt. "Taugliche Präzisionsgeschosse" gäbe es nur wenig in der Medizin. Nun aber habe man "maßgeschneiderte" Präzisionsgeschosse statt "Schrotschüssen". Am 28. Februar 1985 spricht die SZ im Zusammenhang mit der somatischen Gentherapie von gentechnisch "nachgerüsteten" Körperzellen.

Durch Gentechnik verbesserte "Bio-Waffen" führten zu einem neuen "Wettrüsten" schreibt die TAZ am 6. August 1984. Die Militär-Metaphern erreichen jedoch nicht die gleiche Verbreitung wie solche aus den Herkunftsbereichen Medizin oder Technik.

Die Mikroelektronik und im weiteren die Informatik sind aktuelle Vergleiche für die Gentechnik. Am 8. Mai 1984 wird die Erbmasse zum "starren Datenspeicher" (FAZ). Die DNS, das genetische Material, sei die "Software", schreibt Rainer Flöhl am 17. Oktober 1984. Den eigentlichen Apparat bildeten die Eiweißkörper, für die die DNS die Informationen liefere. Sie seien die "Hardware", wo das gespeicherte "Programm" verwirklicht würde. Auch die TAZ schreibt vom "DNS-Zentralcomputer, dessen Programm beliebig variiert werden kann, sobald der Computer-Code geknackt ist (...)" (27.8.84). So ist die Bezeichnung "Bio-Informatik" konsequent (SZ 28.4.84).

Während das sprachliche Inventar für das Thema "Gentechnik" keine wesentlichen Neuerungen, sondern Erweiterungen bekannter Bilder bringt, emanzipieren sich einzelne Teilthemen (Themenaspekte) sprachlich. "Zeigt her Eure Gene", ein abgewandelter Liedanfang, symbolisiert die Kartierung des menschlichen Erbgutes (KST 22.3.84). "Gen-Screening" wird synonym zu "Gen-Analyse" verwandt (KST 22.3.84). Genetisch bedingte Eigenheiten erfaßt der "Genetische Paß", "Paßkontrolle am Krankenbett" verheißt ein WELT-Bericht (14.9.85). Auch die FAZ spricht von "Gen-Paß", die Möglichkeit "genetischer Überwachung" rückt näher (FAZ 24.4.85) Aus der Diskussion um den Datenschutz ist der "Gläserne Bürger" bekannt (FAZ 12.12.85). Zweite sprachliche Vermittlungsmöglichkeit für Gentests sind Bilder aus der Kriminalistik. Da wird "Spurensuche im Erbgut" betrieben (WELT 21.12.85) und das "Erbgut hinterläßt Fingerabdrücke" (WELT 31.12.85; FAZ 24.4.85). Gefährlich sind dann "genetische Steckbriefe" (FAZ 4.7.85). Da die Gentests unter anderem in Strafprozessen eingesetzt werden, um Vergewaltiger zu überführen oder Vaterschaften nachzuweisen, passen die sprachlichen Bilder zur Funktion des Gegenstands.

Die Vorsilbe "Bio-" bildet eine Reihe von Zusammensetzungen. "Bio-Boutiquen" (KST 15.10.85) "Bio-Boom" (KST 5.1.85), "Bioreaktor" (FAZ 6.11.85), "Bio-Gesellschaft" (SZ 21.9.85) oder "Biotechnica" (SZ 9.10.85) sind Beispiele dafür.

Die Formen sprachlicher Bewertung sind vielfältig und die vermittelten Deutungen kontrovers. Um zu verdeutlichen, daß die Reagenzglas-Befruchtung "heimlich" die Voraussetzungen für genetische Manipulationen am Menschen schaffe, nutzt die TAZ die griechische Mythologie: die "Gen-Schneider" kommen "im trojanischen Pferd" (TAZ 23.1.84).

Die Bewertung der Tätigkeit der Gentechniker ist wenig schmeichelhaft. Die Gentechniker sind schon mal "genetische Klempner" (WELT 17.3.84), "Gen-Kosmetiker" (TAZ 11.1.85) oder "Gen-Schneider" (TAZ 23.1.84). "Basteln mit Genen" heißt es am 20. September 1985 im KST. Dagegen bewerten die "genchirurgischen Tricks" in der FAZ die Gentechnik als elegant. Da werden "Meilensteine der Molekularbiologie" gesetzt und ein "Meisterwerk" vollendet (FAZ 5.12.84).

Die TAZ, die der Gentechnik "eugenische" Motive unterstellt, nutzt den eingeführten Kernenergie-Vergleich: Für die Geschichte der modernen Genetik sei Auschwitz das, was Hiroshima für die moderne Physik sei (TAZ 15.6.85). Die WELT versucht dagegen, das Bild der "Killer-Mikroben" zu revidieren und aus den Mikroorganismen "Hoffnungsträger" zu machen, Mikroben seien "dienstbare Geister" (WELT 17.3.84).

In Ansätzen versucht die Berichterstattung das Dickicht der Bewertungen für die Leser zu lüften und sprachreflexives Bewußtsein zu fördern. Am 24. April 1985 versucht Ludwig Siep im Feuilleton der FAZ die Pole der Debatte darzustellen:

> "Die Debatte über die Gentechnologie ist nicht nur von trockenem Expertenwissen, sondern auch von schrillen Tönen grenzenlosen Fortschrittsglaubens oder apokalyptischer Horrorvisionen bestimmt. Für die einen wird die Gentechnologie den Krebs besiegen, das Welternährungsproblem lösen und vielleicht sogar zur Züchtung eines ebenso intelligenten wie friedlichen "neuen" Menschen beitragen - für die anderen enthält sie das Risiko bakterieller Verseuchungskatastrophen und manifestiert eine neue Stufe rücksichtsloser Ausbeutung der Natur, eine monströse Übertreibung dessen, was der Mensch mit sich und der Natur machen darf."

Zusammenfassend ist zu sagen: Neuerungen im Vermittlungslexikon des Themas Gentechnik sind im Vergleich zu den Phasen davor seltener geworden. Sprachlich innovativ präsentieren die Journalisten einzelne Teilthemen wie "Bio-Waffen" oder "Gentests", die mit einer speziellen Metaphorik verknüpft werden. So prägt der Wortschatz der Kriminalistik (Fingerabdruck, Spurensuche im Erbgut usw.) die Vermittlung des Teilthemas "Gentests in Strafprozessen".

Die Journalisten sehen sich zu deutlichen Stellungnahmen veranlaßt. Die Bezeichnungskonkurrenz (Genforscher versus Genklempner) nimmt zu. Darunter leidet die begriffliche Präzision. Laienverständliche Erklärungen bleiben zu selten.

4. MODEPHASE 1986 - 1988

ODER: EIN THEMA AUF DEM HÖHEPUNKT

4.1. Statistik

Tabelle: Berichterstattung einzelner Zeitungen '86 - '88

73-85 -> 456 Artikel ->47,8%		86-88 -> 497 Artikel -> 52,2%	

	Gesamt	Erscheinungsjahr		
		'86	'87	'88
Basis	497	175	137	185
FAZ	135	43	42	50
SZ	100	32	29	39
WELT	73	19	17	37
TAZ	138	63	32	43
KST	51	18	17	16

Die Hälfte der Berichterstattung (47,8 Prozent) erscheint bis Ende 1985. 1986 - 1988 erscheinen wiederum nochmal 50 Prozent. Quantitativ bestimmen also drei Jahre Berichterstattung die Themenkarriere. Von den 497 Artikeln sind 135 in der FAZ zu finden, 100 in der SZ, 73 in der WELT, 138 in der TAZ und 51 im KST.

Ab 1986 wird die Gentechnik zu einem beherrschenden TAZ-Thema. Erstmals dominiert die TAZ und nicht die FAZ die Berichterstattung.

Tabelle: Themenbereiche '86 - '88

	Gesamt	Erscheinungsjahr		
		'86	'87	'88
Basis	497	175	137	185
Anwendungen	408	81.7	85.4	80.8
Sicherheit	115	16.6	29.9	24.3
Wirtschaft	57	8.0	7.3	17.8
Soziales	31	8.0	7.3	3.8
Politik	192	38.3	38.7	38.9
Recht	65	12.0	10.9	15.7
Kultur	68	20.0	6.6	13.0
Wissenschaft	124	22.9	28.5	24.3
Technik	65	8.6	21.2	11.4
Ethik	65	16.0	12.4	10.8
Öffentlichkeit	124	24.6	22.6	27.0

Die Nutzen-Frage, wo die Gentechnik anzuwenden ist, steht während der Mode-Phase im Zentrum des Interesses (80 Prozent der Nennungen). Den zweiten Platz der Themennennungen belegen die politischen Fragen, die von 1986 - 1988 jeweils in rund 40 Prozent der Artikel erwähnt werden. Im Schlepptau der Politik werden rechtliche Aspekte vermehrt diskutiert.

Die Sicherheitsfragen gewinnen im Vergleich zu den Jahren davor wieder an Boden, während die wirtschaftlichen Aussichten an den Rand des Interesses rücken.

Der Faktor Öffentlichkeit ist in der Modephase ebenso wichtig wie die wissenschaftliche Entwicklung.[1]

---

[1] Die Themenbereiche Wissenschaft und Öffentlichkeit kommen zwar insgesamt zu einem gleichwertigen Ergebnis, aber die Zeitungen unterscheiden sich stark. Bei FAZ und SZ ist die Wissenschaft beherrschend, bei TAZ und KST umgekehrt die Öffentlichkeit.

Im Rahmen der großtechnischen Realisierung gentechnischer Projekte (Anlagenbau), werden auch die technischen Aspekte relevant.

Soziale Auswirkungen der Gentechnik, wie die mögliche Diskriminierung von Behinderten[2], sind das Stiefkind der Berichterstattung.

Betrachtet man die Themenbereiche detailliert, so bekommt bei den Anwendungen die Freisetzung genmanipulierter Mikroorganismen und Pflanzen Priorität.

Der Themenbereich Öffentlichkeit bedeutet einerseits die Frage nach der Akzeptanz in der Bevölkerung, Möglichkeiten ihrer Beteiligung an Entscheidungen, und die Diskussion über Stand und Form der Gentechnik-Debatte.

---

[2] So könnte sich die Ansicht durchsetzen, daß mit den Möglichkeiten pränataler Diagnostik kein Kind mehr behindert zur Welt kommen brauche. Während Behinderung bisher zum normalen menschlichen Zusammenleben gehört, könnte sie in Zukunft als "selbstverschuldete" Ausnahme gelten.

Tabelle: Handlungsträger '86 - '88

	Gesamt	Erscheinungsjahr		
		'86	'87	'88
Basis	497	175	137	185
Parteien	99	20.0	20.4	19.5
Legislative	63	11.4	10.9	15.1
Judikative	11	4.0	.7	1.6
Exekutive	185	32.0	40.1	40.0
Industrie	119	17.7	23.4	30.3
Supranationale Organisationen	72	12.6	10.2	19.5
Interessenverbände	201	16.6	19.0	14.6
Interessengruppen Netzwerke	87	23.4	14.6	14.1
Genetische Beratung	16	5.7	2.2	1.6
Forschungseinrichtungen	247	44.6	51.1	53.5
Sachverständige	28	7.4	5.1	4.3
Medien	98	25.1	16.1	17.3
Experten	63	17.7	9.5	10.3

Neben den Forschungseinrichtungen bestimmen die politischen Handlungsträger, maßgeblich die Benda-Kommission (Nachwehen 1986) und die Enquete-Kommission (Abschlußbericht 1987), das Spektrum der Akteure. Auch die Parteien sind weiterhin aktiv. Durch die zahlreichen Unternehmensgründungen und Firmenprojekte gewinnt die Industrie wieder an Gewicht. Die supranationalen Organisationen, die verstärkt in Aktion treten, sind auf EG-Ebene angesiedelt. In der Modephase handeln besonders ausgeprägt auch Interessenverbände und Interessengruppen sowie Netzwerke. Auch militante Gruppen, die zum Beispiel Brandanschläge verüben, gehören zum Spektrum der Interessengruppen, die den Widerstand gegen die Gentechnik repräsentieren.

Tabelle: Gesamtbewertung '86 - '88

	Gesamt	Erscheinungsjahr		
		'86	'87	'88
Basis	497	175	137	185
Wertung neutral	216	74	57	85
leicht positiv	111	41	30	40
stark positiv	14	4	4	6
leicht negativ	115	46	31	38
stark negativ	41	10	15	16

Von 497 Artikeln der Modephase bewerten 125 Artikel die Gentechnik positiv, 156 bewerten sie negativ, 216 mal ist der Tenor neutral. Damit kippt der Trend der Positiv-Betrachtung der Gentechnik endgültig. Besonders die stark negativen Einschätzungen nehmen zu. Während in der Aufbruchs- und Durchbruchsphase 11 Artikel eine stark negative Gesamtaussage haben, sind es in den drei Jahren der Modephase 41 Artikel.

Die themenaspektbezogenen Wertungen (3024 Nennungen) bestätigen die artikelbezogenen Gesamtwertungen. 1986 werden fast die Hälfte der Themenaspekte, die die Berichterstattung aufgreift, negativ bewertet (47,6 Prozent). Das ist der höchste ablehnende Wert aller Jahre der Themenkarriere. Dies trifft von Sicherheitsfragen bis zu Wissenschaft und Technik alle Themenbereiche gleichermaßen.

Es wird zu klären sein, welche Begründungen es für die Kehrtwendung der Berichterstattung gibt.

Tabelle: Themenbezogene Wertungen einzelner Zeitungen

	Gesamt	Zeitungstitel				
		FAZ	SZ	WELT	TAZ	KST
Basis	3024	819	685	491	668	361
Bewertung						
Negativ	37.9	28.4	34.5	25.7	63.8	34.9
Abwägend	17.3	20.0	21.5	18.9	9.9	15.0
Positiv	44.7	51.5	44.1	55.4	26.3	50.1

Das negative Gesamtbild vermitteln nicht alle Zeitungen gleichermaßen. Wie in der Phase des Durchbruchs beschrieben, polarisiert sich die Berichterstattung zunehmend. So läßt sich in der Gesamtbilanz sehen, daß über 50 Prozent der FAZ- und WELT-Artikel positiv werten, die TAZ dagegen zu über 60 Prozent negativ.

Ein Kreuzvergleich zeigt es deutlich: Die WELT berichtet nur soviel negativ über die Gentechnik wie die TAZ positiv (rund 25 Prozent der Themenaspektnennungen).

Tabelle: Darstellungsformen '86 - '88

	Gesamt	Erscheinungsjahr '86	'87	'88
Basis	497	175	137	185
Journalistische Darstellungsform				
Bericht	354	71.4	65.7	75.1
Dokumentation	6	1.1	2.9	.0
Pressespiegel	10	1.1	2.9	2.2
Reportage/Feature	18	1.7	5.8	3.8
Portrait	1	.0	.7	.0
Interview	20	2.3	5.8	4.3
Diskussion	.0	.0	.0	.0
Leserbrief	14	4.6	2.9	1.1
Essay	10	3.4	1.5	1.1
Kommentar	34	6.3	9.5	5.4
Leitartikel	2	.6	.0	.5
Glosse	.0	.0	.0	.0
Kolumne	1	.6	.0	.0
Kritik/Rezension	27	6.9	2.2	6.5

Auch in der Modephase sind die Berichte die dominierende Darstellungsform.[3] 1987 ist das darstellerisch vielfältigste Jahr. Vorher schwach vertretene Formen wie Reportage oder Interview erreichen Spitzenwerte. 1987 ist auch ein besonders kommentarintensives Jahr (9,5 Prozent). Grund dafür ist wahrscheinlich der Abschlußbericht der Enquete-Kommission, das zentrale Ereignis des Jahres.

---

[3] Wie bereits im Kapitel Bewertungskarrieren (II, 4.1.3., S.110-111) eingeführt, ist die normalerweise gültige Differenzierung der Darstellungsformen mit Vorsicht zu genießen. Im zusammenfassenden Kapitel IV, 1. wird darauf noch einmal eingegangen.

4.2. Inhaltliche Charakterisierung der Modephase

1986 - Unkontrolliert und illegal

1986 sind Fortpflanzungs- und Gentechnik ein Thema der Rechtspolitik. Rechtlich verbindliche Grenzen beider Techniken werden diskutiert. Die Länderchefs nehmen vermehrt Stellung zur Gentechnik. So der Ministerpräsident von Schleswig-Holstein, Barschel (WELT 11.1.86) oder der rheinland-pfälzische Ministerpräsident Vogel (WELT 6.10.86; FAZ 23.1.86). Auch die Parteien formulieren ihre Positionen (FAZ 18.2.86). Unabhängig von den Bestrebungen, die verschiedenen Anwendungsgebiete der Gentechnik gesetzlich zu regeln, mündet die Diskussion um die Fortpflanzungsmedizin in die Ankündigung eines Embryonenschutzgesetzes (WELT 2.5.86; FAZ/SZ 4.3.86). Auch humangenetische Möglichkeiten wie Eingriffe in die Keimbahn, Herstellung identischer Mehrlinge (Klonen), Bildung von Chimären- und Hybridwesen (Mensch und Tier) sollen in diesem Gesetz verboten werden (WELT 28.8.86). Die Wissenschaftler sehen damit ein Problem aus der Science-Fiction geregelt. "Genauso könnte man das Tomaten-Anpflanzen auf dem Mond verbieten", sagt ein Humangenetiker von der FU Berlin in der WELT (20.11.86).

Dagegen werden die ZKBS-Richtlinien für gentechnische Forschung (Anmeldung von Gen-Labors und Experimenten) gelockert (angekündigt FAZ 18.1.86/ abgeschlossen TAZ 29.5.86; FAZ 31.5.86). Der Forschungsminister wartet die Ergebnisse der Enquete-Kommission nicht ab. Die Überarbeitung der Sicherheitsrichtlinien sei akut, da die Risiken geringer seien als gedacht. Die WELT, deren Berichterstattung zunehmend weniger Wissenschaft, dafür eindeutige politische Stellungnahmen bietet, begrüßt die Lockerung der Richtlinien als "bitter notwendig" (WELT 2.6.86). Auch die "Verbesserung des Menschen mittels Gentechnik" wird positiv beurteilt. Dies geschieht pauschal und polemisch:

"Man stelle sich eine Forschung vor, die es gelernt hat, mittels Gentechnik einer Fülle von fürchterlichen Erbkrankheiten zu begegnen. Darf man im Ernst von ihr verlangen, daß sie ihr Wissen nicht in wirksame Hilfe umsetzt und aus prinzipiell ethischen Gründen lieber die Verkrümmung, Verblödung oder Verblutung der Neugeborenen hinnimmt?" (WELT 2.6.86)

Wie differenziert und informativ die Berichterstattung dagegen sein kann, belegt ein FAZ-Bericht des Wissenschaftsjournalisten Reinhard Wandter. Der Artikel, der Leitartikel-Charakter hat, versucht durch eine begründete Einschätzung der Forschung, die Ängste der Öffentlichkeit und die Euphorie der Wissenschaftler zu relativieren.

"Die Angst vor den Genen geht um. Waren es zunächst überschwengliche Hoffnungen, (...) so sind es in jüngerer Zeit unterschwellige bis offen zutage tretende Befürchtungen. (...) Das stickstoffbindende Getreide ist ebenso ein Wunschtraum geblieben wie die Riesenkuh, doch gab es Erfolge mit einfachen Organismen wie Bakterien und Hefen". (FAZ 18.2.86)

Die "Angst" vor der Gentechnik sei die Angst vor "künstlichen" Wesen. Diese sei jedoch unbegründet, da nur Fiktion. Skeptisch äußert sich Wandtner zu - für ihn realistischen - Möglichkeiten der Gentechnik.

"(...) die eigentliche Gefahr der Gentechnik nicht in der Schaffung künstlicher Organismen liegt, sondern in neuen Analyse-Möglichkeiten. Den Mensch genetisch zu durchleuchten, die Einstellung eines Arbeiters etwa von einer genetisch fixierten Robustheit gegenüber gefährlichen Stoffen am Arbeitsplatz abhängig zu machen, wäre eine solche bedenkliche Entwicklung. Auch die ständig verfeinerten genetischen Analysen bei Ungeborenen, die pränatale Diagnose von Erbkrankheiten, mündet in den meisten Fällen nicht in einer Behandlung, sondern in der Abtreibung". (FAZ 18.2.86)

Diese Diagnose-Therapie Schere der Gentechnik ist auch Thema der SZ und der TAZ (SZ 25.9.86; TAZ 23.9.86). Die Wissenschaftler, durch Kritik und Mißtrauen der Öffentlichkeit verunsichert, disqualifizieren "die" Gegner der Gentechnik als wenig informiert, emotional und Argumenten nicht zugänglich. Denen, die ihren Argumenten nicht folgen wollen, wird "fehlende Sachkenntnis" vorgeworfen (FAZ 13.9.86). Ernst-Ludwig Winnacker, Leiter des Genzentrums München, beklagt die "Verblendung der Öffentlichkeit" bei der Ablehnung der Gentechnik.

"Diese Kompromißlosigkeit erinnere ihn an die dreißiger Jahre, nur daß jetzt nicht bestimmte Volkstämme, sondern die gentechnisch arbeitenden Forscher pauschal diskriminiert würden". (FAZ 11.4.86) Diesen Vergleich mit "Juden und Zigeunern", die Winnacker meine, hält ein Kollege, Benno Müller-Hill vom Institut für Genetik der Universität Köln, allerdings für "geschmacklos" (FAZ 6.6.86). Das Vertrauen gegenüber Wissenschaftlern und gentechnischer Industrie wird 1986 weiter entscheidend geschwächt. Eine Reihe von illegalen Freisetzungen, nicht angemeldeten Experimenten und möglichen gentechnischen Unfällen wird in den Zeitungen gemeldet, berichtet und kommentiert (TAZ 27.2.86; FAZ/SZ 13.3.86; KST 26.3.86; FAZ 9.4.86; FAZ 28.5.86, TAZ 19.6.86; SZ 19.7.86; TAZ 14.11.86). So wird von SZ und TAZ über die Krebsfälle im Pariser Pasteur-Institut berichtet. Dort wird mit Onkogenen (krebserzeugenden Genen) und Retroviren experimentiert. Fünf Wissenschaftler erkrankten an Krebs, zwei starben bereits. Für die TAZ ist klar: "Berufskrebs bei Gentechnikern" (19.6.86), die SZ nimmt die Infektion mit Krebsviren zum Anlaß, die Frage der Sicherheitsbestimmungen in Gen-Labors wieder aufzugreifen (19.7.86). Die Ereignisse in Tschernobyl im April 1986 heizen die Diskussion um die Sicherheit wieder an. Analogien zwischen Kernenergie und Gentechnik sind häufig. Die TAZ sieht die Gesellschaft durch die Gentechnik friedlich "in die nächste Katastrophe" laufen und reimt: "Der nächste Gau kommt von der Sau" (TAZ 29.5.86).[4] Die SZ sorgt sich am Anfang einer Buch-Rezension, daß die aktuelle Debatte um die Gefahren der zivilen Kerntechnologie die verborgene Bedrohung durch die Gentechnologie aus dem Bewußtsein verdrängen könne (SZ 7.8.86). Das Sachbuch von Reinhard Löw "Leben aus dem Labor" wirke dem entgegen. Die Presse weist mehrfach darauf hin, daß die Gentechnik-Debatte sich in Sachbüchern auch "literarisch" niederschlage und stellt diese als weitere Informationsmöglichkeit vor.

---

[4] Da der Autor, Oliver Tolmein, auf eine Erklärung verzichtet, daß er zum Beispiel transgene Tiere meint, gehe ich davon aus, daß der Endreim so verlockend war, daß der Inhalt zweitrangig wurde.

Neben der Freisetzungsproblematik werden 1986 vor allem "transgene Tiere" diskutiert. So zum Beispiel genmanipulierte Tiere, die Impfstoffe und Arzneimittel produzieren (FAZ 1.11.86). Über das "Basteln" am "Projekt Schwein" berichtet die SZ: Groß und stark solle das Schwein werden, besseres Fleisch liefern, gegen Krankheiten resistent sein und wertvolle Stoffe wie menschliches Insulin produzieren (SZ 10.10.86). Die SZ, die dem Leiter des Projekts, Ernst-Ludwig Winnacker Gelegenheit zur eigenen Darstellung gibt (18.10.86), berichtet auch über ein Symposion zu Risiken der Gentechnik in der Tierzucht. Gehe es von der "Schiege zum Minifanten?" heißt es im Titel des Berichts am 20. März 1986.

Die TAZ hat sich auf die Protestfelder: Genetische Beratung, Reproduktionsmedizin, Freilandversuche und B-Waffen spezialisiert. Größtes Anliegen der Berichterstattung ist es jedoch eine "Anti-Gentechnik-Bewegung" zu organisieren (TAZ 30.4.86). Die verschiedenen Teilöffentlichkeiten zu vereinen, wie Gen-Foren in Großstädten, Frauen- und Behindertengruppen, kritische Wissenschaftler, Umweltschützer und kirchliche Initiativen sei schwierig. Einen Bürgerdialog ähnlich der Atomkraft-Debatte Mitte der siebziger Jahre gebe es noch nicht. Die Streitfrage "Totalverbot" oder "Kontrolle" sei ungeklärt. Positiv-Beispiel gegen die "Verteufelung" der Gentechnik ist für viele Kritiker die gentechnische Aids-Forschung. Als 1986 das Gen-Ethische Netzwerk von Paula Bradish und Benny Härlin gegründet wird, das sich zum Ziel gesetzt hat, Informationen zu vermitteln und Kampagnen zu koordinieren, berichtet die TAZ ausführlich darüber (8.9.86). Der Informationsdienst des Netzwerkes, der G.I.D., wird zur wesentlichen Informationsquelle der TAZ (19.3.86; 4.11.86).

Früher als alle anderen Zeitungen berichtet die TAZ kontinuierlich über Bestrebungen des Europa-Parlaments, die Gentechnik-Rechtslage auf europäischer Ebene zu "harmonisieren" (19.3.86) und ordnet die bundesdeutschen Gesetzesinitiativen in einen größeren politischen Kontext ein.

1987 - Enormes Echo auf Enquete-Bericht

Obwohl die Arbeit der Enquete-Kommission schon im Dezember 1986 abgeschlossen ist, und die Grünen bereits vor der Weihnachtspause ihr Sondervotum vorgelegt hatten, bleibt das eigentliche Presseecho auf den Abschlußbericht dem Frühjahr 1987 vorbehalten. Am 20. Januar 1987 berichten alle Zeitungen über die Empfehlungen der Enquete-Kommission zu sechs Anwendungsgebieten. Meist sind Bericht und Kommentar kombiniert, TAZ und WELT präsentieren zusätzlich ein Interview mit Wolf-Michael Catenhusen. FAZ und SZ drucken auch Stellungnahmen anderer Zeitungen ab (Pressespiegel). Obwohl ein politischer Anlaß, werden die Artikel von den Autoren geschrieben, die das Thema auch sonst bearbeiten. Die Wissenschaftsjournalisten müssen ihre Kompetenz trotz des aktuellen politischen Anlasses nicht an Kollegen des politischen Ressorts abtreten. So bleibt der Fokus Wissenschaft. Einzig die WELT nutzt den Anlaß zu überzogener Polemik gegen politische Vorschriften allgemein und den politischen Gegner im besonderen.

> "Schließlich sind es bisher nicht so sehr Wissenschaftler als vielmehr Politiker differierender Couleur gewesen, die nach der "Herstellung des Neuen Menschen" riefen und damit viel Unglück über den "alten" Menschen brachten. Auch einige der "Grünen", die heute für ein völliges Verbot der Genforschung und der Gentechnik eintreten, gehörten dazu. Noch vor wenigen Jahren zogen sie unter Plakaten durch die Straßen, auf denen eben jener "Neue Mensch" gefordert wurde, und Gewalt wurde dabei nicht ausgeschlossen". (WELT 21.1.87)

Anscheinend paßt der "Neue Mensch" des Sozialismus so wenig in Günter Zehms Weltbild, daß er ihn nur für gentechnisch herstellbar hält, obwohl die 1:1 Entsprechung, die Zehm da suggeriert, blanker Unsinn ist.

Der Titel des WELT-Berichts "Erbanlagen - Ein Tabu für Gentechniker" von Dieter Thierbach ist paradox und auch mit der Ergänzung "menschliche Erbanlagen" noch falsch (WELT 20.1.87). "Eingriff in die Erbanlagen" meint in der WELT nur noch die Eingriffe in die Keimbahn des Menschen. "Eingriffe in Körperzellen", so wird suggeriert, hätten nichts mit Erbanlagen zu tun. Richtig ist jedoch nur die Unterscheidung, die im SZ-Lexikon "Keimbahn" beschrieben wird:

> "Während die Körper- oder Somazellen eines Organismus jeweils die gesamte Erbinformation enthalten, können nur die Keimbahnzellen mit halbem Chromosomensatz neue Lebewesen hervorbringen, indem sich Ei- und Samenzellen zu einer Körperzelle mit ganzem Chromosomensatz verbinden. (...) Sollen also Erbkrankheiten gentechnisch behandelt werden, so muß der Eingriff hier (Keimbahn, eigene Anm.) erfolgen, weil sonst die Wirkung des Eingriffs auf jeweils das Individuum beschränkt bliebe, an dessen Erbmaterial dieser vorgenommen wurde". (SZ 22.1.87)

Es ist festzuhalten, daß der Abschlußbericht über Chancen und Risiken der Gentechnik in der Berichterstattung nicht zwingend zu differenzierten Erklärungen führt.[5] Daß der Bericht dennoch ein Anlaß sein kann, belegt das SZ-Lexikon. Im Vordergrund der Berichterstattung steht die Beurteilung der Empfehlungen der Kommission. Die TAZ schätzt die Arbeit der Enquete-Kommission - konform mit den Grünen - negativ ein. Die Kommission sei ihrer Verantwortung gegenüber den Bürgerinnen und Bürgern nicht gerecht geworden, sie hätte "wesentliches versäumt, ausgeklammert oder ignoriert" (TAZ 20.1.87). Ähnlich der TAZ bewertet Marianne Quoirin im KST die Arbeit der Enquete-Kommission. Ihr geht es vor allem um das Tempo der gentechnischen Entwicklung, dem die Kommission hinterherhinke.

> "Während Forscher des Gen-Zentrums in München, am Montag den Durchbruch einer neuen Schallmauer bekanntgaben und den Kampf manipulierter Mikroorganismen gegen Umweltgifte als "achten Tag der Schöpfung" feierten, trottete die Kommission mit ihrem Bericht der atemberaubenden Entwicklung nur noch betäubt hinterher". (KST 21.1.87)

Auch die SZ meldet grundlegende Kritik an den Vorschlägen der Kommission an. Stephan Wehowsky und Martin Urban geht es um das Verfügungsrecht des Menschen über die Natur, dem die Komission zugestimmt habe.

---

[5] Auch die TAZ schreibt im Untertitel: "Keine Genmanipulation am Menschen" und meint, wie im Text auch richtig ausgeführt, Eingriffe in die menschliche Keimbahn.

Nur dort, wo die Würde des Menschen und sein Selbstbestimmungsrecht "unübersehbar verletzt" würden, seien Grenzen gesetzt worden.
"Das Abwägen zwischen wirtschaftlichen Interessen und dem Schutz der Natur und des Menschen vor nahezu unbegrenztem Zugriff fiel um so schwerer, als stillschweigend der "Wert" medizinisch-technischen Fortschritts und wirtschaftlicher Expansion in den Rang eines ethischen Postulats erhoben wurden". (SZ 20.1.87)

Wehowskys Analyse ("Künstliche Natur mit Restrisiko", 20.1.87) und Urbans Kommentar ("Der gewagte Umbau der Natur", 21.1.87) geben eine Einschätzung der Möglichkeiten der Gentechnik und ihrer Probleme. Auch Auswirkungen in Tier- und Pflanzenzucht werden neben dem Fokus "Mensch" für den Leser verständlich.

Für das Wissenschaftsressort der FAZ ist der Enquete-Bericht Anlaß für eine siebenteilige Serie (4. Februar bis 18. März 1987). Damit bietet die FAZ die quantitativ umfangreichste Beschreibung des Enquete-Berichts. Teil 1 am 4. Februar beschäftigt sich mit den Sicherheitsanforderungen an die Gentechnik, Teil 2 mit Enzym-Design, Teil 3 mit der Pflanzenzucht, Teil 4 mit Tierzucht, Teil 5 mit Gentechnik im Dienste der Umwelt, Teil 6 mit Medikamenten aus Mikroorganismen und Teil 7 mit der Humangenetik. Ausgehend von den Einschätzungen der Enquete-Kommission wird vor allem der Stand der Forschung eingeführt. Die Pro-Gentechnik-Position der FAZ ist zwar zu erkennen, aber die Leistung der Serie besteht eher in informativem Referat, denn in meinungsintensivem Räsonnement. Für die TAZ ist der Enquete-Bericht Aufhänger für eine fünfteilige Gentechnik-Serie. Teil 1 (Thema: Freilandversuche) und Teil 2 (Interview mit Catenhusen zum Enquete-Bericht) werden am 20. Januar 1987 gedruckt. Teil 3 beschäftigt sich mit "Lebenden Waffen", der zweiten Generation biologischer Waffen (22.1.87), Teil 4 ist ein Interview mit einem "ausgestiegenen" Biologen, der die Schaffung von "Qualitätsmenschen" befürchtet (27.1.87), Teil 5[6] kritisiert die veränderte Forschungslandschaft, die die Gentechnik

---

6   Teil 5 der Serie fehlt die Serienkennung. Nur die Ankündigung in Teil 4, daß Teil 5 am 30. Januar folge, ermöglicht die Zuordnung.

bewirkt hat. Grundlagenforschung und produktorientierte Anwendungsforschung ließen sich nicht mehr trennen (30.1.87). Insgesamt fördert der Enquete-Bericht und die Presseberichterstattung darüber die Diskussion um die Gentechnik.

1986 erstmals diskutiert, rückt nun die Kartierung des menschlichen Erbgutes in absehbare Nähe. Die Prognose der FAZ lautet: Zehn Jahre Arbeit für die Entschlüsselung des gesamten Genoms (FAZ 28.1.87). Im Vordergrund stehen technische Neuheiten, wie ein Super-Sequenzer aus Japan, der die Kartierung beschleunigen soll (SZ 13.4.87; FAZ 15.4.87). Doch das Projekt ist umstritten. Während die Befürworter den Informationsgewinn für biologische und medizinische Studien betonen, wenden Kritiker ein, daß es wichtigere Aufgaben in der biologischen Forschung gebe, als diese Mammutaufgabe (FAZ 28.1.87; KST 19.6.87).

Die wirtschaftliche Dimension des Themas zeigt sich wieder im April 1987. Während ab 1980 gentechnisch veränderte Mikroben patentiert werden konnten, sollen nun auch gentechnisch veränderte Tiere patentiert werden können. Die Entwicklung des amerikanischen Patentrechts wird von Tierschützern, Landwirtschaftsverbänden und Jeremy Rifkin scharf kritisiert (FAZ 22.4.87; TAZ 27.4.87). Der KST beschwört die "gemeinsame Front" gegen eine "fortschrittsgläubige Gen-Gemeinde" (KST 23.5.87). Ähnlich umstritten ist auch der erste genehmigte Freilandtest mit genetisch veränderten Bakterien in den USA (TAZ/FAZ 27.4.87). Berichtet die Presse über die Konflikte bei Genomanalyse, Patentierung oder Freisetzung, so kommt sie ihrer Chronistenpflicht nach, schürt den Streit aber nicht zusätzlich. Zu Dramatik neigt die Berichterstattung eher durch "anschauliche" Szenarien. Besonders die "Revolution im Stall" bietet dazu Gelegenheit.

> "Bauer Franz sorgt sich nicht mehr um die niedrigen Milchpreise der Europäischen Gemeinschaft. Er arbeitet jetzt für die pharmazeutische Industrie. Zehn seiner Kühe produzieren Insulin, fünf Schafe liefern den von manchen Bluterkranken benötigten Faktor IX". (SZ 11.9.87)

"Kühe mit der Größe von Elefanten, die Supermengen an Fleisch und Milch liefern, Merino-Schafe so groß wie Grizzly-Bären und Super-Schweine als Lieferant für kolossale Schinken, die mit Hilfe eines anderen manipulierten Gens auch noch nach Wildschwein schmecken sollen". (KST 19.1.87)

Die Wissenschaftler scheinen mittlerweile nach dem Motto "Ist der Ruf erst ruiniert, lebt sich's völlig ungeniert" zu handeln. Nicht das Hantieren mit Genen, sondern der Umgang mit der Öffentlichkeit sei das Problem, schreibt die FAZ am 2. September 1987. Der Bayreuther Genetiker Walter Klingmüller hatte im Mai gentechnisch manipulierte Organismen in die freie Natur ausgesetzt. "Semantische Rekombinationsübungen" nennt die TAZ seine Bestrebungen, die "in vitro Rekombinatentechnologie" als natürliche "in vivo Transposonmarkierung" oder "in vivo Plasmidtransfer" zu deklarieren (TAZ 27.7.87). Der Freilandversuch habe, da "in vivo", nicht von der ZKBS genehmigt werden müssen. Obwohl die FAZ die TAZ-Berichterstattung als auf "Sensation getrimmt" kritisiert, wird die Öffentlichkeitsarbeit der Wissenschaftler bemängelt. Denn die Bayreuther Pressestelle habe schnell alle Auskünfte verweigert.

"Wenn sich die Wissenschaft auf einem so heiklen Gebiet wie der Gentechnik als Kräutlein rühr mich nicht an gebärdet, braucht sie sich über ihren schlechten Ruf nicht zu wundern". (FAZ 2.9.87)

Was für die Kernenergie die Reaktoren und die Wiederaufbereitungsanlagen sind, sind für die Gentechnik ihre Produktionsanlagen: Demonstrationsobjekte. Der Protest, der sich seinerzeit an Wackersdorf und Wyhl entzündete, wird nun auf die Frankfurter Insulin-Produktionsanlage der Firma Hoechst übertragen. Während das Insulin lange Jahre die positiven Möglichkeiten der Gentechnik symbolisierte, wird die großtechnische Insulinproduktion zum "Kriegsschauplatz". Im September gibt der hessische Umweltminister Karlheinz Weimar (CDU) die Genehmigung für die Hoechster Versuchsanlage. Für die TAZ und das Freiburger Öko-Institut ist die Insulinproduktion die "Einstiegsdroge" in die großtechnische (und gewinnträchtige) Verwertung der Gentechnik (TAZ 11. und 12.9.87; 24.9.87). Auch die SZ zitiert die Argumente des Öko-Instituts (SZ 18.9.87). Am 11.

September 1987 kommentiert Marianne Quoirin im KST, der hessische Umweltminister habe dem "Aufbruch ins goldene Zeitalter der Biologie" nicht widerstehen können. Während der Bundestag Zulassungsverfahren und Sicherheitsrichtlinien diskutiere, habe man in Frankfurt vollendete Tatsachen geschaffen. Die Auseinandersetzung wird zum Expertenstreit. Die Biologin Isolde Stumm vom Öko-Institut kritisiert, "daß eine Kontamination der Abluft und der Abwasser mit manipulierten Bakterien nicht ausgeschlossen werden könne" (TAZ 13.11.87). Das fachliche Niveau der Diskussion ist hoch. Geradezu wütend reagiert die FAZ-Autorin Barbara Hobom auf den Protest gegen die Insulin-Anlage. Obwohl es nur um ein "harmloses Fremdgen" gehe, erfülle Hoechst ein "Übersoll" an Sicherheitsvorkehrungen. Belehrend wirkt ihr Schlußsatz:

> "Vielleicht beseitigte etwas mehr Biologie- und Chemieunterricht an den Schulen solche diffusen, irrationalen Ängste". (FAZ 26.9.87)

Im November wird Bau und Betrieb der Insulin-Anlage vom Darmstädter Regierungspräsident bis auf weiteres gestoppt.

Fazit: Durch die Vorlage des Berichts der Enquete-Kommission bekommt die Diskussion um die Gentechnik 1987 einen erneuten Schub. Aber auch der sachlich gehaltene Enquete-Bericht kann die stark polarisierte Diskussion nicht mehr aus der Sackgasse retten.

1988 - Zeit der Vorwürfe

1988 ist das Jahr der Schuldzuweisungen. Die Zeitungsjournalisten schimpfen in Rezensionen auf das Fernsehen und die Öffentlichkeit,

> "Das Gen geht um. Gemessen an den Schreckensgestalten, die nach Ansicht vieler Menschen in den Laboratorien herumgeistern, nimmt sich Frankensteins Monster wie ein Pappkamerad aus. Mit den wachsenden Erfolgen der Gentechnik wächst das Mißtrauen in der Öffentlichkeit". (FAZ 12.2.88)

die Industrie klagt über mangelnde Akzeptanz der Gentechnik in der Öffentlichkeit und bürokratische Hürden, die die Politik schaffe,

> "Man kann nicht lautstark nach Heilmitteln für Aids und Krebs rufen und gleichzeitig noch den destruktiven Sturm einer Minderheit gegen die Gentechnik durch überzogene Gesetze legalisieren helfen". (Hoechst-Vertreter FAZ 20.5.88)

die Politik wirft der Industrie, die mit Standortverlagerung droht, Erpressung vor und Vertuschung ihrer wahren Motive.

> "Der Vorsitzende des Forschungsausschusses des Bundestages, Wolf-Michael Catenhusen (SPD), betonte zu den BASF-Absichten, es sei unglaubwürdig und müsse zurückgewiesen werden, wenn dieser Schritt mit einer mangelnden Akzeptanz der Gen-Technologie in der Bundesrepublik begründet werde". (SZ 14.11.88)

Die Berichterstattung, der Mitverantwortung an der Misere beschuldigt, pendelt zunehmend hilflos zwischen den verschiedenen Interessen. Am wenigsten in der Lage sich zu wehren und deshalb Hauptschuldiger ist "die Öffentlichkeit". Ängstlich, schlecht informiert, unsicher und emotional verkennt die Öffentlichkeit die Vorzüge der Gentechnik, denke stattdessen an Leihmütter, Embryonenforschung und Mischwesen und lehne die Gentechnik ab (FAZ 2.3.88; 28.11.88). Der TAZ leistet sie dagegen zu wenig Widerstand und läßt sich schwer mobilisieren (TAZ 10.11.88). Die Diskussion der Gentechnik im Kontext der Embryonenforschung setzt sich 1988 fort (WELT/SZ/TAZ 11.2.88). Dabei wirft Marianne Quoirin der Industrie (aber auch den Wissenschaftlern) vor, die Diskussion aus strategischen Gründen ausgeweitet zu haben:

> "Einige Unternehmen haben denn auch ihre Informations-Kampagne für Produkte aus den Gen-Küchen auf den Horror-Effekten von geklonten Monstern aufgebaut, nur um dem verschreckten Publikum zu versichern, daß sie natürlich strikt gegen Experimente mit Menschen sind". (KST 30.11.88)

Für eine Umkehr und eine differenzierte Diskussion, die die Wissenschaftler gerne hätten, ist es anscheinend jedoch zu spät (Winnacker in TAZ 28.9.88). Selbst der Bundeskanzler warnt vor Schlupflöchern für "skrupellose Genforscher" (WELT/SZ 7.5.88). Vieles, was zunächst Fiktion ist, wird durch ständige Wiederholung zum Faktum.

"Die Hirngespinste und Phantasiegebilde sind jedoch längst auf dem Weg zur Realität: Zwitter-Monster aus unterschiedlichsten Zutaten wurden in den Reagenzgläsern der nimmermüden Gen-Techniker Wirklichkeit". (SZ 10.2.88)

An diesem und vielen anderen Zitaten kann man zeigen, daß Gefahren wie Möglichkeiten der Gentechnik überschätzt werden. Ungeachtet dessen ist es nötig, die Diskussion dem fortschreitenden Forschungsstand anzupassen. So müssen Ergebnisse von Sicherheitsexperimenten im Zusammenhang mit geplanten Freisetzungen berücksichtigt werden (FAZ 27.1.88, FAZ 9.11.88, SZ 21.11.88; WELT 10.12.88). Auch die Grundlagenforschung liefert neue Erkenntnisse. So entdecken die Wissenschaftler immer neue Werkzeuge und Verfahren: die Ribozyme als Schneideenzyme für Ribonukleinsäuren (WELT 27.8.88; FAZ 14.9.88) oder die Polymerase-Chain-Reaction (PCR) als "Schnellkopierer"[7] für Erbsubstanz (FAZ 13.7.88).

Obwohl die Berichterstattung quantitativ zunimmt, engt sich das Spektrum der Themenaspekte auf bestimmte "Renner" ein, so das Bundesgesetz zur Gentechnik, die Patentierung als Wirtschaftsfaktor, gentechnische Großlabors und Anlagen (Hoechst/ Behring-Werke) sowie die mögliche Verlagerung der Forschung ins Ausland (Bayer AG, BASF), die Freisetzung von manipulierten Mikroorganismen und Pflanzen, die Genanalyse in der Arbeitsmedizin und im Gericht, die Analyse des menschlichen Erbguts (Human Genome Project/USA, Japan, EG-Projekt "Prädiktive Medizin") und die mögliche Gentherapie beim Menschen. Zu diesen Fragen wird auch am häufigsten kommentiert. Diese Achse von Themenaspekten wird von den Zeitungen um "eigene" Aspekte ergänzt. Die TAZ kritisiert vehement die "BST-getunte Turbo-Kuh" (TAZ 6.7.88). Der Widerstand gegen die EG-Zulassung des gentechnisch gewonnenen Rinderwachstumshormons BST (Bovines Somatotropin) wird publizistisch unterstützt. Der zentrale Themenaspekt des Kölner Stadt-Anzeigers ist aufgrund der lokalen Nähe die geplante Freisetzung gentechnisch veränderter Petunien vom

---

[7] Mit der PCR kann man jedes beliebige DNS-Stück im Reagenzglas sehr schnell millionenfach vermehren.

Kölner Max-Planck-Institut für Züchtungsforschung. Wie SZ-Autorin Hania Luczak richtig vermutet, wird das Kölner Gelände zum "umstrittensten Acker in der Bundesrepublik" (SZ 17.9.88). Ob harmlos und wichtig, um das Wissen über Erbgutveränderungen zu erweitern, oder gefährlich wegen "nicht abschätzbarer Folgen für das Öko-System", der Streit wird ab August 1988 zum Dauerbrenner in den Medien (KST 24.8.88; KST 31.8.88; FAZ 22.9.88; KST 27.9.88; FAZ 12.10.88; TAZ 10.11.88).

Die umfangreichste Gentechnik-Serie aller Zeitungen erscheint in 17 Teilen vom 28. März bis 5. September 1988 in der WELT.[8] "Gentechnik - Eine Bestandsaufnahme" ist ein Potpourrie von Themenaspekten. So wie die TAZ- und die KST-Serie die Gentechnik erkennbar kritisch betrachten, betont die WELT-Serie die positiven Möglichkeiten der Gentechnik. Kritik wird personalisiert und in Teil 2 (5.4.88) und Teil 4 (18.4.88) in Form eines Interviews mit Jeremy Rifkin und Erwin Chargaff abgehandelt. Die WELT-Serie erinnert sehr stark an Reiseberichterstattung, da ein umfangreiches Besuchsprogramm die Artikel bestimmt. Einerseits werden universitäre Forschungseinrichtungen wie die Einstein Universität in New York (Teil 5 vom 25.4.88) oder das Europäische Laboratorium für Molekularbiologie (EMBL) vorgestellt (Teil 6 vom 2.5.88), andererseits werden Firmenprojekte der Marburger Behringwerke, der Hoechst AG oder des amerikanischen Unternehmens Genentech vorgestellt (Teil 3 vom 11.4.88; Teil 7 vom 9.5.88, Teil 13 vom 25.7.88; Teil 15 vom 15.8.88). Anwendungsgebiete in der Medizin stehen im Vordergrund, obwohl sich die Autoren der Serie um einen breiten Katalog von Aspekten bemühen. Beklagt wird die

---

[8] Die Serie erscheint auf der Wissenschaftsseite "Umwelt Forschung Technik" und später als Sonderdruck.

geringe Akzeptanz der Gentechnik in der Bevölkerung. Die Begründung liefert ein bereits bekannter Wisssenschaftler: Ernst-Ludwig Winnacker.

"Angst haben die Leute einerseits, weil sie zu wenig über die Gentechnologie wissen; andererseits, weil die Dinge so klein sind, weil man nichts sieht. Und drittens haben sie Angst, weil die Gentechnologie direkt mit dem Erbmaterial - also dem Leben - zu tun hat. All dies führt zu einer Art Hysterie". (WELT 11.7.88)

Fazit: In den Artikeln wird derartig oft über die Akzeptanzkrise der Gentechnik geredet, daß es scheint, sie werde regelrecht herbeigeschrieben. Wie einem "lahmen Gaul" wird der Öffentlichkeit nahegelegt, warum sie Angst hat, aber eigentlich keine haben muß. Für die TAZ hat dagegen die breite öffentliche Diskussion noch gar nicht begonnen.

4.3. Sprachkarriere 1986 - 1988

In der Modephase ändert sich die Verwendung vieler Worte. Das Wort "Gentechnik" gebrauchen die Journalisten gleichzeitig mit einer engeren und weiteren Bedeutung. Mit der Verengung auf den Bereich der Humangenetik wird gleichzeitig die Reproduktionsmedizin und damit "Leihmütter" und "Retortenbabys" mit der Gentechnik assoziiert. So ufert die Bedeutung wieder aus. Unter "Eingriffen ins Erbgut" werden dagegen nur noch Eingriffe in die menschliche Keimbahn verstanden, nur das sei "wirkliche" Genmanipulation (SZ 2.10.86).

Das Vermittlungslexikon des Themas Gentechnik ist in der Modephase voll ausgebildet. Neben dem Wortschatz der Medizin oder der Technik wird der Wortschatz des Militärs häufiger. So gibt es "Künstliche Erbträger im Kampf gegen Bakterien" (SZ 19.1.87), "Forschungskasernen" (TAZ 30.1.87), die "Wunderwaffe" Gentechnik (WELT 17.8.87), ein Organ mit fremden Genen "bombardieren" (FAZ 18.3.87), "Gen-Bomben" (SZ 27.10.88) oder Viren, die mit gentechnischen Verfahren "umgerüstet" werden (WELT 16.7.86).

Ergänzend zu den Schöpfungsmetaphern werden im Feuilleton der FAZ "Zehn Gebote" für Gentechnologen gefordert (FAZ 23.11.87). Die Journalisten, die mit diesen Zuschreibungen schnell bei der Hand sind, kritisieren jedoch die Wissenschaftler, die die Bilder als Eigenlob verwenden. So wird Ernst-Ludwig Winnacker, der einen Forschungserfolg als "achten Tag der Schöpfung" bezeichnet, in der SZ scharf kritisiert (SZ 19.1.87; SZ 26.1.87). So deute er die "Gottähnlichkeit" der Forscher an.

Durch die Ereignisse in Tschernobyl im April 1986 haben die sprachlichen Parallelen zur Kernenergie Konjunktur. Bio-Waffen sind die "Atombombe des kleinen Mannes" (TAZ 22.1.87), die Gentechnik berge ein "biologisches Restrisiko" (SZ 17.9.88), die TAZ befürchtet ein "biologisches Tschernobyl" (TAZ 27.1.87), die SZ meint dagegen von den freigesetzten Petunien sei kein "Störfall" und kein "Bio-Gau" zu erwarten (SZ 17.9.88).

Die Sprachinitiative in der Modephase geht von den Gegnern der Gentechnik aus. Die TAZ schöpft die Möglichkeiten der Wortbildung mit dem Bestimmungswort "Gen" besonders aus. Da gibt es die "Gen-Demo" (TAZ 15.1.86), den "Genskandal" (TAZ 1.3.86), "Gen-Technik-Kritiker" und "Gen-Foren" (TAZ 30.4.86), die "Gen-Fachmänner" (TAZ 26.3.86) und die "Gen-Lobby" (TAZ 23.5.86).

Die TAZ-Autoren setzen sich konsequent vom Sprachgebrauch aller anderen Zeitungen ab und prägen eigene Bilder für ihre Sichtweise der Gentechnik. "Turbo-Melone", "High-Tech-Schwein" und "brandneue Superkuh" stehen für die Entwicklung der Landwirtschaft (19.4.88), Rückschläge treffen die Gen-Forscher nicht ins Herz, sondern "mitten in die DNS" (TAZ 3.3.88). Pop-Songs wie Film und Literatur liefern Anregungen. "Neue Viren braucht das Land" am 3. März 1988, am 16. März geht es der TAZ nicht um "individuell gefährliche Dr. Mabuses à la Fritz Lang", sondern um "hochrationelle Verwertungsprozesse wie in der Schönen neuen Welt". Andererseits fällt die Gentechnik sprachlich wieder ins Mittelalter zurück, wenn die TAZ "Banden von gentechnisch bewaffneten Raubrittern" sieht (TAZ 19.4.88). Auch die Schreibweise ist originell. Am 17. Mai agieren in der TAZ die "Bio-InGENieure". Der Sprachgebrauch der TAZ ist besonders dramatisch. Ob die Insulin-Anlage in Frankfurt oder die Petunien-Freisetzung in Köln, alles ist eine "Einstiegsdroge" (TAZ 11.9.87). Auch der KST neigt zu hyberbolischen Szenarien. "Tiere als Baukasten", so das "eierlegende Wollmilchschwein, das Butterberge und Milchseen der EG zu kleinen Übeln werden läßt" (KST 29.8.87) oder "Merino-Schafe so groß wie Grizzly-Bären" und "Superschweine als Lieferant für kolossale Schinken" (KST 19.1.87). Diese allgemeinsprachliche Drastik setzt einen Kontrast zu der Fachsprache, die daneben die Berichterstattung beherrscht. Denn in der Modephase werden die Anzeichen für einen sprachvermittelten Expertenstreit deutlicher. Befürworter und Kritiker wie das Gen-Ethische-Netzwerk (GEN) oder das Öko-Institut führen die Auseinandersetzung fachsprachlich.

"Das in die Erbsubstanz der Petunie eingeschleuste Gen ist mit zwei, nicht mit einer Antibiotikaresistenz markiert. Wie Laborversuche zeigen, kann sich freie DNS, also solche außerhalb einer Zelle, wieder in einem Zellkern einnisten" (GEN in SZ 8.10.88)

Die Berichterstattung setzt immer höheres Fachwissen voraus, erklärt wird immer weniger. Dem Interview mit Meinrad Koch, dem Leiter der Abteilung Virologie beim Robert-Koch Institut in Westberlin, über die These, daß das Aids-Virus Produkt einer gentechnischen Krankheitserregerzüchtung ist, können nur Fachleute oder vorgebildete Laien folgen (TAZ 28.2.87).

Die vollständige Entschlüsselung des menschlichen Erbgutes, das "Human Genome Project", bietet für den Leser die seltene Möglichkeit, auch in der Modephase noch Basiswissen vermittelt zu bekommen, denn alle Artikel erklären zu Beginn, wie das menschliche Erbgut aufgebaut ist.

"Im Erbgut sind die Informationen und Baupläne für alle Zellen und Organe, für alle physiologischen Vorgänge "niedergeschrieben". Die einzelnen Wörter darin sind die in jeder Körperzelle vorhandenen Gene und ihre Untereinheiten, gebildet von langen Strängen aus Desoxyribonukleinsäuren (DNA), in denen vier Moleküle - sogenannte Basen - die Buchstaben bilden". (WELT 13.6.88)

"Das Molekül heißt Desoxyribonukleinsäure, abgekürzt DNS. (...) Das Problem ist, daß die Strickleiter sehr lang ist. Sie besteht aus drei Milliarden Stufen (Nukleotiden). Der genetische Code ist genau die Reihenfolge dieser Stufen. Das Genom ist also eine beinahe endlose, bunt gemischte Kette der vier Nukleotide - oder abgekürzt - eine Folge der vier Buchstaben A, T, C und G". (FAZ 28.1.87)

Beide Erklärungen nutzen die Analogie zur Sprache. Die WELT spricht im Titel des Artikels vom genetischen "Wörterbuch", die FAZ vom genetischen "Code". Als weiteres spezifizierendes Merkmal nennt die FAZ die Form der DNS (Strickleiter/Stufen). Die Verbindung zur Alltagswelt des Lesers ist deutlich. Erst auf der Basis dieser ersten Erklärung werden weitere Teilaspekte eingeführt, die zur Erklärung des Projekts "Kartierung des menschlichen Genoms" beitragen. Dazu gehören: Wie funktioniert die Kartierung? Wie lange dauert es voraussichtlich? Wie hoch sind die Kosten? Wozu nützt das Projekt? Birgt es Gefahren? Schon bei der Auswahl aus dem Erklärungsset zeigen sich unterschiedliche Strategien der Zeitungen. Einzig WELT und FAZ erklären den Vorgang der Kartierung (oder Sequenzierung).

"Diese DNA-Ketten werden mit Hilfe von Enzymen in kleine Bruchstücke aufgetrennt. Darauf basierend läßt sich eine Karte anfertigen, auf der die Lage und Größe jedes Bruchstücks auf der ursprünglichen langen Kette eingetragen sind". (WELT 13.6.88)

"All diese biochemischen Reaktionen finden im Reagenzglas statt. Erst mit der sogenannten Elektrophorese sortieren die Biologen die Fragmente der Größe nach. Die Flüssigkeit, in der die Gen-Fragmente enthalten sind, wird dabei einem elektrischen Feld ausgesetzt (...)". (FAZ 28.1.87)

Diese Erklärung (Sequenzierung) ist im Gegensatz zur ersten (Struktur des Erbguts) stärker fachsprachlich. WELT und FAZ, weniger die SZ, betonen die technische Seite des Projekts. Zu diesem Technik-Fokus gehört auch die Erklärung, daß es bereits automatische DNS-Sequenzier-Geräte gibt.

"Acht dieser Maschinen könnten in einem Jahr die gesamte Erbinformation eines Menschen analysieren. Sie müßten dabei eine gewaltige Datenflut verarbeiten, denn das Erbgut jedes Menschen besteht aus drei Milliarden "Buchstaben", (...). Ohne Punkt und Komma aneinandergereiht, würden sie rund 100 000 Seiten der Süddeutschen Zeitung füllen, das sind etwa fünf Jahrgänge. (...) Die japanischen Forscher schätzen, daß das Lesen eines Buchstabens der Erbinformation rund 30 Pfennig kosten wird". (SZ 13.4.87)

Die SZ bewertet die Leistungsfähigkeit der Maschinen durch den Hinweise auf die ungeheure "Datenflut" des Erbguts. Durch den Vergleich mit den Zeitungsseiten wird an die Vorstellungswelt des Laien angeknüpft. Auch die Frage nach den Kosten wird beantwortet. Später werden auch die Gesamtkosten erwähnt. Die Kosten leiten über zu der Bewertung des Vorhabens. Alle Zeitungen betonen, daß durch die gewaltigen Kosten andere Forschungsprojekte möglicherweise zu kurz kommen. Doch FAZ, WELT und KST relativieren die hohen Kosten durch den Nutzen dieser "Entschlüsselung". Man hofft, die Diagnose von Erbkrankheiten verbessern zu können (KST 19.6.87; FAZ 22.6.88). SZ und TAZ betonen dagegen die Mißbrauchsmöglichkeiten. Die SZ deutet durch das Bild vom "gläsernen Menschen", über dessen Erbgut man lückenlos Bescheid wisse, das Problem des Datenschutzes an (SZ 13.4.87). Die TAZ thematisiert ethische Folgen späterer Eingriffsmöglichkeiten.

""Wieder einmal", so auch Jeremy Rifkin, "eilt die Forschung voraus und die Entwicklung ethischer Normen kann nicht schritthalten." Er ist überzeugt, daß die Erfassung des Erbguts für eugenische Zwecke mißbraucht werden kann und deshalb zumindest streng reguliert werden muß". (TAZ 29.4.88)

Auch die FAZ äußert Kritik an dem Mammutprojekt. Der Erklärungsfokus "Technik" ist auch der Ansatzpunkt für Kritik.

"Die Intensität, mit der über das Projekt geredet wird, täuscht darüber hinweg, daß das Verfahren heute noch viel zu teuer, zu arbeitsintensiv und zu wenig automatisiert für eine systematische Sequenzierung des gesamten Erbguts des Menschen ist". (FAZ 22.6.88)

Auch der wissenschaftliche Sinn wird angezweifelt.

"Das Genom des Menschen besteht zu 99 Prozent aus Basenpaaren, deren Bedeutung rätselhaft ist, weil sie keine Gene enthalten". (FAZ 22.6.88)

Warum, so fragt die Autorin, also die gesamte DNS analysieren und warum gerade das menschliche Genom und nicht das eines Plattwurms oder der Fruchtfliege?

Zwei grundsätzlich unterschiedliche Erklärungs- und Bewertungsstrategien werden an diesem Beispiel deutlich. Die FAZ versucht die Diskussion auf wissenschaftliche und technische Aspekte einzuengen, die TAZ weitet sie vor allem auf politische und ethische Aspekte aus. Äußert die FAZ Kritik an einem gentechnischen Vorhaben, so möglichst auch auf der Technikebene, nicht aber durch ethische und soziale Bedenken wie die TAZ, die hier Möglichkeiten zur Diskrimierung Einzelner sieht.

In der Modephase sind Wortschatz, Erklärungsstrategien und Bewertungskonzepte jeder Zeitung komplett. Aus linguistischer Sicht stagniert die Kommunikation über das Thema am Ende der Modephase.

Zusammenfassend ist zu sagen: Die vereinfachte Definition von Fachworten für den Leser, die in den vorherigen Phasen versucht wurde, hat keine Konjunktur mehr. Der Expertenstreit in den Medien ist voll entbrannt. Das hohe fachliche Niveau der Debatte dokumentiert sich im häufigen Gebrauch von Fachvokabeln.

Die raren Erklärungen verharren in der Begriffswelt des Faches, statt in die Erfahrungswelt des Laien zu wechseln. Allerdings motivieren einzelne Forschungsprojekte die Journalisten, diesem Trend entgegenzusteuern und am konkreten Fall, etwa der "Kartierung des menschlichen Erbgutes", Basiswissen einzuführen. Dazu wird die Welt des Lesens und Schreibens (Sprachmetapher) als bekannter Vokabelspender verwendet (z.B. Wörterbuch).

Der hyperbolische Sprachgebrauch nimmt erkennbar zu. Offenbar gehen die Journalisten davon aus, daß die Leser in der Modephase bereits an das Thema "gewöhnt" und nur noch durch Endzeitbilder und futuristische

Szenarien zu erreichen seien.

Besonders originell in der sprachlichen Umsetzung des Themas bleibt weiterhin die TAZ.

5. ERMÜDUNG? 1989 - BIOTOPIA ODER: EIN THEMA LEBT EWIG WEITER

Die quantitative Auswertung der Artikel schließt Ende 1988. Bis zum Ende meines Untersuchungszeitraumes, Ende Juli 1989[1], erscheinen in den fünf Zeitungen 154 Artikel. Davon erscheinen 46 in der FAZ, 38 in der TAZ, 37 in der SZ, 18 in der WELT und 15 im KST.[2] Zum Vergleich: In den zwölf Monaten des Jahres 1988 erscheinen 185 Artikel. Es ist zu vermuten, daß 1989 die selbe Anzahl erreicht wird, da in den folgenden fünf Monaten des Jahres nur noch 31 Artikel erscheinen müssen. Möglicherweise steigt die Zahl der Artikel 1989 noch über die 185 Texte des vorhergehenden Jahres. Da sich die Verabschiedung des Gen-Gesetzes noch bis Mitte 1990 hinzieht und das Gesetz stark umstritten ist, ist die quantitative Steigerung wahrscheinlich. 1989 gehört also ohne Zweifel noch zur Modephase der Themenkarriere.

1989 setzt sich der Trend fort, der für die Modephase charakteristisch ist: die Konzentration auf die politische Dimension des Themas und ein begrenzter weiterer Katalog von Themenaspekten aus anderen Bereichen, besonders aus dem der Anwendungen. Das Problem ist durch die Medien thematisch geformt. Dominant unter den politischen Aspekten ist das geplante Gen-Gesetz.[3] Die "Spielregeln für den achten Schöpfungstag" (SZ 13.7.89) sind in der außerparlamentarischen Debatte und zwischen den Ministerien kontrovers. Die Industrie drängt zur Eile und droht mit Standortverlagerung. Die WELT schreibt entsprechend, es gelte durch ein schnelles

---

[1] Das Ende des Untersuchungszeitraums Ende Juli 1989 ergibt sich aus dem Datum des Besuchs des ersten Zeitungsarchivs, dem der SZ in München Mitte August 1989. Die SZ hatte ihre Gentechnik-Dossiers zu diesem Zeitpunkt bis Ende Juli geführt. Um Einheitlichkeit zu gewährleisten, wurden auch die Dossiers der anderen Zeitungsarchive bis zu diesem Datum ausgewertet.

[2] Außerdem erscheinen bis zum 31. Juli 1989 96 Meldungen in allen Zeitungen.

[3] Während das Gesetz immer noch diskutiert wird, legt Forschungsminister Riesenhuber im März 1989 den "Programmreport Biotechnologie" vor, der deutlich zeigt, in welcher Größenordnung (z.B. 800 Genlabors) in der Bundesrepublik, auch ohne gesetzlichen Rahmen, gentechnisch gearbeitet wird (FAZ

und den Wirtschaftsinteressen entsprechendes Gesetz den "Exodus der deutschen Genforschung" zu stoppen (WELT 11.5.89). Die Umweltschutzverbände kritisieren das mit der "heißen Nadel" gestrickte Gesetz, was die Bürger nicht beteilige. Die Autorin des KST kommentiert das Gesetz folgerichtig als "Gesetz zum Schutz der Gentechnik vor dem Bürger" (KST 20.7.89). So führen scharfe Meinungsgegensätze einzelner Interessengruppen zu prägnanten Kommentaren in den Zeitungen. Zusätzlich angeheizt wird die Auseinandersetzung durch die Uneinigkeit zwischen den Ministerien. Bundesgesundheitsministerin Lehr und Umweltminister Töpfer streiten um Genehmigungswege und das Mitspracherecht der Bürger (KST 7.6.89; WELT 6.3.89; FAZ 28.3.89). Erklärungen beziehen sich in dieser Zeit auf politische und verwaltungstechnische Fachsprache. So wird die Genehmigung von Produktionsanlagen und Labors erläutert oder die Einteilung in Sicherheitsstufen, noch zu erlassende Rechtsordnungen oder Verwaltungsvorschriften zur Abwasserbehandlung (KST 29.2.89; TAZ 12.5.89).

Im Zusammenhang mit der fehlenden gesetzlichen Grundlage wird das Kölner Freisetzungsexperiment diskutiert. Stärker als alle anderen Zeitungen konzentriert sich der KST auf die Berichterstattung über die genmanipulierten Petunien.

Doch die Genehmigung des Versuchs behält Signalcharakter. Denn obwohl das Bundesgesundheitsamt zustimmt, verzichtet das Kölner MPI für Züchtungsforschung auf das erste Freiland-Experiment in der Bundesrepublik (KST 19.5.89; FAZ 18.5.89; SZ 20.5.89). Die Vegetationsperiode sei so weit fortgeschritten, daß die Ausführung des Experiments in diesem Jahr nicht mehr möglich sei.

Der Fokus "Anwendung am Menschen" bestimmt auch weiter die Diskussion. Das europäische Projekt "Prädiktive Medizin" (voraussagende Medi-

---

3.3.89; KST 8.3.89).

zin), das die Analyse der menschlichen Erbanlagen fördern soll, wird wegen "eugenischer" Zielsetzung kritisiert (TAZ 27.1.89). Die TAZ kommentiert, es sei gelungen, eine Debatte um die eugenischen Implikationen des Genom-Projekts zu initiieren (TAZ 13.4.89). Durch die deutsche Geschichte sensibilisiert, ist der Eugenik-Verdacht dazu geeignet, Konsens zwischen allen Parteien herzustellen, daß man dieses Projekt so nicht unterstützen könne. Vergeblich versuchen Wissenschaftler wie Ernst-Ludwig Winnacker, diesen Diskussionskontext zu verhindern.

"Da die meisten Menschen in der Bundesrepublik der Eugenik kritisch gegenüberstehen, sollte man diesen Begriff nicht leichtfertig im Zusammenhang mit neuen Forschungen verwenden, welche die Diagnose und Therapie schwerer Krankheiten verbessern können". (FAZ 8.2.89)

Auch über die ersten amerikanischen "Gen-Experimente am Menschen", die fremdes Erbgut auf Krebspatienten übertragen, wird berichtet (WELT 9.2.89). Die gentechnische Veränderung dient aber nur der Markierung nicht der Heilung. Im Körper der Krebskranken sollen Abwehrzellen geortet und beobachtet werden können. Die TAZ belegt auch diese Forschung mit dem Eugenik-Vorwurf (TAZ 24.5.89). Andere methodische Fortschritte in der Wissenschaft werden dagegen nur am Rand betrachtet. Furore machen allenfalls die "Spermien als Vehikel für Gene" (FAZ 5.7.89; WELT 8.7.89). Ein Experiment zeigte, daß Spermien als Transportmittel geeignet sind, um neue Gene in das Erbgut höherer Zellen zu verpflanzen, indem man die Spermien einfach in eine Lösung fremder DNS eintaucht. Die SZ spricht von Spermien mit "blinden Passagieren" (SZ 29.6.89).

1989 wird die Gentechnik-Debatte an sich kritisiert: Nicht mehr die Gentechnik, sondern Technikbilder allgemein würden diskutiert. Die Positionen seien unvereinbar. Die FAZ kritisiert die "ideologische Starrheit" der Debatte (FAZ 21.6.89), in der SZ spricht ein bayrischer Politiker von "irrationaler Technikfeindlichkeit" (SZ 8.4.89) der einen Seite. Verantwortlich dafür sei auch die Presse. Besonders die Wissenschaftler neigen zu dieser Schuldzuschreibung. So sagt Benno Müller-Hill vom Institut für Genetik der Universität Köln zur Rolle der Presse damals:

> "Wir erinnern uns noch zu gut an die riesigen, imaginären Gefahren, die vor etwa zehn Jahren zum ersten Mal durch die Presse an die Wand gemalt wurden. Bei der Klonierung von DNA könnten in Bakterien zufällig äußerst gefährliche Klone entstehen, die die Menschheit ausrotten könnten". (TAZ 1.2.89)

"Sensationsjournalismus", "Vorurteile" und "irreführende Kommentare" wirft der Humangenetiker Peter Propping der schreibenden Zunft vor (FAZ 15.6.89). Kurt Reumann von der FAZ hält die Presse für ebenso gefährlich wie die Genforscher. Er vermutet, daß die Berichterstattung überfordert ist.

> "Vorurteile und irreführende Kommentare können die Welt ebenso vergiften wie gefährliche Experimente die Umwelt. Es scheint, daß der Laienverstand und der Journalimus eher an ihre Grenzen stoßen als der Forscherdrang". (FAZ 3.6.89)

So schlägt die Debatte um die Gentechnik in Kritik an der Berichterstattung um.

Seit 1. Juli 1990 gibt es in der Bundesrepublik ein Gentechnik-Gesetz. In Luhmanns Sinn ist das Thema Gentechnik damit "tot", da die Politik Entscheidungen getroffen und das Problem gelöst hat. Damit ist die Karriere des Themas beendet, es macht Platz für neue Themen. Zwar nimmt die Berichterstattung im Juli 1990 tatsächlich ab, aber die Zeit danach zeigt, daß das Abflauen nur temporär war. Die politische Dimension des Themas ist mit dem Inkrafttreten des Gentechnik-Gesetzes nicht erledigt. Weitere Regelungen müssen getroffen werden. Der Golf-Krieg im Frühjahr 1991 führt dazu, daß überlegt wird, ob und wie die militärische Genforschung zu reglementieren sei. Die Furcht vor gentechnisch "maßgeschneiderten" Bio-Waffen erhält durch Saddam Husseins Drohung, B-Waffen einzusetzen, neue Nahrung. Die Politik traktiert das Problem "Gentechnik" also weiterhin.[4] Doch das Thema braucht zusätzlich neue Impulse, damit die Einengung auf bestimmte Themenaspekte - wie in der Modephase zu

---

[4] Gesetzliche Bestimmungen für den Bereich der Genomanalyse, den in absehbarer Zeit wichtigsten medizinischen Anwendungsbereich der Gentechnik, sind ebenfalls geplant. Geregelt werden muß vor allem der Fall, wenn Dritte eine Analyse verlangen, zum Beispiel vor Unterzeichnung eines Arbeitsvertrages.

beobachten - das Thema nicht erstarren lassen. Die Sicherheitsdebatte lebt kurze Zeit durch die "Bio-Hacker" neu auf. Diese Hacker manipulieren keine Computerprogramme mehr, sondern den genetischen Code von Tieren und Pflanzen. Gentechnik im Hobbykeller, von dem Zeitgeist-Magazin "Wiener" als dramatisches Bekenntnis eines Bio-Hackers präsentiert, schaffte es jedoch nicht, die Berichterstattung entscheidend anzuregen.[5] Zu unglaubwürdig war die Vorstellung der Gentechnik-Labors in der Waschküche. Ernst-Ludwig Winnacker, der das Gen-Zentrum in München leitet, wird jedoch nicht begeistert gewesen sein, daß sein Fachbuch "Gene und Klone" zum "Standardwerk der deutschen Bio-Hacker" erklärt wurde. So sind es wesentlichen zwei Bereiche, die das Weiterleben des Themas bestimmen: Der wissenschaftliche Erfolg und der ökologische Schaden. Der Konflikt um Faszination und Schauder der Genforschung wird auch weiter die Zeitungen füllen.

---

[5] WIENER vom August 1990, S.3-5

IV. LEISTUNGEN UND DEFIZITE DER GENTECHNIK-BERICHTERSTATTUNG

Die Bearbeitung des Themas Gentechnik stellt eine Reihe von Anforderungen an die Journalisten, eröffnet ihnen aber auch eine Vielfalt von Möglichkeiten. Bisher habe ich die Leistungen und Defizite der Zeitungen parallel dargestellt, da die Beschreibung der Phasen der Gentechnik-Themenkarriere im Vordergrund stand. Es zeigt sich jedoch, daß die einzelnen Zeitungen für sie typische Strategien bei der Themenbehandlung verfolgen. Diese offenbaren sich durch die vergleichende Betrachtung aller fünf Zeitungen. Die unterschiedlichen Strategien bestimmen den Verlauf der Themenkarriere. Die typische Machart der Berichterstattung von FAZ, SZ, TAZ, WELT und KST beschreibe ich im ersten Teil des Kapitels. Der zweite Teil des Kapitels soll über die Beschreibung der einzelnen Phasen hinaus die Karriere des Themas Gentechnik von 1973 - 1989 im Überblick beschreiben und bewerten. Dazu gehören analog die Ergebnisse der Sprachkarriere.

1. ZEITUNGSTYPISCHE STRATEGIEN

Tabelle: Berichterstattung einzelner Zeitungen

Zeitungstitel	Anzahl	Prozent	Prozentsumme
FAZ	317	33.3	33.3
SZ	205	21.5	54.8
WELT	158	16.6	71.4
TAZ	168	17.6	89.0
KST	105	11.0	100

Ein Drittel der Berichterstattung erscheint in der FAZ. An zweiter Stelle folgt die SZ mit einem Fünftel der Artikel. Zusammen ist über die Hälfte der Berichterstattung in FAZ und SZ erschienen. Rang drei belegt die TAZ mit 168 Texten. In der WELT erscheinen insgesamt zehn Artikel weniger als in der TAZ. Der KST, die einzige Regionalzeitung, ist das Schlußlicht mit knapp über 100 Artikeln.[1]

Tabelle: Verfasserangabe

	Anzahl	Prozent
Basis	953	100
Keine Verfasserangabe	3	0.3
Autorenname	621	65.2
Autorenkürzel	197	20.7
Mehrere Verfasser	30	3.1
Redaktionsbeitrag	34	3.6
Agenturen	51	5.3
Andere Zeitung	14	1.5
Nicht zuzuordnen	3	0.3

Bei allen Zeitungen beruht die Berichterstattung in hohem Maße auf Eigeninitiative, zumindest sind 65 Prozent der Artikel mit Autorennamen gekennzeichnet. Weitere 20 Prozent sind mit einem Kürzel versehen. Nur 6,8 Prozent beruhen ausschließlich auf Agenturmeldungen oder sind aus anderen Zeitungen entnommen (Pressespiegel). Sicherlich beruhen auch die namentlich gekennzeichneten Beiträge zum Teil auf Agenturmaterial[2], ebenso wie die im Vorwege aussortierten Meldungen, doch die hohe Zahl

---

[1] Da keine andere Lokalzeitung ausgewertet wurde, läßt sich über die quantitative Leistung des KST nur schwer etwas sagen. Der Vergleich zu den überregionalen Zeitungen, der möglicherweise als nicht gerechtfertigt erscheint, zeigt, daß die zahlenmäßige Differenz zur WELT auf Platz vier nicht so gravierend ist, daß der KST keine vergleichende Analyse zuließe.

[2] Es ist auch möglich, daß die Autorennamen nicht die von Redaktionsmitgliedern der Zeitung sind, sondern Namen von Agentur-Autoren sind, der SZ-Artikel also von einem dpa-Journalisten geschrieben ist. Allerdings ist das die Ausnahme und nicht die Regel.

der Eigenbeiträge spricht insofern für die Qualität der Berichterstattung, als daß ein hohes Maß an Recherche in den Gentechnik-Artikeln steckt.

Tabelle: Verfasser

	Anzahl	Prozent
Basis	953	100
Nicht zuzuordnen	31	3.3
Journalist	881	92.4
Experte	13	1.4
Wissenschaftler	20	2.1
Politiker	8	0.8

Die Kompetenz beim Schreiben geben die Journalisten nur ungern ab. 92 Prozent der Artikel sind von Journalisten selbst geschrieben. Mögliche andere Autoren wie Wissenschaftler, Politiker oder Sachverständige kommen also überwiegend in Form von Zitaten zu Wort.

Die folgende Grafik (vgl. S.237), die das Profil der Themenbereiche für die Gesamtberichterstattung darstellt, zeigt, daß der Bereich der Anwendungsgebiete der Gentechnik dominant ist. Anders als die Kernenergie bietet die Gentechnik eine breitgestreute Palette von Anwendungsmöglichkeiten, die die Berichterstattung spiegelt. Diese Vielfalt bedingt das janusköpfige Image der Gentechnik und den Zwang, nicht pauschal, sondern differenziert zu informieren und zu urteilen. Die Gentechnik pauschal abzulehnen und zu verbieten, bedeutete das Ende der Genomanalyse wie der gentechnischen Krebs- und Aidsforschung.[3] Die Gentechnik ist ein politisches Thema. Dies zeigt Platz zwei der Rangfolge der Themenbereiche. Das zwiegespaltene Image der Gentechnik

---

[3] Ob die Berichterstattung die ganze Bandbreite von Anwendungen präsentiert oder sich auf bestimmte Bereiche konzentriert, wird noch zu zeigen sein. Auch die Frage der Bewertung wird noch zu klären sein.

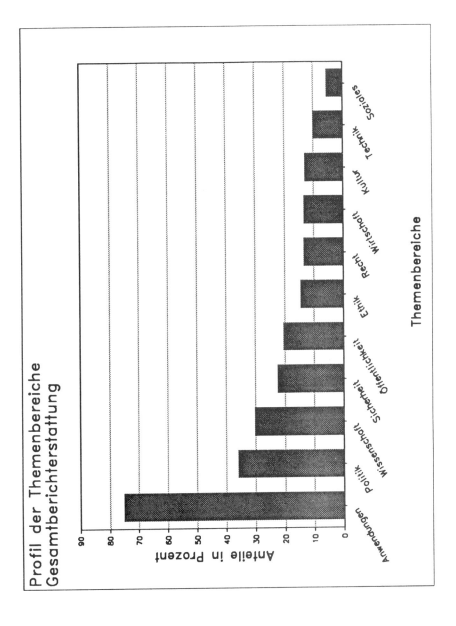

(enormer Nutzen - verheerende Folgen) machte es von Beginn an zu einem umstrittenen Thema. Während anfangs noch die Selbstkontrolle der Wissenschaftler denkbar war, wurde im Laufe der Zeit eine gesetzliche Regelung zwingend. Eng verknüpft mit den vielfältigen Anwendungen ist Rang drei der Gentechnik als Wissenschaftsthema. Rang vier zeigt als Antipode zum Nutzen der Gentechnik die möglichen Folgen (Sicherheitsfragen). Den fünften Platz belegt der Stand und die Form der gesellschaftlichen Debatte sowie die Frage nach der Bürgerbeteiligung (Öffentlichkeit). Diese fünf Bereiche bilden die Grundbausteine der Berichterstattung. Um diesen inneren Kreis scharen sich die ethischen, rechtlichen, wirtschaftlichen und kulturellen Aspekte des Themas. Technische Fragen und soziale Aspekte sind die Außenseiter.

Welchen Beitrag die einzelnen Zeitungen zum Gesamtprofil leisten und wo die stärksten Abweichungen zu verzeichnen sind, zeigen die fünf Grafiken auf den folgenden Seiten (vgl. S.239-243).

Die FAZ trägt maßgeblich zum wissenschaftlichen Gehalt des Themas bei. Dagegen werden politische Fragen, Sicherheitsaspekte und Beteiligung der Öffentlichkeit unterdurchschnittlich aufgegriffen. Konsequent versucht die FAZ die Diskussion auf wissenschaftliche und technische Aspekte zu begrenzen. Obwohl ähnlich positiv zur Gentechnik eingestellt, ist die Wissenschaftsberichterstattung der WELT rudimentär. Auffällig stark werden in der WELT ethische Probleme diskutiert. Fragen der Menschenwürde auf der Basis christlich-sozialer Werte bestimmen die Information und die Bewertung der Gentechnik in der WELT. Die SZ betont überdurchschnittlich die Anwendungen der Gentechnik, aber im Kontext der möglichen Folgen einer so manipulierten Natur. Auf der politischen Ebene fordert die SZ nachdrücklich eine gesetzliche Reglementierung der Forschung. Das eigene Informationsangebot wird in der SZ ergänzt durch Hinweise auf populäre Sachbuchliteratur und Rezensionen zu Fernsehsendungen. Der TAZ geht es in erster Linie um die politische Diskussion des Themas. Alle Anwendun-

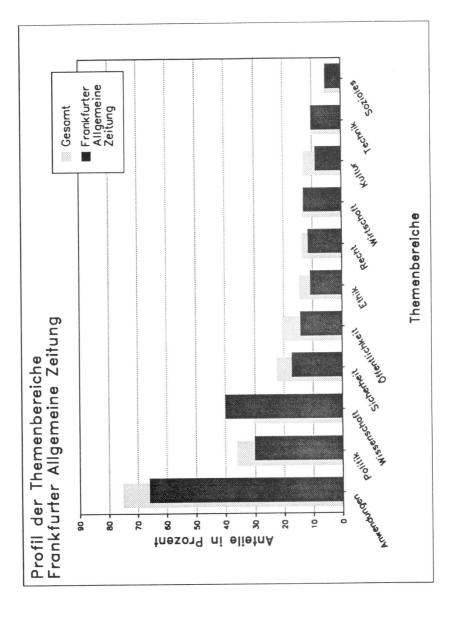

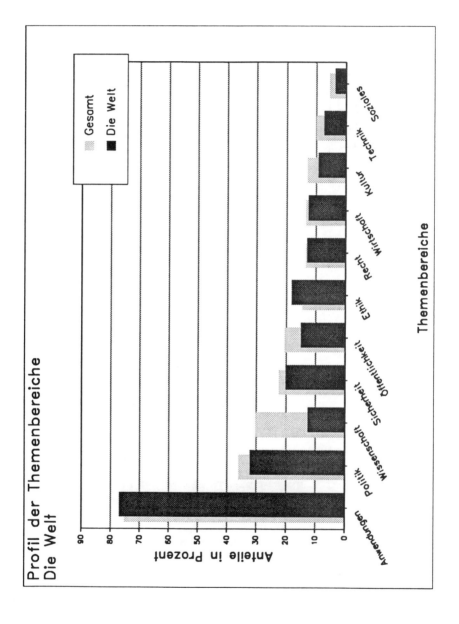

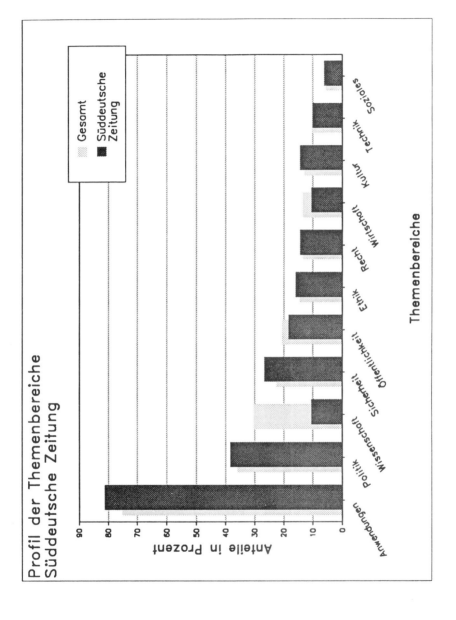

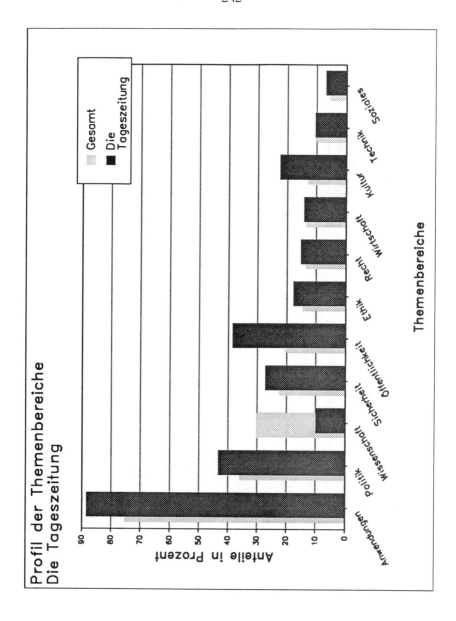

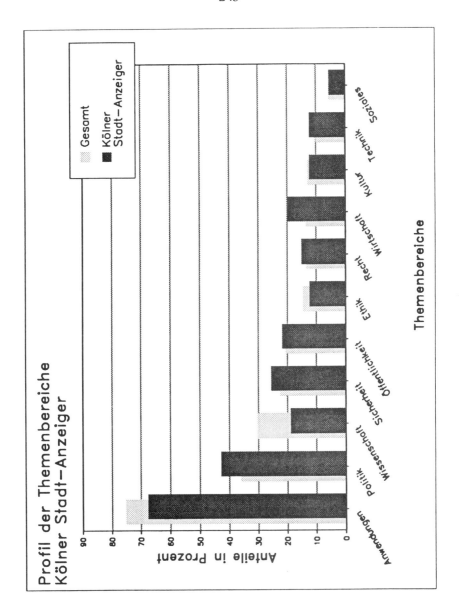

gen werden hinsichtlich ihrer politischen Bedeutung analysiert, die wissenschaftliche Bedeutung findet nur am Rande Interesse. Die zweite thematische Orientierung der TAZ richtet sich auf eine breite öffentliche Debatte der Gentechnik. Möglichkeiten der Einflußnahme und des Widerstands der Bevölkerung werden ausführlich beschrieben. Die Allianz verschiedener genkritischer Gruppen zu einer homogenen "Front" ist kommunikatives Ziel der TAZ. Kulturelle und soziale Folgen wie Diskriminierung von Frauen oder Behinderten werden in der TAZ vehementer aufgezeigt als in allen anderen Zeitungen. Der KST, der in der Person Marianne Quoirins TAZ-ähnliche Themenbereiche bevorzugt (Politik, Sicherheit, Öffentlichkeit), zeigt durch lokale Gegebenheiten (und andere Autoren) aber auch Interesse an der wissenschaftlichen und wirtschaftlichen Seite des Themas. Die Fragen: Was macht das Kölner Universitäts-Institut für Genetik genau? oder Wie manipuliert das MPI für Züchtungsforschung die Petunien? werden ebenso beantwortet, wie auf die ökonomische Bedeutung der Genforschung für die Stadt Köln hingewiesen wird. Die Gentechnik als Wirtschaftsfaktor für die Stadt führt auch zur Betonung der ökonomischen Bedeutung der Gentechnik generell.

Der dominante Themenbereich Anwendungen ist für die Zeitungen mit unterschiedlichen Fokussierungen versehen. Generell ist zu sagen, daß das Innovationspotential der Gentechnik in der Rohstoffversorgung (z.B. Erzeugung von Ölen und Fetten; Stärke) oder der Energieerzeugung (Biogas/ Bioalkohol) kaum thematisiert wird. Auch Enzym-Design (Enzyme mit bestimmten Eigenschaften maßschneidern) oder die gentechnische Herstellung und Konservierung von Nahrungs- und Genußmitteln bleiben Mauerblümchen in der Erwähnung. Renner sind dagegen die Herstellung von Impfstoffen und Medikamenten (Pharmazeutika), die medizinischen Diagnostik- und Therapiemöglichkeiten, vor allem die Genomanalyse und die Gentherapie (Keimbahneingriffe). Auch die Anwendungen in der Fortpflanzungsmedizin sind zentral. Erst nach den, den Menschen unmittelbar betreffenden Möglichkeiten, folgen die "molekulare" Landwirtschaft, die Pflanzen- und die Tierzucht. Die FAZ berichtet am häufigsten über die Entwicklungen im pharmazeutischen Bereich, gefolgt von allen Formen der genetischen Tests (z.b. vorgeburtliche Diagnostik oder Gen-Analysen in Strafverfahren). Damit orientiert sich die FAZ an legitimen Erwartungen und faktischen Anwendungen. Die Verbindung von Gen- und Reproduktionstechnik zur Züchtung eines neuen Menschen ist aus heutiger Perspektive dagegen im Bereich der Fiktion anzusiedeln. Den Zusammenhang zwischen diesen beiden Techniken betonen die anderen vier Zeitungen. Humangenetik und Reproduktionsmedizin sind die Anwendungsbereiche, die die meiste Kritik hervorrufen. Kritisch und realistisch ist die TAZ in einem anderen Bereich. Da weltweit bereits gentechnisch veränderte Mikroorganismen und Pflanzen freigesetzt werden, konzentriert sich die TAZ thematisch auf diesen Bereich. Die Kritik der TAZ ist auf diese Art konkret und projektbezogen. Zurückhaltend berichten alle Zeitungen außer der WELT, die sich euphorisch äußert, über mögliche Erfolge in der Krebs- und Aidsforschung. Hier zeigt sich das Bemühen, keine übersteigerten Hoffnungen zu wecken. Nur sehr vorsichtig wird auch auf die Möglichkeit der gentechnischen "Reinigung" einer verschmutzten Umwelt durch genmanipulierte Mikroorganismen hingewiesen. Häufiger als alle anderen berichtet die SZ über Anwendungen in der Tier- und Pflanzenzucht. Nicht der Mensch allein, sondern die Natur steht im Mittelpunkt der SZ-Berichterstattung. Die Gentechnik als "künstliche Natur mit Restrisiko" verstößt gegen das langsame und behutsame Vorgehen der Natur und wird dementsprechend kritisch beurteilt. Ein Blick auf die Zeitachse bestätigt diesen Trend. Seit Beginn der Themenkarriere betont die FAZ Impfstoff- und Medikamentenherstellung, die SZ die Pflanzenzucht. Auffällig ist, daß die WELT schon sehr früh beginnt, Eingriffe ins menschliche Erbgut (zunächst unspezifisch) zu prognostizieren. Dies korrespondiert mit der Betonung von ethischen Aspekten wie dem Schutz der Menschenwürde.

Die Sicherheitsbedenken bleiben in den Zeitungen merkwürdig ungenau. Die Gefahr "neuer" Viren und die Verseuchung der Menschheit damit wird anfangs mit Fragen der Laborsicherheit gekoppelt. Von TAZ und SZ wird später in erster Linie allgemein auf die Störung des ökologischen Gleichgewichts hingewiesen. Schon speziellere Folgen wie die Gefahr für die Artenvielfalt (durch gentechnisch optimierte Standardsorten) oder die Entstehung von giftigen Nebenprodukten beim Abbau von Schadstoffen werden nur noch selten erwähnt. Die hypothetischen Gefahren werden wenig präzise formuliert.

Im Themenbereich Wirtschaft geht es vor allem um die Konkurrenz zu anderen Nationen und in der Bundesrepublik um die Beteiligung der Industrie an universitärer Forschung. Hier ist die FAZ besonders aktiv. Geht es um Geld, informiert die TAZ darüber, mit wieviel Millionen Mark die Genforschung von staatlicher Seite unterstützt wird. Forschungsförderung lautet das Stichwort dazu in der TAZ. Im Themenbereich Öffentlichkeit zeigen sich ähnliche Differenzen. Die FAZ sorgt sich um die öffentliche Akzeptanz der Gentechnik, die TAZ berichtet ausführlich über Kritiker und ihre Organisation. So zeigt sich, daß die Themenbereiche Wirtschaft oder Öffentlichkeit von den Zeitungen durchaus mit verschiedenen Aspekten versehen werden. Die Presse gewichtet also Themenbereiche und Themenaspekte unterschiedlich und berichtet sehr heterogen.

Das Handlungsträgerprofil der Gesamtberichterstattung und der einzelnen Zeitungen zeigen die sechs Grafiken auf den folgenden Seiten (vgl. S.247-252). Ähnlich dominant wie die Anwendungsgebiete der Gentechnik bei den Themenbereichen sind die Forschungseinrichtungen bei den Handlungsträgern. Auch weiter zeigen sich behandelte Themenbereiche und beteiligte Handlungsträger als kongruent. Die Exekutive, folgt an zweiter Stelle (vgl. Politik an Rang zwei der Themenbereiche). Unter den Medien an dritter Stelle der Informanten dominieren die wissenschaftlichen Fach-

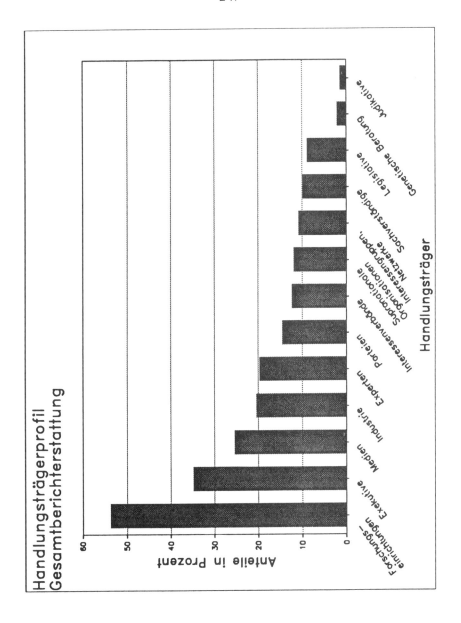

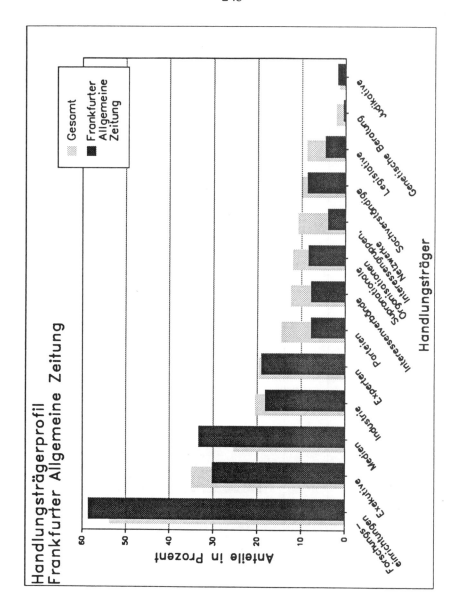

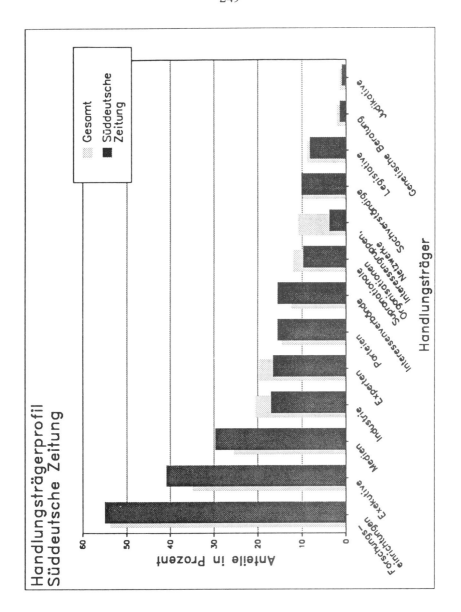

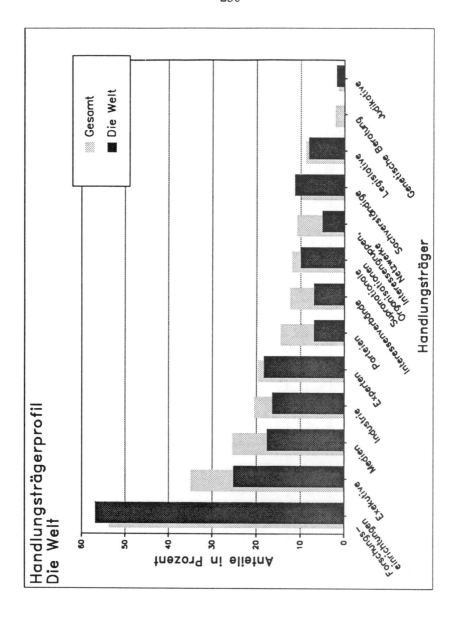

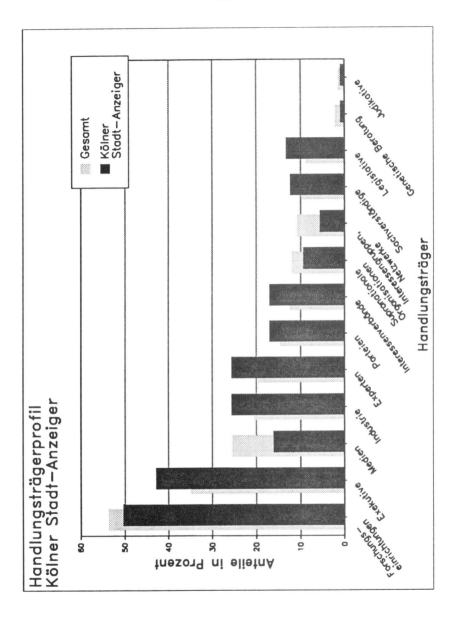

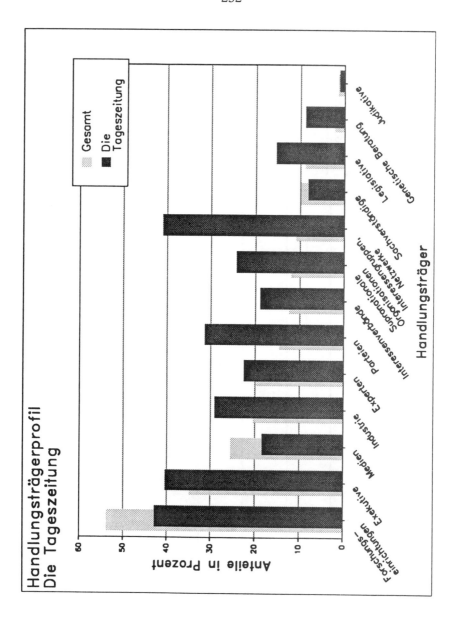

zeitschriften. Die Industrie als Akteur umfaßt sowohl bundesdeutsche Konzerne wie Hoechst und Bayer als auch amerikanische Gentechnik-Firmen wie Cetus oder Genentech. Daß das Thema expertenlastig ist, zeigt Rang fünf: die namentlich genannten "unabhängigen" Wissenschaftler wie anfangs die Amerikaner James Watson, Stanley Cohen oder Paul Berg, später Erwin Chargaff, aber auch Sozialwissenschaftler wie Reinhard Löw. Sie werden als Einzelpersonen, ohne Institutszugehörigkeit, eingeführt. Seltener wird dagegen pauschal von "den Wissenschaftlern/ den Sachverständigen" gesprochen, ohne daß einzelne Personen erkennbar sind. Hier wird Kompetenz suggeriert, ohne diese näher zu spezifizieren. Offensichtlich reicht das Etikett "Wissenschaftler", um Aussagen Glaubwürdigkeit zu verleihen. Die Gentechnik als politisches Thema bestätigen auch die Parteien als Handlungsträger. Außereuropäische Organisationen wie das NIH oder die WHO sind zu Beginn der Themenkarriere aktiver, später werden sie vom EG-Parlament oder EG-Kommissionen abgelöst. Ihre Bedeutung bleibt untergeordnet. Auch Interessenverbände oder Interessengruppen/Netzwerke agieren erst spät im Verlauf der Themenkarriere und erreichen deshalb kein stärkeres Gewicht. Bei den Interessenverbänden dominieren die ärztlichen Standesorganisationen. Dies ist vor allem durch die Problematik der Fortpflanzungsmedizin erklärlich. Danach folgen die Kirchen, die sich mit dem Eingriff in Gottes Schöpfung auseinandersetzen. Die Interessengruppen werden von der "Foundation on Economic Trends" unter Leitung von Jeremy Rifkin beherrscht. Erst dann folgen bundesdeutsche Bürgerinitiativen wie die "Hoechster Schnüffler un Maagucker" oder die Kölner Gruppe "Bürger beobachten Petunien".

Die FAZ bestätigt auch mit den Handlungsträgern ihre Strategie des Wissenschaftsthemas Gentechnik. Die Forschungseinrichtungen agieren weitaus mehr als die Exekutive. Stärker als die Politiker sind die Medien vertreten. Für die FAZ bedeutet Medien im wesentlichen die wissenschaftliche Fachpresse wie "Science" oder "Nature". Regelmäßig wird auch

Fachliteratur rezensiert. Die "weitere" Öffentlichkeit wie zum Beispiel Vereine und Verbände kommen kaum zu Wort. Auch gegenüber sogenannten "Ökologen" oder "alternativen" Wissenschaftler vom Öko-Institut signalisiert die FAZ durch den Gebrauch von Anführungsstrichen Distanz. "Kritische" Positionen werden oft im Konjunktiv referiert, Gegenlautendes im Indikativ.

Für die SZ signalisieren die Akteure, daß die politische Dimension des Themas von Bedeutung ist. Die SZ versucht verschiedene Gruppen zu Wort kommen zu lassen, dafür spricht auch die Einrichtung des SZ-Forums, wo zu strittigen Themen Diskussionen geführt und abgedruckt werden. Die Gentechnik ist während des Untersuchungszeitraums Thema von drei SZ-Foren. Die SZ beruft sich auch auf Informationen des B.U.N.D, des Öko-Instituts oder des Gen-Ethischen Netzwerks. Die Bücher von Experten wie Jost Herbig oder Reinhard Löw werden vorgestellt. Diese Autoren schreiben auch selbst in der SZ, vergleichbar den Naturwissenschaftlern in der FAZ.

Die WELT läßt Rechtsexperten wie Rupert Scholz oder Justizminister Engelhard eigene Gastkommentare schreiben. Auch Länderchefs von CDU geführten Ländern wie Uwe Barschel oder Bernhard Vogel geben in der WELT Stellungnahmen ab. Die WELT orientiert sich darüber hinaus international. Besonders die amerikanische Forschungslandschaft und die dortige Technologiepolitik werden als Vergleich zur bundesdeutschen herangezogen.

Der KST wählt durch seine Verbreitung bedingt stärker Akteure auf Länder- und kommunaler Ebene aus. Dies gilt für Politiker, Forscher, Experten und Industrie. Lokalmatadoren wie der Kölner Genetiker Peter Starlinger sind überdurchschnittlich oft vertreten.

Geradezu gegensätzlich zu den Handlungsträgerprofilen der anderen Zeitungen ist das der TAZ. Die Forschungseinrichtungen sind nur knapp häufiger Handelnde als Interessengruppen und Netzwerke. Dann folgen Exekutive und Parteien. Hier werden vor allem die Vertreter der Grünen zitiert. Industrievertreter werden als Gegenpole zu "TAZ-eigenen" Experten und Forschern zitiert.

Unterschiedlich sind auch die Medien, die die TAZ auswertet. So bedeutet wissenschaftliche Fachpresse für die TAZ durchaus alternative Wissenschaftsmagazine wie die "Wechselwirkung" oder "Dr. med. Mabuse". Ab 1986 wird häufig das Informationsorgan des G.E.N., der Gen-Ethische-Informationsdienst (G.I.D.) zitiert. Nur bei der TAZ agieren Genetische Beratungsstellen in größerem Umfang. Sie werden als autonome Institutionen, also nicht an Universitäten angegliedert, eingeführt. Der Stellenwert der Beratungsstellen bei der TAZ, die durchweg negativ beurteilt werden, ist im Kontext der TAZ-Argumentation zu verstehen, daß die Gentechnik eugenischen Traditionen (NS-Zeit) und Utopien verhaftet sei.

Die Antwort auf die Frage, wer welche Themenbereiche initiert, ergibt sich aus der Korrelation von Handlungsträgern und Themen. Erwartungsgemäß thematisieren die Forschungseinrichtungen wissenschaftliche Fragen und Anwendungen der Gentechnik, aber auch Sicherheitsfragen. Die Industrie kümmert sich um wirtschaftliche Aspekte, die Exekutive um Politik. Interessant ist, daß Industrie und Interessengruppen sich im gleichen Maße um den Themenbereich Öffentlichkeit sorgen. Die Industrie fürchtet um die öffentliche Akzeptanz der Gentechnik, die Interessengruppen um ihre Partizipationsmöglichkeiten. Die Industrie nimmt aber auch zu politischen Fragen Stellung. Geht es zunächst um falsche Weichenstellung der Politiker, ist es später der Vorwurf, daß die Politik zu langsam agiere.

Alle Handlungsträger betonen gleichermaßen die Anwendungsmöglichkeiten der Gentechnik. Während die einen vor ihren eigenen Horrorvisionen erschrecken, sind die anderen begeistert von den faszinierenden Szenarien, die sie selbst entworfen haben. Beides Extreme auf der gleichen Skala, ist es für den Leser schwer zu entscheiden, was in nächster Zukunft möglich ist.

Generell ist zu sagen, daß am häufigsten zwei Handlungsträger pro Artikel genannt werden (29,5 Prozent). Bei den Themen ist das anders. Hier werden in den Artikeln am häufigsten fünf Themenbereiche erwähnt (29,6 Prozent).[4] Das bedeutet einerseits, daß die Artikel thematisch vielschichtig sind, andererseits daß sich viele Akteure zu einer Reihe von Themenaspekten äußern. So reichen zwei Experten, um zu fünf Themenbereichen Stellung zu nehmen.

Tabelle: Prognosen in einzelnen Zeitungen

	Gesamt	Zeitungstitel				
		FAZ	SZ	WELT	TAZ	KST
Basis	953	317	205	158	168	105
Prognosen Nein	76.0	78.5	72.2	69.6	86.3	68.6
Ja, kurzfristige	6.9	8.8	5.4	10.1	4.2	3.8
Ja, langfristige	17.1	12.6	22.4	20.3	9.5	27.6

Obwohl generell vorsichtig mit Prognosen, in 76 Prozent der Artikel werden keine Vorhersagen gemacht, wird fast dreimal so häufig in die weitere wie in die nähere Zukunft prognostiziert. KST und SZ wagen am häufigsten langfristige Voherhersagen, WELT und FAZ sind sich der Entwicklung in den nächsten Jahren am sichersten. Generell spricht die hohe Prozentzahl der Artikel, die keine Prognose wagen, für eine starke Unsicherheit der Presse im Umgang mit dem Thema Gentechnik.

---

[4] Die Obergrenze der codierten Themenaspekte lag bei fünf Nennungen.

Tabelle: Historie in einzelnen Zeitungen

	Gesamt	Zeitungstitel				
		FAZ	SZ	WELT	TAZ	KST
Basis	953	317	205	158	168	105
Historie						
Ja		20.9	26.8	19.0	22.8	14.3	14.3
Nein		79.1	73.2	81.0	77.2	85.7	85.7

Rückwärtsgerichtet ist das Ergebnis ähnlich mager. Über die Entwicklung der Gentechnik berichtet nur ein Fünftel der Artikel. Die Wissenschaftsgeschichte der Gentechnik ist am kontinuierlichsten in der FAZ beschrieben. Der Stand der Forschung wird häufig in den (wissenschafts-)historischen Kontext eingebettet. Doch insgesamt präsentiert sich die Gentechnik in der Berichterstattung als seltsam geschichts- und folgenlos. Die Artikel informieren über punktuelle Ereignisse, Prozesse sind kaum zu erkennen.[5]

Die Tabelle auf der folgenden Seite zeigt (vgl. S.258), daß rund 30 Prozent der Artikel Zustimmung und Ablehnung der Gentechnik in der Bevölkerung diskutieren. Am häufigsten betrifft dies die Gentechnik allgemein. Spekuliert wird daneben am meisten über die Akzeptanz von Eingriffen ins menschliche Erbgut. Mit großem Abstand folgen die Genomanalyse und die Pflanzenzucht als weitere Diskussionsfelder für Akzeptanzprobleme. Die TAZ verdoppelt den Anteil der Texte, die die Akzeptanz-Diskussion führen und thematisiert in 60 Prozent der Artikel gesellschaftliche Zustimmung und Ablehnung von einzelnen Anwendungsbereichen. Neben den schon genannten Feldern problematisiert die TAZ vor allem den Einsatz gentechnischer Methoden zu militärischen Zwecken und die Anwendung in

---

5 Dies stimmt mit den Untersuchungsergebnissen zur Kernenergieberichterstattung überein. Vgl. Kapitel II, 1.2., S.45-46

Tabelle: Akzeptanz der Anwendungsbereiche in einzelnen Zeitungen

	Gesamt	Zeitungstitel				
		FAZ	SZ	WELT	TAZ	KST
Basis	953	317	205	158	168	105
Akzeptanz der Anwendungsbereiche						
Nein	71.4	82.3	75.6	77.8	39.3	71.4
Nein, aber zur Gentech. allg.	7.8	6.6	5.9	7.0	12.5	8.6
Ja, in der Pflanzenzucht/ Landwirtschaft	3.8	.9	3.4	1.9	11.9	2.9
Ja, in der Tierzucht	2.0	1.9	.5	1.9	4.2	1.9
Ja, in der Nahrungs- und Genußmittelindustrie	.1	.0	.0	.0	.6	.0
Ja, in der pharmazeutischen Industrie	1.7	1.3	1.5	.6	3.6	1.9
Ja, in der chemischen Industrie	.1	.0	.0	.0	.0	1.0
Ja, in der Medizin allg.	1.3	.3	2.0	1.9	2.4	.0
Ja, bei Gentests	3.6	1.9	1.5	2.5	10.1	3.8
Ja, bei Eingriffen ins menschliche Erbgut	7.1	4.7	8.3	6.3	10.1	8.6
Ja, bei militärischen Zwecken	1.3	.0	1.5	.0	5.4	.0

der Tierzucht. Die Diskussion der Akzeptanz-Frage signalisiert diskursiven Stil, bedeutet aber in der TAZ oft die Proklamation von völliger Ablehnung und die Information darüber, wie und wo sich bereits der Widerstand organisiert hat.

Während die Akzeptanz einzelner Felder noch in 30 Prozent der Artikel diskutiert wird, ist die Frage nach denkbaren Alternativen zur Verwendung von gentechnischen Methoden nur für 10 Prozent der Artikel ein Thema. Wie die Tabelle auf der folgenden Seite darstellt (vgl. S.260), thematisiert die FAZ andere Lösungen als gentechnische Herstellung im Bereich der pharmazeutischen Industrie, ebenso die WELT.

Die SZ sieht alternative Wege allenfalls in der Pflanzenzucht und der Landwirtschaft, der KST im Bereich der Genomanalyse. Die Zeitachse zeigt zusätzlich, daß solche Überlegungen ohnehin erst zum Ende der siebziger Jahre virulent sind.

Einzig die TAZ verfolgt auch hier eine andere Strategie als die anderen Zeitungen. Immerhin knapp ein Viertel der Artikel informiert über Alternativen sowohl in der Medizin (Diagnostik/Genomanalysen und Therapie/Eingriffe ins Erbgut) oder der Umweltsanierung als auch im Bereich der Lebensmittelherstellung. Hier wird über die Kritik hinaus überlegt, welche Möglichkeiten es gibt, zum Beispiel Umweltprobleme anders zu lösen.

Tabelle: Alternativen zu Anwendungsgebieten in einzelnen Zeitungen

	Gesamt	Zeitungstitel				
		FAZ	SZ	WELT	TAZ	KST
Basis	953	317	205	158	168	105
Alternativen zu Anwendungsgebieten						
Nein	89.8	94.0	90.2	93.7	77.4	90.5
Ja, in der Rohstoffversorgung	.1	.0	.0	.0	.6	.0
Ja, in der Pflanzenzucht/ Landwirtschaft	1.2	.9	2.4	.0	1.2	1.0
Ja, in der Tierzucht	1.0	.6	2.0	.0	1.8	1.0
Ja, in der Nahrungs- und Genußmittelindustrie	.4	.0	.0	.0	2.4	.0
Ja, in der pharmazeutischen Industrie	1.5	1.3	1.0	1.9	3.0	.0
Ja, in der chemischen Industrie	.2	.3	.0	.0	.0	1.0
Ja, im Umweltsektor	.9	.6	1.0	.6	1.8	1.0
Ja, in der Medizin allg.	1.8	.6	2.0	1.9	3.6	1.9
Ja, bei Gentests	1.7	.9	1.0	.6	4.2	2.9
Ja, bei Eingriffen ins menschliche Erbgut	1.3	.6	.5	1.3	3.6	1.0
Ja, bei militärischen Zwecken	.1	.0	.0	.0	.6	.0

Tabelle: Gesamtbewertung einzelner Zeitungen

	Gesamt	Zeitungstitel				
		FAZ	SZ	WELT	TAZ	KST
Basis	953	317	205	158	168	105
Wertung neutral	41.7	51.4	45.9	31.6	29.2	39.0
leicht positiv	27.3	29.3	25.4	39.2	11.3	32.4
stark positiv	3.5	2.2	2.4	7.6	3.0	3.8
leicht negativ	21.8	13.6	22.0	17.7	43.5	18.1
stark negativ	5.8	3.5	4.4	3.8	13.1	6.7

Die Behauptung, daß die Presse Angst erzeuge, also stark negativ über die Gentechnik berichte, läßt sich statistisch gesehen nicht halten. Der Gesamttenor der Artikel ist in 30,8 Prozent der Fälle positiv und nur in 27,6 Prozent negativ. Immerhin 41,7 Prozent der Artikel bewerten nicht eindeutig, sondern bleiben in ihrer Gesamteinschätzung neutral. Allerdings werten mehr Artikel stark negativ (5,8 Prozent) als stark positiv (3,5 Prozent).

Die Bewertungsstrategien der einzelnen Zeitungen sind eindeutig. Während sich FAZ, SZ und KST stärker um Neutralität bemühen, zielt die Bewertung von WELT und TAZ offen in eine Richtung. Fast die Hälfte der Artikel in der WELT (46,8 Prozent) bewerten die Gentechnik positiv, 21,5 Prozent äußern Kritik. In der TAZ ist es - sogar extremer - genau umgekehrt. 56,6 Prozent der Artikel beurteilen die Gentechnik negativ, nur 14,3 Prozent sehen auch positive Aspekte. Der KST zeigt Widersprüchliches. Einerseits erreicht er Platz zwei der Positiv-Gesamteinschätzung (36,2 Prozent), aber auch Platz zwei bei den stark negativ wertenden Artikeln. Die Erklärung liegt in der binnenpluralen Organisation des KST. Die Einschätzungen des KST zur Gentechnik sind durch eine hohe Autorenzahl gespalten. Einzig Marianne Quoirin sichert Kontinuität. Sie wertet stark negativ. Alle anderen Autoren urteilen zwiespältiger, aber im Zweifel eher zugunsten der Gentechnik.

Die FAZ ist um "neutrale" Information bemüht (51,4 Prozent). Krass ist aber der Unterschied zwischen positiven und negativen Bewertungen. 31,5 Prozent der Artikel werten positiv, nur etwas mehr als die Hälfte (17,1 Prozent) negativ. Geradezu unentschieden wirkt die SZ dagegen. Nahezu gleichauf liegen positive und negative Gesamtbewertungen.

Wie auf den folgenden Seiten zu sehen (vgl. Tabelle S.263-264), verteilen sich Zustimmung, Abwägung und Ablehnung nicht gleichmäßig über die Themenbereiche. Die höchsten Zustimmungsraten haben die Bereiche Anwendungen, Politik und Wissenschaft. In den Bereichen Sicherheit, Wirtschaft, soziale und kulturelle Folgen überwiegen die negativen die positiven Bewertungen. Das Themenfeld Öffentlichkeit wird ebenso oft positiv wie negativ eingeschätzt. Abweichend davon beurteilt die FAZ Sicherheitsfragen als beherrschbar (positiv), die Wirtschaft als vielversprechend (positiv). Auch die sozialen Folgen der Gentechnik sind nicht bedrohlich in der FAZ-Berichterstattung. Die öffentliche Debatte und das Begehren der Laienöffentlichkeit mitzuentscheiden, wird ablehnend beurteilt. Die SZ wägt in hohem Maße ab. Selbst die Bereiche Wissenschaft und Anwendungen werden kritisch betrachtet. Die Frage, ob der wissenschaftliche Fortschritt wünschenswert ist, wird von der SZ eher skeptisch beantwortet. Positive und negative Einschätzungen über mögliche Anwendungen halten sich fast die Waage. Ungetrübten Optimismus verbreitet die WELT durch ihre überwiegend positiven Beurteilungen. Nur die Reaktionen der Öffentlichkeit werden ablehnend besprochen. Die TAZ bietet wiederum das Pendant. Nur die Forderungen der Öffentlichkeit werden gelobt, alle anderen Themenbereiche werden entschieden negativ bewertet. Dem KST scheinen die Sicherheitsrisiken der Gentechnik eher unberechenbar (negativ). Die

Tabelle: Bewertungen von Themenbereichen in einzelnen Zeitungen

	Gesamt	Zeitungstitel				
		FAZ	SZ	WELT	TAZ	KST
Anwendungen	1106	270	252	194	263	127
Positiv	41.0	53.7	36.5	52.6	20.2	48.8
Abwägend	22.6	27.0	28.6	22.2	14.1	19.7
Negativ	36.3	19.3	34.9	25.3	65.8	31.5
Sicherheit	262	69	73	40	50	30
Positiv	36.6	47.8	30.1	42.5	28.0	33.3
Abwägend	21.0	15.9	32.9	27.5	6.0	20.0
Negativ	42.4	36.2	37.0	30.0	66.0	46.7
Wirtschaft	186	63	31	25	29	38
Positiv	40.9	47.6	35.5	44.0	17.2	50.0
Abwägend	7.5	4.8	12.9	20.0	3.4	2.6
Negativ	51.6	47.6	51.6	36.0	79.3	47.4
Soziales	56	17	14	7	12	6
Positiv	33.9	41.2	21.4	57.1	16.7	50.0
Abwägend	17.9	17.6	28.6	14.3	8.3	16.7
Negativ	48.2	41.2	50.0	28.6	75.0	33.3
Politik	390	96	91	65	87	51
Positiv	48.2	47.9	60.4	63.1	23.0	51.0
Abwägend	14.9	17.7	7.7	16.9	13.8	21.6
Negativ	36.9	34.4	31.9	20.0	63.2	27.5
Recht	129	33	33	19	27	17
Positiv	43.4	48.5	42.4	63.2	22.2	47.1
Abwägend	19.4	30.3	30.3	10.5	7.4	5.9
Negativ	37.2	21.2	27.3	26.3	70.4	47.1

Tabelle: Bewertungen von Themenbereichen in einzelnen Zeitungen (Fortsetzung)

	Gesamt	Zeitungstitel				
		FAZ	SZ	WELT	TAZ	KST
Kultur	141	31	31	14	52	13
Positiv	32.6	29.0	48.4	50.0	15.4	53.8
Abwägend	10.6	16.1	9.7	21.4	7.7	.0
Negativ	56.7	54.8	41.9	28.6	76.9	46.2
Wissenschaft	264	113	61	55	14	21
Positiv	68.2	74.3	59.0	72.7	42.9	66.7
Abwägend	17.0	20.4	16.4	16.4	.0	14.3
Negativ	14.8	5.3	24.6	10.9	57.1	19.0
Technik	95	31	22	12	18	12
Positiv	53.7	61.3	36.4	75.0	44.4	58.3
Abwägend	15.8	16.1	27.3	8.3	5.6	16.7
Negativ	30.5	22.6	36.4	16.7	50.0	25.0
Ethik	149	39	37	29	29	15
Positiv	47.7	38.5	59.5	62.1	31.0	46.7
Abwägend	14.8	25.6	10.8	17.2	3.4	13.3
Negativ	37.6	35.9	29.7	20.7	65.5	40.0
Öffentlichkeit	246	57	40	31	87	31
Positiv	47.2	31.6	60.0	35.5	51.7	58.1
Abwägend	6.1	7.0	7.5	6.5	4.6	6.5
Negativ	46.7	61.4	32.5	58.1	43.7	35.5

Anwendungsmöglichkeiten werden zwar tendenziell eher positiv eingeschätzt, addiert man negative und abwägende Kommentare so überwiegen diese jedoch leicht.

Die Zeitachse offenbart, daß die zunehmend kritische Betrachtung der Anwendungen der Gentechnik erst ab Mitte der 80er Jahre beginnt. Sicherheitsbedenken sind dagegen vom ersten Augenblick an gegeben.

Einen auffälligen Bewertungswechsel durchläuft auch der Bereich Öffentlichkeit. Von 1973-79 spielt der Faktor Öffentlichkeit kaum eine Rolle. Kritische Reaktionen der (anfangs amerikanischen) Öffentlichkeit werden, weil angeblich von wenig Kenntnis getragen, negativ eingeschätzt.

Ab 1980 ist die Beurteilung ambivalent. Eine öffentliche Debatte wird für notwendig gehalten, das Verstehen und die Akzeptanz der Gentechnik in der Bevölkerung aber immer noch negativ eingeschätzt.

Tabelle: Darstellungsformen in einzelnen Zeitungen

	Gesamt	Zeitungstitel				
		FAZ	SZ	WELT	TAZ	KST
Basis	953	317	205	158	168	105
Journalistische Darstellungsform						
Bericht	72.1	77.3	68.3	72.2	70.2	66.7
Dokumentation	.9	.0	2.4	.0	1.2	1.9
Pressespiegel	1.5	1.3	4.4	.0	.0	1.0
Reportage/Feature	2.5	2.2	2.0	3.2	2.4	3.8
Portrait	.2	.0	.0	.0	.0	1.9
Interview	2.4	.0	1.0	3.8	8.9	.0
Diskussion	.3	.0	1.0	.0	.6	.0
Leserbrief	3.9	4.4	5.4	1.3	4.2	2.9
Essay	2.8	3.2	3.9	3.8	1.2	1.0
Kommentar	6.6	6.0	5.4	7.6	6.0	10.5
Leitartikel	.9	1.3	.0	1.9	.6	1.0
Glosse	.1	.0	.0	.6	.0	.0
Kolumne	.1	.0	.0	.6	.0	.0
Kritik/Rezension	5.6	4.4	6.3	5.1	4.8	9.5

Es hat sich gezeigt, daß das Thema Gentechnik von Beginn der Berichterstattung an sehr meinungsintensiv ist. Die Verteilung der 953 Artikel auf die journalistischen Darstellungsformen zeigt jedoch, daß die informationsbetonten Formen bei allen Zeitungen überwiegen.

72,1 Prozent der Gentechnik-Artikel sind Berichte. In der FAZ sind es sogar über drei Viertel der Texte, im KST nur zwei Drittel. Der KST ist im Vergleich zu den anderen Zeitungen der Trennungsnorm von Nachricht und Meinung am stärksten verhaftet. Dies zeigt auch der hohe Anteil an Kommentaren (10,5 Prozent). Andere Zeitungen (Pressespiegel), andere Autoren (Essays) und die Leser läßt die SZ am häufigsten zu Wort kommen. Die hohe Zahl von Dokumentationen erklärt sich durch das SZ-Lexikon, in dem einzelne Stichworte wie Keimbahn, Pränatale Diagnostik oder

Springende Gene erläutert werden. In der WELT wird am zweithäufigsten kommentiert, prozentual erscheinen die meisten Leitartikel. Total betrachtet relativiert sich das Ergebnis: 158 Texte erscheinen in der WELT, darunter sind drei Leitartikel. Dort werden politische und moralische Fragen der Gentechnik diskutiert. Der einzige Text, der als Glosse einzustufen ist, erscheint in der WELT. Die Quoten der TAZ für Bericht und Kommentar relativieren sich, da die TAZ qua Intention Information und Meinung in ihren Texten nicht trennt. Als Präsentationsform dominiert neben dem Bericht das Interview. Mehr als doppelt so häufig wie die anderen Zeitungen führt die TAZ Interviews mit Personen, die in der Berichterstattung am gleichen Tag eine Rolle spielen. Die TAZ-Interviews sind durchgängig an eine weitere Darstellungsform gebunden, meist einen Bericht.

Entgegen der Trennungsnorm wird das gesamte Spektrum der journalistischen Darstellungsformen, die informations- wie die meinungsbetonten Formen, zur Wertung genutzt.[6] Generell dominiert zwar die Bewertung im "Sekundärtext", durch Zitate: In über 50 Prozent der Artikel lassen die Autoren Stellvertreter werten.

Tabelle: Wertungen in Berichten

	Gesamt	Bericht
Basis	953	687
Wertung Primärtext	364	175
Sekundärtext	538	473
Ausgewogen	51	39

In jedem vierten Bericht wird auch im "Primärtext", durch die Journalisten selbst gewertet. Offensichtlich halten die Journalisten diese Art von

---
[6] Dieses Ergebnis habe ich ja bereits im Zusammenhang mit den Bewertungskarrieren in Kapitel II, 4.1.3., S.110-111 prognostiziert.

"Führung" des Lesers für notwendig und sich selbst für kompetent genug dazu. Das komplexe Thema Gentechnik fordert besonders die gut informierten Wissenschaftsjournalisten heraus, dem Leser explizit eine Deutung anzubieten. Damit haben die wenigen Wissenschaftsjournalisten eine besondere Verpflichtung. Gerade weil sie so wenige sind, ist kaum damit zu rechnen, daß ihre Einschätzung konterkariert wird. Ihre Anleitung zur Meinungsbildung erreicht eine hohe Verbindlichkeit.

Insgesamt betrachtet prägt die FAZ-Berichterstattung die erste Phase der Berichterstattung. Erst ab 1978 (Beginn des Aufbruchs) beginnen auch SZ und WELT die Berichterstattung mitzubestimmen. KST und TAZ sind erst ab 1982 aktiv.[7]

Das Thema Gentechnik hat durch seine Strittigkeit auch journalistisch unterschiedliche Interpretationen zur Folge. Während die einen das Thema in den näherliegenden Kontext von technischer und wissenschaftlicher Unsicherheit stellen, situieren die anderen das Thema in einem breiten politischen und sozialen Zusammenhang.[8] Damit ist das publizistische Postulat der vollständigen und umfassenden Berichterstattung nicht gefährdet. Interessengeleitet erfüllt jede Zeitung bestimmte Aufgaben. Gemeinsam prägen FAZ, SZ, WELT, TAZ und KST die publizistische Welt des Themas Gentechnik.[9] Für den Rezipienten, liest er nicht alle Zeitungen parallel, ist

---

[7] Da die TAZ vom Berliner Archiv erst ab 1982 systematisch ausgewertet wird und meine Untersuchung deshalb erst zu diesem Zeitpunkt einsetzt, beginnt die TAZ-Themenkarriere 1982.

[8] Michael Altimore, der die amerikanische rDNA-Debatte untersucht, geht davon aus, daß Wissenschaftsdebatten von Befürwortern reduktionistisch (auf wenige Aspekte beschränkt), von Gegnern inflationär (breiterer Kontext) geführt werden. FAZ und WELT verhalten sich also gemäß den Interessen der Befürworter der Gentechnik, SZ, KST und TAZ gemäß den Interessen der Gegner. Vgl. Kapitel II, 2.1., S.51-52

[9] Auch intern ergänzen sich die Zeitungen durch ressortspezifische Berichterstattung. Nicht zu vergessen ist, daß der moderne Mediennutzer nicht nur Zeitungen liest, sondern auch Radio hört und fernsieht.

diese Komplementarität kaum durchsichtig. Für ihn gestaltet sich je nach Lektüre ein anderes Bild der Gentechnik.

Die Einzelbefunde für FAZ, SZ, WELT, TAZ und KST lassen sich zur jeweiligen zeitungstypischen Gesamtstrategie verdichten. Außer der Haltung zum Thema Gentechnik wird implizit auch das Bild der Zeitungen von Wissenschaft und Wissenschaftlern generell deutlich.

Die FAZ deckt vorrangig den Bereich Wissenschaft und Technik des Themas ab. Handlungsträger sind Wissenschaftler und Experten. Die FAZ beeindruckt vor allem durch wissenschaftsjournalistische Leistungen. Dichte und Genauigkeit der wissenschaftlichen Informationen geben dem Leser die Möglichkeit, sein Wissen zu erweitern. Allerdings sind erhebliche Vorkenntnisse nötig. Das Bild der Gentechnik als hoffnung- und hilfeversprechender Fortschritt dominiert. Arbeits- und Produktionsrisiken lassen sich durch biologische und physikalische Laborsicherheitsmaßnahmen einschränken. Die FAZ hält die wissenschaftsinterne Selbstregulation für ausreichend, um die Gentechnik zu kontrollieren. Gesetzliche Regelungen führten nur zu einem bürokratischem Aufwand, der die Forschung behindere. Die Kritik an gentechnischem Fortschritt und denen, die ihn ermöglichen, bleibt wissenschaftsintern. Bemängelt wird vor allem das "mimosenhafte" Informationsverhalten der Wissenschaftler.

Die SZ stellt wissenschaftliche Informationen über die Gentechnik in den Kontext ökologischer Konsequenzen der Forschung. Die Entwicklungen in der Pflanzen- und Tierzucht stehen gleichrangig neben Anwendungen am Menschen. Das Bild der Wissenschaftler ist ambivalent. Sie sind ebenso begabte Erfinder wie mögliche Zerstörer. Die SZ-Autoren fürchten die Überheblichkeit der Forscher, die, von Machbarkeitswahn gesteuert, leichtfertig die Natur manipulieren. Diese Sorge führt zu der Forderung nach gesetzlicher Kontrolle und öffentlicher Debatte.

Die WELT diskutiert die Gentechnik als ökonomisch vielversprechend und förderungswürdig. Die Gefahrendiskussion in der Öffentlichkeit wird als uninformiert und emotional bewertet. Die Bedenken der WELT sind ethisch-moralischer Art. Die Forschungsfreiheit der Gentechnik endet dort, wo die menschliche Fortpflanzung berührt wird und konservative Wertvorstellungen über Zeugung, Ehe und Familie ins Wanken geraten. Hierzu läßt die WELT eine Reihe von Rechtsexperten Vorschläge zur Reglementierung diskutieren.

Die TAZ weitet die Debatte um die Gentechnik sowohl thematisch als auch von den Akteuren her aus. Als Forum für Bürgerinitiativen wie für militante Gruppen (Rote Zora) werden gänzlich konträre Betrachtungsweisen sichtbar. An gentechnischen Projekten orientiert (Freisetzung, BST, B-Waffen) versucht die TAZ den Widerstand von engagierten Nicht-Fachleuten und dissidenten Wissenschaftlern zu organisieren. Öffentlichkeit ist das Hauptinteresse der TAZ. Basis der TAZ-Kritik an der Gentechnik ist der Rückblick auf die deutsche Geschichte. Die Entwicklung der Gentechnik wird in den Kontext der Vergangenheitsbewältigung gestellt. Die Deutschen dürften keine Technik fördern, die in ihren Grundzügen eugenisch sei. Wissenschaftler seien damals wie heute Händler des Todes. Dazu paßt auch die zweite Analogie der TAZ: die Kernenergie. Die Atombombe und Hiroshima sollten als Warnung für die Genforscher gelten, argumentiert die TAZ. Tschernobyl beweise zudem, daß bisher als hypothetisch diskutierte Risiken realistisch seien.

Der KST bietet ein widersprüchliches Bild. Beeindruckt von den ökonomischen Möglichkeiten der Gentechnik und dem Ansehen des Forschungsstandortes Köln ist das Thema wissenschaftlich und wirtschaftlich interessant. Soziale Konsequenzen, vor allem für Frauen, werden maßgeblich von einer Autorin thematisiert. Sie fürchtet, daß die öffentliche Diskussion hinter den faktenschaffenden Handlungen von Wissenschaft und Industrie zurückbleibe. Die Wissenschaftler rücken in die Nähe von mittelalterlichen Alchimisten, die kein Gold, sondern Monster kreieren.

2. THEMENKARRIERE IM ÜBERBLICK

Latenz

Vergleicht man die Themenkarriere mit einem Wagen, den man anschieben will, so ist die Kraft, die am Anfang gebraucht wird, größer. Ist der Wagen erstmal ins Rollen gekommen, braucht man weniger Kraft, um die Kontinuität des Fahrens zu sichern. Ein Set von Handlungsträgern und Themenbereichen muß geschaffen werden, um das Thema zu starten.

Konkret wird das Thema Gentechnik von den beteiligten Wissenschaftlern initiiert. Nicht die Journalisten, sondern die Wissenschaftler problematisieren Anfang der 70er Jahre die möglichen Folgen der Forschung. Da die Wissenschaftler versuchen, das Thema intern zu verhandeln, ist es für die Journalisten schwer, es aufzugreifen. Dazu sind anerkannte Wissenschaftsjournalisten wie Rainer Flöhl von der FAZ nötig, die trotz des Mißtrauens der Wissenschaftler mit Informationen versorgt werden und das Thema in der bundesdeutschen Presse starten. Wissenschaftler und Wissenschaftsjournalisten sind für das Thema die Gruppen, die Luhmann als "Interessierte" oder "Eingeweihte" bezeichnet. Schon sehr früh führt die Uneinigkeit über die Gefährlichkeit der gentechnischen Experimente zu einer Spaltung der Scientific Community. Die "dissidenten" Wissenschaftler werden später zum wichtigen Garant für weitere Akteure, die sie erst aufrütteln.

Zwei Faktoren sind für die Einstiegsphase des Themas wichtig: Der Erfolg, Erbmaterial neu kombinieren zu können, als weitreichender Durchbruch auf dem Gebiet der Wissenschaft und der Faktor Konflikt, der die Themenkarriere von Anfang an ankurbelt. Dieser Konflikt wird jedoch zuerst innerhalb der Wissenschaftsgemeinde ausgetragen, erfaßt kaum andere Teile der Öffentlichkeit. Die Presse berichtet das Thema als strittig unter Experten. Die gesellschaftliche Bedeutung scheint allenfalls am Rande durch.

Das Thema und seine Einschätzung werden zu Beginn der Karriere über die Dimension "Sicherheit" vermittelt. Wie sicher sind die Laboratorien, "können nicht doch manipulierte, für die Menschheit gefährliche Viren ausbrechen" ist die Frage, die in den Medien gestellt wird. Gegen den Horror steht die Hoffnung auf gentechnisch hergestellte Medikamente und die Hoffnung auf die Heilung von Erbkrankheiten. Das letztere ist zumindest bis 1991 eine ünerfüllte Erwartung geblieben. Die Sicherheitsdebatte bleibt auf technische Aspekte beschränkt.

In den ersten Jahren ist das Thema räumlich fern, da alle wichtigen Akteure Amerikaner sind, und alle Ereignisse sich in den USA abspielen. Auch der erste Bürgerprotest ist dort lokalisiert. So reflektiert die Presse die amerikanische rDNA-Debatte als Vorgriff auf die bundesdeutsche Debatte.

Entscheidungsbedarf gibt es bereits zu Beginn für das Thema, da die (etablierten) Wissenschaftler selbst verbindliche Sicherheitsrichtlinien anstreben, allerdings in Eigenverantwortung als Form der Selbstregulation. Staat und Laienöffentlichkeit sollen möglichst ausgeblendet werden. Die Presse trägt diese Strategie der durchaus geschickt agierenden Wissenschaftler mit und bewertet staatliche Eingriffe als negativ. Der Versuch des bundesdeutschen Forschungsministers Hans Matthöfer, die Genforschung auf eine gesetzliche Basis zu stellen, scheitert. Da die Wissenschaftler um die Brisanz des Themas wissen, wird die Diskussion mit großer Hektik vorangetrieben. Zeitdruck, den Luhmann in der Latenten Phase nicht vermutet, schaffen die Beteiligten. Auch ein Wort ist bereits vorhanden: Genetic engineering wird im deutschen zu Genmanipulation oder Genchirurgie.

Aufbruch

In der Aufbruchsphase differenziert sich das Thema aus. Die anfänglichen Sicherheitsbedenken werden durch den ökonomischen Nutzen der Gentechnik überlagert. Zum Kern der Themenbereiche (Anwendungen, Wissenschaft, Sicherheit) kommt die Wirtschaft. Durch die kommerziell verwertbaren "Erfolge" der Gentechnik werden die politischen Aspekte vorübergehend auf ein Seitengleis geschoben. Die Presse verbreitet Goldgräberstimmung. Konzerne, die investieren oder neugegründete Gentechnik-Firmen werden in der Berichterstattung als Pioniere gelobt, die Kommerzialisierung jedoch trotzdem vorsichtig betrachtet. Die Kritik richtet sich gegen die an den Firmen beteiligten Wissenschaftler, die um des Profits willen - so die Presse - nun anfängliche Sicherheitsbedenken als überzogen vom Tisch wischen.

Das Fazit der Berichterstattung bei der Beurteilung der Gentechnik ist jedoch positiv. Revolutionär und zukunftsträchtig sind die am häufigsten genannten Etiketten. Kritisch sei nicht die Forschung, sondern die Politik der Wissenschaftler. Damit hebt sich die bundesdeutsche Presse von der amerikanischen ab, die die 180Grad-Wendung der Wissenschaftler trägt. Die Presse versucht ansatzweise, nicht in eine stereotype Chancen-Risiken Diskussion zu verfallen, sondern vielfältige Aspekte abzuwägen und zu erklären, auf welcher Wertebasis Zustimmung oder Ablehnung der Gentechnik beruhen.

Im Zusammenhang mit dem ersten Retortenbaby und dem amerikanischen Klonkind, flackern ethische Fragen als Stichflamme auf, um dann in den Grundbestand der thematischen Aspekte überzugehen. Philosophen und Moraltheologen erweitern das Spektrum der Akteure.

Die alternative TAZ setzt Kontrapunkte zu der bisher üblichen Betrachtung der Gentechnik. Über ihre Funktion als Forum für eine politische Gegenöffentlichkeit versucht die TAZ, dem Thema zu einer breiteren öffentlichen

Debatte zu verhelfen. Doch engagierte Nicht-Fachleute entdecken das Thema erst spät. Die Berichterstattung ist weiterhin von Wissenschaftlern beherrscht.

Durchbruch

Autoren, die kontinuierlich über das Thema Gentechnik schreiben, gibt es bereits. Die Gentechnik ist außerdem thematisch komplex genug, um auf den Bühnen von Wissenschaft, Wirtschaft oder Politik aufzutreten und diese auch wechseln zu können. Eine Reihe von Akteuren, Personengruppen wie charismatische Einzelpersonen, profilieren sich mit dem Thema. Die Anwendungsbreite des Themas reizt die Phantasie und bietet Spielraum für Hoffnungen und Befürchtungen.

Das Thema Gentechnik ist Mitte der 80er Jahre reif für den endgültigen Durchbruch. Während die Anschaulichkeit der Gentechnik in den ersten Jahren durch den Positiv-Fetisch Insulin gegeben ist, sind die Negativ-Aufhänger nun die Eingriffe in die menschliche Keimbahn. Sie sind ein Beispiel für die zunehmend kritische Betrachtung der Gentechnik. In Verbindung mit der Fortpflanzungsmedizin ist die Debatte um die Gentechnik jedoch in erster Linie eine moralisch-ethische Kontroverse. Das Bild der Gentechnik als Gefahr für Religion und traditionelle Werte, bedroht die soziale Stabilität der Gesellschaft und eint konservative und alternative Presse für kurze Zeit in ihrer Ablehnung. Generell basiert die SZ-Kritik jedoch auf einem eher ökologisch und weniger christlich geprägten Weltbild, die TAZ-Kritik zudem auf historischen Erfahrungen.

Wesentlich für den Druchbruch des Themas sind eine Reihe von Ereignissen auf der politischen Ebene. Die interministerielle Benda-Kommission und die vom Parlament eingesetzte Enquete-Kommission politisieren das Thema. Durch die Kommissionen hat die Politik die Gentechnik auf ihre Agenda entscheidungsbedürftiger Themen gesetzt. Wissenschaftliche Informationen müssen zugunsten politischer Meinungen zurückstehen. Systematische Kenntnisse, die die Urteilsfähigkeit der Leser schulen, werden von der Berichterstattung kaum mehr aufgebaut. Die Gentechnik-Berichterstattung gerät ähnlich der Kernenergie-Berichterstattung in die Gefahr der einseitigen Politikorientierung. Die vielfältigen Aspekte des Themenkatalogs sind zwar als Grundbausteine vorhanden, aber soziale und kulturelle Fragen bleiben Außenseiter. Getrieben von Ereignissen und Verlautbarungen auf Pressekonferenzen kommt die Berichterstattung ihrer Chronistenpflicht nach.

In den Jahren des Durchbruchs gibt es meist eine konstante Berichterstattungsachse, die sich an die "Ereignisse" der Zeit anlehnt. Diese Ereignisse muß jede Zeitung, mindestens durch eine Meldung, abdecken. Die Gestaltung dieser Achse divergiert schon stark, ist aber sozusagen das Pflichtprogramm. Was darüber hinaus präsentiert wird, die Kür, zeigt die zusätzliche Bedeutung, die die Zeitung dem Thema zumißt. Ein Beispiel dafür sind Serien, aber auch problemorientierte Darstellungen zu einzelnen Anwendungsbereichen der Gentechnik, die ohne konkreten Anlaß ihren Weg in die Zeitung schaffen.

Mode

Die Beobachtungen der Durchbruchsphase verschärfen sich in der Modephase noch. Die Gentechnik ist zum politischen Tagesthema geworden. Der Katalog der thematischen Aspekte, der komplett vorhanden ist, engt sich in der Modephase wieder ein. Bestimmte Aspekte haben Konjunktur, andere rücken an den Rand des Interesses. Trotz ansteigender Quantität der Berichterstattung werden die behandelten Themenbereiche und -aspekte überschaubarer. Es zeigt sich, daß die Medien nur eine bestimmte Kapazität haben, das Thema bis in seine Details zu beleuchten. Die Gentechnik wird thematisch eingegrenzt. Dadurch polarisieren die Medien das Thema, aber sie akzentuieren es auch. Obwohl es auch Medienstars unter den Akteuren gibt, bleibt hier das Spektrum breiter als bei den Themenaspekten. Die widersprüchlichen Aussagen der Akteure stehen hart gegeneinander. Die Zeitungen versäumen es, für den Leser darzulegen, auf welcher Tatsachen- und Wertebasis unterschiedliche Bewertungen beruhen. Auch Interessen und Loyalitäten der Wissenschaftler werden nicht transparent. Expertise und Gegenexpertise konkurrieren miteinander. Von den Politikern werden die wissenschaftlichen Ergebnisse strategisch eingesetzt.

In der Modephase verschärft sich der Ton der Diskussion. Besonders die Wissenschaftler fühlen sich zu Unrecht angegriffen und entstellend zitiert. Tatsächlich ist die Berichterstattung Ende der 80er Jahre kritischer orientiert und berichtet tendenziell häufiger über mögliche negative Folgen als über möglichen Nutzen der Forschung. Eine Erklärung dafür sind die Ereignisse in Tschernobyl. In der Berichterstattung, die ohnehin viele Parallelen zur Kernenergie zieht, wird 1986 nach dem Kernenergie-GAU auch der Gen-GAU wahrscheinlich. Der Informations-GAU, den die Presse mit ihrer Tschernobyl-Berichterstattung verursacht haben soll, löst keinen Neuanfang in der Gentechnik-Berichterstattung aus. Nur die Analogien zur Kernenergie bekommen wieder Konjunktur. Möglicherweise wird aber die nun einsetzende Diskussion über die Gentechnik-Debatte selbst und die Rolle der Berichterstattung dabei, unter anderem auch durch die neu entflammte Kernenergie-Kontroverse ausgelöst. Zum eigentlichen Sündenbock einer in Stereotypen erstarrten Debatte wird aber nicht die Presse, sondern die schlecht informierte, emotionale Öffentlichkeit.[10]

Wie in der Modephase anzunehmen, wird nach mehr als zehn Jahren Berichterstattung, von einzelnen Autoren versucht zu bilanzieren. Langfristige Rückschauen und Vorschauen auf die weitere Zukunft bleiben aber Sternstunden einer ansonsten punktuellen Berichterstattung. Erfolgreicher ist das

---

10 Allerdings gelten die vermuteten negativen Einstellungen in der Bevölkerung als direkte Wirkung der Berichterstattung.

Bemühen der Zeitungen, die Anwendungsbereiche der Gentechnik autonom zu betrachten und nicht pauschal zu berichten und zu bewerten. Auch unter den Anwendungen gibt es Spitzenreiter. Dies stimmt mit der Strategie der Zeitungen überein, das Interesse auf bestimmte Themenaspekte zu konzentrieren.

3. SPRACHKARRIERE IM ÜBERBLICK

Auffälligstes Merkmal der Sprachkarriere des Themas Gentechnik ist der Metaphernreichtum. Vermittelt, erklärt und bewertet wird im wesentlichen über sprachliche Bilder. Angeknüpft wird an Altbekanntes aus der Alltagswelt, so an Kenntnisse über Lesen und Schreiben, Vorstellungen aus der Medizin, aus der Technik oder der Religion. Gefahren wie Möglichkeiten der Gentechnik sind so bildhaft beschrieben, daß sie den Lesern deutlich vor Augen stehen. Die mangelnde Gelegenheit der eigenen sinnlichen Erfahrung mit "der" Gentechnik wird so sprachlich kompensiert. Die Deutung des Themas führt zu ausgeprägter Bezeichnungspluralität. Jeder versucht, die eigene Sichtweise durchzusetzen. Eine Reihe von Bildern, auch unrealistische und sensationalistische, kreieren die Wissenschaftler selber. Sie sind sprachlich oft ähnlich professionell und innovativ wie die Journalisten.

Für die einzelnen Phasen sind folgende sprachlichen Merkmale charakteristisch:

Latenz

- In der Latenten Phase führen die Journalisten sehr viel neuen Wortschatz, in erster Linie naturwissenschaftliches Fachvokabular ein. Um den Brückenschlag zwischen Fach- und Standardsprache - gerade zu Beginn - zu erleichtern, wird häufig an die Alltagswelt des Lesers angeknüpft.

- In dieser "unsicheren" Entstehungsphase werden die Worte, die das neue Phänomen "Gentechnik" tragen, noch nicht konsequent verwendet. "Genchirurgie" und "Genmanipulation" werden synonym benutzt, auch die Schreibung ist noch wechselnd (mit und ohne Bindestrich). Eine Reihe von Benennungen bleibt okkasionell.
- In der Latenten Phase gibt es eine hohe Zahl von Entlehnungen aus dem Englischen (Lehnwörter und Lehnprägungen). Der amerikanische Sprachgebrauch ist aufgrund des fortgeschrittenen wissenschaftlichen Forschungsstandes und des Informationsgrades der Bevölkerung ständig präsent (genetic engineering, splicen, sticky ends, DNA).
- (Politisch bedingter) heterogener Sprachgebrauch ist nicht zu beobachten, da auch konträre Einstellungen sich erst ausprägen müssen.
- Besondere Bedeutung kommt den Metaphern zu, die zu Beginn der Themenkarriere die Bezugswelten aufbauen, auf die später rekurriert werden kann. Sie legen die dominante Perspektive auf das Thema in den ersten Jahren nahe.

Aufbruch

- Auch in der Aufbruchsphase ist das Thema noch im sprachlichen Aufbau. Die Journalisten bilden mehr Komposita und Ableitungen (Kompositum Gen- oder Bio-). Alliterationen mit M (Mäuse und Menschen) oder G (Gene und Gesetze) sind häufig zu beobachten. Neue Interpretationen kommen dazu.
- Die sprachliche Initiative liegt bei Wissenschaft und Regierung. Durch Vertreter von Bund und Ländern kommt es zur Ausbildung einer Institutionensprache, die die Presseberichterstattung weitgehend beeinflußt. Die Regierung initiiert in Übereinstimmung

mit den Wissenschaftlern den Wechsel von "Genmanipulation" zu "Gentechnik/technologie".

- Das Phänomen Bezeichnungspluralität wird auffälliger. Der sprachliche Konsens ist noch erhalten. Allerdings wird zum Beispiel in der TAZ die Bezeichnungsweise selber zum Thema gemacht (TAZ-Kritik: "Eiweißfabriken" und "biologische Maschinerie" beschreiben Naturvorgänge aus "ökonomischer" Sicht). Heterogene Einschätzungen über die Gentechnik und ihre Gefahren dokumentieren sich in Adjektiv-Attributen (große, imaginäre, überschätzte Gefahren).

- In der Phase des Aufbruchs werden andere (speziellere) Phänomene für erklärungsbedürftig gehalten wie "Plasmide" oder "springende Gene", da die Autoren bei den Lesern bereits von Vorwissen ausgehen. Für die öffentliche Diskussion werden viele Fachworte vereinfacht definiert.

- Von der TAZ wird allgemeinsprachliches Vokabular bewußt gegen Fachsprachliches gesetzt, um Kritik an einem "verfachlichten" Sprachgebrauch zu äußern ("Gift wegfressen" anstatt "Insektizidrückstände abbauen"). Diese Drastik ist typisch für die im Vergleich zu FAZ und WELT "radikale" TAZ.

Durchbruch

- In der Durchbruchsphase erweitern die Journalisten bekannte Metaphern. Wesentliche Neuerungen im sprachlichen Inventar des Themas Gentechnik gibt es nicht. Dafür ist die Vermittlung einzelner Teilthemen (z.B. der "genetische Fingerabdruck) sprachlich innovativ.

- Kontroverse Bewertungen, die sich in Bezeichnungskonkurrenz äußern, nehmen zu (so Genforscher, Genchirurgen, Molekularbiologen versus genetische Klempner, Gen-Schneider, Gen-Kosmetiker).

Modephase

- In der Modephase ist der Wortschatz der Gentechnik-Debatte voll ausgebildet. Die Zeit des Bedeutungswandels bricht an. Im journalistischen Sprachgebrauch erweitert das Wort "Gentechnik" seinen Bedeutungsumfang und wird oft auch mit Fortpflanzungsmedizin gleichgesetzt (Retortenbabys, Leihmütter). Dafür engen die Journalisten die Bedeutung der "Eingriffe ins Erbgut" auf die menschliche Keimbahn ein.

- Das Thema besitzt jetzt starke öffentliche Relevanz. Der Expertenstreit um das vermutete Risiko erhöht das fachliche Niveau der Debatte. Auch die "Laien" müssen sich Experten suchen, die für sie die Diskussion führen. Der Gebrauch von Fachworten setzt sich weiter durch.

- Dramatisch-beschwörender Sprachgebrauch häuft sich. Die Berichterstattung schwankt zwischen hyperbolischem Sprachgebrauch, um aufzurütteln und gemäßigter Wortwahl, um der Gewöhnung oder gar Abstumpfung des Lesers entgegenzuwirken. Zukunftsvisionen in Form von (meist unrealistischen) Szenarien mit ausgeprägter Metaphorik haben Konjunktur.

- Die Gegner der Gentechnik übernehmen im Gegenzug zum Anfang die sprachliche Initiative. Besonders originelle Anspielungen und Neubildungen sind typisch für die TAZ. Viele bekommen Abzeichencharakter für eine kritische Haltung gegenüber der Gentechnik.

- Erklärungen werden immer seltener. Fachvokabular wird nicht mehr für erklärungsbedürftig gehalten, nur einzelne Forschungsprojekte bringen einen Schub von Erklärungen. Bewertungen stehen im Vordergrund der sprachlichen Auseinandersetzung mit dem Thema. Aus sprachwissenschaftlicher Perspektive stagniert die Kommunikation über das Thema am Ende der Modephase. Das Vermittlungslexikon ist so typisch, daß Wortschatz wie "nach Maß", "maßgeschneidert" oder "über die Artengrenze" sprachlich das Thema Gentechnik signalisieren. Metaphern wie das "Alphabet des Lebens" oder "Der achte Tag der Schöpfung" sind untrennbar mit der Gentechnik verknüpft. Für die öffentliche Diskussion des Themas hat die Presse sprachlich wesentliche Vermittlungsleistungen erbracht.

Die parallele, aber doch getrennte Beschreibung von Themenkarriere und Sprachkarriere in der vorliegenden Arbeit mag suggerieren, daß das eine ohne das andere möglich ist. Themenkarriere und Sprachkarriere sind jedoch voneinander abhängig: In den Köpfen der Menschen ist das Thema Gentechnik kaum ohne Worte denkbar.

So wie de Saussure unter einem sprachlichen Zeichen etwas Doppelseitiges versteht, das aus der Verbindung zweier Teile entsteht, so gehe ich in der Arbeit vor. Ein sprachliches Zeichen besteht aus einer Vorstellung und einem Lautbild (signifié und signifiant). Das sogenannte Bezeichnete und das Bezeichnende sind zwar abstrakt zu scheiden, doch untrennbar miteinander verknüpft.[11] Ebenso ist die gesonderte Untersuchung von Themen- und Sprachkarriere wie die Betrachtung zweier Seiten einer Medaille. Sie lassen sich zwar einzeln betrachten, sind aber untrennbar miteinander verbunden.

---

11   SAUSSURE, Grundfragen, S.77

Fazit

Die Debatte um die Gentechnik steckt in der Sackgasse. Gegensätzliche Einschätzungen wissenschaftlicher Fakten und unterschiedliche Wertvorstellungen der Beteiligten polarisieren die Diskussion. Immer wieder kommt es zu stereotypen Schuldzuschreibungen. Auch die Presse ist unter Beschuß geraten. Sie berichte emotional und einseitig. Tatsächlich verfolgt die Presse spezifische Strategien bei der Behandlung des Themas Gentechnik, die zudem Wandlungen im Zeitablauf unterliegen. Diese Strategien divergieren so stark, daß die angebliche Festlegung der Presse auf eine bestimmte Sichtweise nicht zutrifft. Richtig ist, daß eine konträre öffentliche Debatte auch die Presse zu deutlichen Stellungnahmen veranlaßt.

Die Schwäche der Medien ist, daß über die Aussagen der Konfliktbeteiligten hinaus, deren Interessen und Intentionen nicht transparent werden. Eindeutige Bewertungen von Aussagen Einzelner ersetzen keine sorgfältige Analyse der gegensätzlichen Positionen in der Debatte. Vielleicht fürchten die Medien, daß ihre Vermittlungsleistung überflüssig sei, wenn für den Leser durch argumentativen Stil der Artikel unüberbrückbare Meinungsverschiedenheiten bei den Beteiligten erkennbar würden. Hier liegt das entscheidende Defizit der Gentechnik-Berichterstattung. Ein Defizit, daß keinesfalls den Vorwurf der unkontrollierten Panikmache rechtfertigt. Die Art und Weise der Berichterstattung und die dort getroffenen Bewertungen bieten keine Indizien für eine Stratgie der Angsterzeugung. Die durch Wissenschaft und Technik in Gang gebrachten Veränderungen, haben eine kritische Diskussion provoziert. Soll die Presse eine Plattform für gesellschaftiche Konflikte sein, hat sie ihre Funktion bezüglich der Gentechnik erfüllt.

LITERATURVERZEICHNIS

AGRICOLA, Vom Text zum Thema
Agricola, Erhard: Vom Text zum Thema, in: Danes, Frantisek/Viehweger, Dieter (Hrsg.), Probleme der Textgrammatik, Berlin 1976, S.13-27

ALBRECHT, Die Zukunft der Nutzpflanzen
Albrecht, Stephan (Hrsg.): Die Zukunft der Nutzpflanzen. Biotechnologie in Landwirtschaft und Pflanzenzüchtung, Frankfurt/New York 1990, S.9-22

ALTIMORE, Comments on Press Coverage
Altimore, Michael: The Social Construction of a Scientific Controversy. Comments on Press Coverage of the Recombinant DNA Debate, in: Science, Technology & Human Values 7 (Fall 1982), S.24-31

AUER, Wissenschaftsjournalismus als Forschungsgebiet
Institut für Demoskopie Allensbach (Auer, Maria): Wissenschaftsjournalismus als Forschungsgebiet. Literaturbericht, Allensbach o.J (1979) (verv. Ms.)

AUGST/SIMON/WEGNER, Wissenschaft im Fernsehen - verständlich?
Augst, Gerhard/ Simon, Hartmut/ Wegner, Immo: Wissenschaft im Fernsehen - verständlich? Produktion und Rezeption der Wissenschaftssendung "Fortschritt der Technik - Rückschritt der Menschen?" unter dem Blickwinkel der Verständlichkeit, Frankfurt am Main, Bern, New York 1985

BAERNS, Öffentlichkeitsarbeit oder Journalismus?
Baerns, Barbara: Öffentlichkeitsarbeit oder Journalismus? Zum Einfluß im Mediensystem, Köln 1985

BAYER, Diskursthemen
Bayer, Josef: Diskursthemen, in: Weigand, Edda/ Tschauder, Gerhard, Perspektive: Textintern. Akten des 14. linguistischen Kolloquiums 1979, Tübingen 1979, S.213-224

BENES, Aspects
Benes, Eduard: On two aspects of functional sentence perspective, in: Travaux Linguistiques de Prague 3/1968, S.267-274

BERELSON, Content Analysis
Berelson, Bernard: Content Analysis and Communications Research, Glencoe 1952

BERG/KIEFER, Massenkommunikation III
Berg, Klaus/ Kiefer, Marie-Louise (Hrsg.): Massenkommunikation III. Eine Langzeitstudie zur Mediennutzung und Medienbewertung 1964-1985, Frankfurt am Main 1987

BERGENHOLTZ, Das Wortfeld Angst
   Bergenholtz, Henning: Das Wortfeld Angst. Eine lexikographische Untersuchung mit Vorschlägen für ein großes interdisziplinäres Wörterbuch der deutschen Sprache, Stuttgart 1980

BERGMANN, Ausdruck von Wertungen durch lexikalische Einheiten
   Bergmann, Christian: Ausdruck von Wertungen durch lexikalische Einheiten, in: Zeitschrift für Phonetik, Sprachwissenschaft und Kommunikationsforschung 36/1983, S.303-309

BLUMLER/KATZ, The Uses of Mass Communication
   Blumler, Jay G./ Katz, Elihu (Hrsg.) The Uses of Mass Communication, Beverly Hills 1974

BMFT, Biotechnologie ein neuer Weg in die Zukunft
   Bundesminister für Forschung und Technologie: Biotechnologie ein neuer Weg in die Zukunft. Fortschritt durch Forschung, Bonn 1984

BMFT, Richtlinien
   Bundesminister für Forschung und Technologie, Richtlinien zum Schutz vor Gefahren durch in-vitro-neukombinierte Nukleinsäuren, 5.überarbeitete Fassung, Köln 1986

BOTSCH, Herausforderung Gentechnologie
   Botsch, Walter: Herausforderung Gentechnologie. Methoden, Möglichkeiten, Risiken, Stuttgart 1989

BOYER/CHANG/COHEN/HELLING, Construction
   Boyer, Herbert W./ Chang, Annie C.Y./ Cohen, Stanley N./ Helling, Robert B.: Construction of Biologically Functional Bacterial Plasmids in Vitro, in: Proceedings of the National Academy of Sciences, Vol.70, November 1973, S.3240-3244

BRAUN, Tendenzen
   Braun, Peter: Tendenzen in der deutschen Gegenwartssprache. Sprachvarietäten, 2. Auflage Stuttgart/Berlin/Köln/Mainz, 1987

BRINKER, Linguistische Textanalyse
   Brinker, Klaus: Linguistische Textanalyse. Eine Einführung in Grundbegriffe und Methoden, Berlin 1985

BRINKER, Thematische Muster
   Brinker, Klaus: Thematische Muster und ihre Realisierung in Talkshowgesprächen, in: Zeitschrift für germanistische Linguistik Heft 16/1988, S.26-45

BRINKER/SAGER, Linguistische Gesprächsanalyse
   Brinker, Klaus/ Sager, Svend: Linguistische Gesprächsanalyse. Eine Einführung, Berlin 1989

BROCKHAUS Enzyklopädie
   Brockhaus Enzyklopädie in 20 Bänden, 17. Auflage des Grossen Brockhaus, Wiesbaden 1973

BRUNNER, Morgenwelt
Brunner, John: Morgenwelt, München 1989

VAN BUIREN, Kernenergie-Kontroverse
Buiren, Shirley van: Die Kernenergie-Kontroverse im Spiegel der Tageszeitungen. Inhaltsanalytische Auswertung eines exemplarischen Teils der Informationsmedien, München 1980

BUNDESTAG, Chancen und Risiken der Gentechnologie
Deutscher Bundestag: Chancen und Risiken der Gentechnologie. Der Bericht der Enquete-Kommission "Chancen und Risiken der Gentechnologie" des 10. Deutschen Bundestages, Bonn 1987

CLASSEN, Die vergiftete Meinung
Classen, Dorit: Die vergiftete Meinung. Eine kritische Analyse ereignisbezogener Berichterstattung von Massenmedien am Beispiel "Chemieunglück in Bhopal", Köln 1986

COHEN, Nuclear Journalism
Cohen, Bernard L.: Nuclear Journalism: Lies, Damned Lies, and News Reports, in: Policy Review, Vol.26/1983, S.70-74

COHEN, The Press, the Public and Foreign Policy
Cohen, Bernhard C.: The Press, the Public and Foreign Policy, Princeton 1963

VON CUBE, Doppelte Katastrophe
von CUBE, Alexander: Doppelte Katastrophe, in: Journalist Heft 6/1986, S.9

VAN DEN DAELE, Risikokommunikation Gentechnologie
Van den Daele, Wolfgang: Gutachten zur Problematik der Risikokommunikation im Bereich der Gentechnologie in der Bundesrepublik Deutschland, Arbeiten zur Risiko-Kommunikation, Heft 4, Jülich 1988

VAN DEN DAELE, Gentechnologie im Gesundheitsbereich
Van den Daele, Wolfgang: Gentechnologie im Gesundheitsbereich: Abschied von der Idee eines Moratoriums, in: GROSCH/HAMPE/SCHMIDT, Herstellung der Natur?, S.45-65

DEPENBROCK, Journalismus, Wissenschaft und Hochschule
Depenbrock, Gerd: Journalismus, Wissenschaft und Hochschule. Eine inhaltsanalytische Studie über die Berichterstattung in Tageszeitungen, Bochum 1976

DETSCH, Der Wissenschaftsdienst der Deutschen Presse-Agentur
Detsch, Ulrich: Der Wissenschaftsdienst der Deutschen Presse-Agentur. "Wissenschaft aus zweiter Hand". Angebot und Nachfrage im Vergleich. Journ. Diplomarbeit Eichstätt 1988 (verv. Ms.)

DIGGELMANN/SCHANNE/ZWINGLI, Aids in den Medien
 Diggelmann, Andreas/ Schanne, Michael/ Zwingli, Marcel: AIDS in den Medien. Eine inhaltsanalytische Untersuchung der Berichterstattung zum Thema AIDS in den Deutschschweizer Tageszeitungen, Zürich 1988

DÖHRING, "Aids" in Publikumszeitschriften
 Döhring, Edith: "Aids" in Publikumszeitschriften. Eine Inhaltsanalyse zur Karriere des Themas "Aids" in den Jahren 1983-1987. Magisterarbeit Berlin 1987 (verv. Ms.)

DRESSLER, Textlinguistik
 Dressler, Wolfgang: Einführung in die Textlinguistik, 2.Auflage Tübingen 1973

DUDEN, Deutsches Universalwörterbuch
 Duden, Deutsches Universalwörterbuch, 2. Auflage Mannheim/Wien/Zürich 1989

DUNWOODY, The Science Writing Inner Club
 Dunwoody, Sharon: The Science Writing Inner Club. A Communication link between Science and the Lay Public, in : Science, Technology & Human Values 5 (Winter 1982), S.14-22

EHLICH/REHBEIN, Wissen, kommunikatives Handeln und die Schule
 Ehlich, Konrad/ Rehbein, Jochen: Wissen, kommunikatives Handeln und die Schule, in: Goeppert, Herma C. (Hrsg.), Sprachverhalten im Unterricht, München 1977, S.36-114

ERLER, Zucker
 Erler, Rainer: Zucker. Roman einer süßen Katastrophe, München 1989

ESPE, Waldschadensbericht 1986
 Espe, Hartmut: Waldschadensbericht 1986: Eine Analyse der Pressereaktionen, Berlin (o.J.) 1987

FILLMORE, Verben des Urteilens
 Fillmore, Charles J.: Verben des Urteilens. Eine Übung in semantischer Beschreibung, in: Kiefer, Ferenc (Hrsg.), Semantik und generative Grammatik, Frankfurt am Main 1971, S.125-145

FIRBAS, Defining the theme
 Firbas, Jan: On defining the theme in functional sentence analysis, in: Travaux Linguistiques de Prague 1/1964, S.267-280

FLÖHL, Künstliche Horizonte
 Flöhl, Rainer: Künstliche Horizonte? Zum konfliktreichen Verhältnis zwischen Wissenschaft und Medien, in: Medium Heft 1/1990, S.22-28

FLÖTTMANN/HÖPKEN, Genmanipulation in den Presseorganen
 Flöttmann, Susanne/ Höpken, Heike: Untersuchungen der Berichterstattung über Genmanipulation in den Presseorganen "Das Beste",

"Bild der Wissenschaft", "Quick", "Der Spiegel", "Stern", "Die Tageszeitung" und "Die Zeit". Themenanalyse der in den Jahren 1970-1980 erschienenen Artikel mit anschließendem Rezeptionstest zur Verständlichkeit. Seminararbeit an der FU-Berlin 1982 (verv. Ms.)

FLÖTTMANN/HÖPKEN/ZERGES, Die davongelaufenen Wissenschaften
Flöttmann, Susanne/ Höpken, Heike/ Zerges, Kristina: Die davongelaufenen Wissenschaften zum Gebrauch wieder einfangen. Zur Berichterstattung über Genmanipulation, in: TU-Journal, November 1982, S.12-16

FREMUTH, Das manipulierte Leben
Fremuth, Wolfgang (Hrsg.): Das manipulierte Leben. Pflanze - Tier - Mensch. Die Gentechnik entläßt ihre Kinder, Köln 1988

FRIEDRICHSEN, Gentechnologie
Friedrichsen, Gisela: Gentechnologie. Chancen und Gefahren, Heidelberg 1988

FROITZHEIM, Natur - Horst Sterns Umweltmagazin
Froitzheim, Ulf J.: Natur - Horst Sterns Umweltmagazin. Die ersten zwei Jahre eines neuen Zeitschriftentyps. Journ. Diplomarbeit München 1983 (verv. Ms.)

FRÜH, Inhaltsanalyse
Früh, Werner: Inhaltsanalyse. Theorie und Praxis. Zweite Auflage München 1989

FÜHLAU, Die Sprachlosigkeit der Inhaltsanalyse
Fühlau, Ingunde: Die Sprachlosigkeit der Inhaltsanalyse. Linguistische Bemerkungen zu einer sozialwissenschaftlichen Analyse, Tübingen 1982

GALTUNG/RUGE, The Structure of Foreign News
Galtung, Johan/ Ruge, Marie Holmboe: The Structure of Foreign News. The Presentation of the Congo, Cuba and Cyprus Crisis in four Norwegian Newspapers, in: Journal of Peace Research, Heft 1/1965, S.64-90

GASSEN/MARTIN/SACHSE, Der Stoff, aus dem die Gene sind
Gassen, Hans Günter/ Martin, Andrea/ Sachse, Gabriele: Der Stoff, aus dem die Gene sind. Bilder und Erklärungen zur Gentechnik, München 1986

GERETSCHLAEGER, Das Bild von Wissenschaft und Technik
Geretschlaeger, Erich: Das Bild von Wissenschaft und Technik in den Massenmedien und in der öffentlichen Meinung seit 1945. Berlin 1979 (verv. Ms.)

GERETSCHLAEGER/GERETSCHLAEGER, Wissenschaftsjournalismus. Annotierte Auswahlbibliographie
Geretschlaeger, Erich/ Geretschlaeger, Ingrid: Wissenschaftsjournalismus. Annotierte Auswahlbibliographie/ Science Writing. Annotated Selected Bibliography, Salzburg 1978

GOETHE, Faust II
   Goethe, Johann Wolfgang von: Werke Band 3, Frankfurt am Main 1981

GOODELL, The Gene Craze
   Goodell, Anita Rae: The Gene Craze, in: Columbia Journalism Review Nov./December 1980, S.41-45

GOTTSCHLICH, Ökologie und Medien
   Gottschlich, Maximilian: Ökologie und Medien. Ein Neuansatz der Thematisierungsfunktion von Medien, in: Publizistik Heft 2-3/1985, S.314-329

GRABKA/SCHLOSSER, Sprache und technische Zukunft
   Grabka, Marion/ Schlosser, Horst Dieter: Sprache und technische Zukunft. Linguistische Technikfolgenforschung am Beispiel medizinischer Zeugungstechnik, in: Muttersprache Heft 2/1989, S.160-171

GROSCH/HAMPE/SCHMIDT, Herstellung der Natur?
   Grosch, Klaus/ Hampe, Peter/ Schmidt, Joachim (Hrsg.): Herstellung der Natur? Stellungnahmen zum Bericht der Enquete-Kommission "Chancen und Risiken der Gentechnologie", Frankfurt am Main/New York 1990

GRUHN, Wissenschaft und Technik in deutschen Massenmedien
   Gruhn, Werner: Wissenschaft und Technik in deutschen Massenmedien. Ein Vergleich zwischen der Bundesrepublik Deutschland und der DDR, Erlangen 1979

HALLER, Warner, Windmacher, Wissenschaftler
   Haller, Michael: Warner, Windmacher, Wissenschaftler. Die Karriere einer Hiobsbotschaft offenbart das gestörte Verhältnis zwischen Forschung und Öffentlichkeit, in: Die Zeit vom 23. März 1990, S.17-20

HALLER, Wie wissenschaftlich ist Wissenschaftsjournalismus?
   Haller, Michael: Wie wissenschaftlich ist Wissenschaftsjournalismus? Zum Problem wissenschaftsbezogener Arbeitsmethoden im tagesaktuellen Journalismus, in: Publizistik Heft 3/1987, S.305-319

HANNAPPEL/MELENK, Alltagssprache
   Hannappel, Hans/ Melenk, Hartmut: Alltagssprache. Semantische Grundbegriffe und Analysebeispiele. München 1979

HAß, Interessenabhängiger Umgang mit Wörtern
   Haß, Ulrike: Interessenabhängiger Umgang mit Wörtern in der Umweltdiskussion, in: Klein, Josef (Hrsg.), Politische Semantik, Opladen 1989, S.153-186

HAUX, Wissenschaftsjournalisten und Wissenschaftler
   Haux, Georg: Wissenschaftsjournalisten und Wissenschaftler. Zum Verhältnis der beiden Berufsgruppen am Beispiel des Themas Gentechnologie. Diplomarbeit München 1989 (verv. Ms.)

HENNIG/HUTH, Kommunikation als Problem
Hennig, Jörg/ Huth, Lutz: Kommunikation als Problem der Linguistik, Göttingen 1975

HENNIG/MÖHN u.a., Hint
Hennig, Jörg/ Möhn, Dieter/ Laskowski, Reiner/ Loebell, Peter/ Woisin, Matthias: Hint Hamburger Projektgruppe Informationstransfer, Projektberichte 1-4, unveröffent. MS, Hamburg 1982

HERMANNSDÖRFER, Pfauentänze
Hermannsdörfer, Elke: Pfauentänze, Stuttgart 1987

HOECHST, Die Spirale des Lebens
Hoechst AG, Die Spirale des Lebens, Kleines Brevier der Gentechnik, Frankfurt o.J.

HÖMBERG, Das verspätete Ressort
Hömberg, Walter: Das verspätete Ressort. Die Situation des Wissenschaftsjournalismus, Konstanz 1990

HÖMBERG, Glashaus oder Elfenbeinturm?
Hömberg, Walter: Glashaus oder Elfenbeinturm? Zur Entwicklung und zur Lage der Wissenschaftskommunikation, in: Schreiber, Erhard/ Langenbucher, Wolfgang R./ Hömberg, Walter (Hrsg.), Kommunikation im Wandel der Gesellschaft, 2.Auflage Konstanz 1985, S.79-96

HÖMBERG, Wissenschaftsjournalismus 1983-1988
Hömberg, Walter: Veröffentlichungen zum Wissenschaftsjournalismus 1983-1988. Eine Auswahlbibliographie, in: Ruß-Mohl, Stephan (Hrsg.), Wissenschaftsjournalismus und Öffentlichkeitsarbeit. Tagungsbericht zum 3.Colloquium Wissenschaftsjournalismus vom 4./5. November 1988 in Berlin, Stuttgart 1990, S.247-262

HOPPENKAMPS, Information oder Manipulation?
Hoppenkamps, Hermann: Information oder Manipulation? Untersuchungen zur Zeitungsberichterstattung über eine Debatte des Deutschen Bundestages, Tübingen 1977

HUBER, Technikbilder
Huber, Joseph: Technikbilder. Weltanschauliche Weichenstellungen der Technologie- und Umweltpolitik, Opladen 1989

HUXLEY, Brave New World
Huxley, Aldous: Brave New World, London 1977 (Original 1932)

JAUFMANN/KISTLER, Der Technikfeind - ein Phantom stürzt ab
Jaufmann, Dieter/ Kistler, Ernst: Der Technikfeind - ein Phantom stürzt ab, in: Wissenschaft in den Medien, Heft 3/1990, S.1-3

JAUFMANN/KISTLER/JÄNSCH, Wandel der Einstellungen
Jaufmann, Dieter/ Kistler, Ernst/ Jänsch, Günter: Jugend und Technik. Wandel der Einstellungen im internationalen Vergleich. Frankfurt am Main/New York 1989

JOERGES/BECHMANN/HOHLFELD, Technologieentwicklung
Joerges, Bernward/ Bechmann, Gotthard/ Hohlfeld, Rainer: Technologieentwicklung zwischen Eigendynamik und öffentlichem Diskurs. Kernenergie, Mikroelektroni und Gentechnologie in vergleichender Perspektive, in: Lutz, Burkhart (Hrsg.), Soziologie und gesellschaftliche Entwicklung, Frankfurt am Main/New York 1985, S.355-374

JONAS, Das Prinzip Verantwortung
Jonas, Hans: Das Prinzip Verantwortung. Versuch einer Ethik für die technologische Zivilisation. Frankfurt 1979

JUNG, Umweltdebatte
Jung, Matthias: Der öffentliche Sprachgebrauch und die Umweltdebatte in der BRD. Versuch der Kommunikationsgeschichte eines Themas, in: Sprache und Literatur in Wissenschaft und Unterricht Nr.63/1989, S.76-98

KÄRTNER, Wissenschaft und Öffentlichkeit
Kärtner, Georg: Wissenschaft und Öffentlichkeit. Die gesellschaftliche Kontrolle der Wissenschaft als Kommunikationsproblem. Eine Analyse anhand der Berichterstattung des Nachrichtenmagazins "Der Spiegel" und anderer Massenmedien. 2 Bände, Göppingen 1972

KEPPLINGER, Die Kernenergie in der Presse
Kepplinger, Hans Mathias: Die Kernenergie in der Presse. Eine Analyse zum Einfluß subjektiver Faktoren auf die Konstruktion von Realität, in: Kölner Zeitschrift für Soziologie und Sozialpsychologie, 40.Jg. 1988, S.659-683

KIENPOINTER, Argumentationsanalyse
Kienpointer, Manfred: Argumentationsanalyse. Innsbruck 1983

KLINGHOLZ, Die Welt nach Maß
Klingholz, Reiner (Hrsg.): Die Welt nach Maß. Gentechnik - Geschichte, Chancen, Risiken, Hamburg 1990

KRIMSKY, Genetic Alchemy
Krimsky, Sheldon: Genetic Alchemy. The Social History of the Recombinant DNA Controversy, Cambridge/London 1982

KRÜGER, Aus der Sicht der Wissenschaftler
Krüger, Jens: Wissenschaftsberichterstattung in aktuellen Massenmedien aus der Sicht der Wissenschaftler. Ergebnisse einer Befragung der Professoren der Johannes Gutenberg-Universität, Magisterarbeit Mainz 1985 (verv. Ms.)

KUNCZIK, Massenkommunikation
Kunczik, Michael: Massenmedien. Eine Einführung, Köln/Wien 1977

LAROCHE, Praktischer Journalismus
   La Roche, Walther von: Einführung in den praktischen Journalismus, 3. Auflage, München 1976

LANG-PFAFF, Dem Gen auf der Spur
   Lang-Pfaff, Christa: "Dem Gen auf der Spur": Biotechnologiepolitik und Sprache in der Bundesrepublik Deutschland. Eine politikwissenschaftliche Analyse der Biotechnologiedebatte 1984-1988, in: Opp de Hipt, Manfred/ Latniak, Erich (Hrsg.): Sprache statt Politik? Opladen 1991, S.91-121

LASKOWSKI, Methoden der Kommunikatanalyse
   Laskowski, Reiner: Methoden der Kommunikatanalyse. Zur Makrostruktur einer ausgesuchten Sendung, in: HENNIG/MÖHN et.al, Hint, S.81-99

LEWANDOWSKI, Linguistisches Wörterbuch
   Lewandowski, Theodor: Linguistisches Wörterbuch, 5. Auflage Heidelberg/Wiesbaden 1990

LIECKFELD/WITTCHOW, 427 - Im Land der grünen Inseln
   Lieckfeld, Claus-Peter/ Wittchow, Frank: 427 - Im Land der grünen Inseln. Roman über die absehbare Zukunft, München 1986

LÖTSCHER, Text und Thema
   Lötscher, Andreas: Text und Thema. Studien zur thematischen Konsistenz von Texten, Tübingen 1987

LUHMANN, Öffentliche Meinung
   Luhmann, Niklas: Öffentliche Meinung, in: Langenbucher, Wolfgang R. (Hrsg.), Politik und Kommunikation. Über die öffentliche Meinungsbildung, München/Zürich 1979, S.29-61

MALETZKE, Medienwirkungsforschung
   Maletzke, Gerhard: Medienwirkungsforschung. Grundlagen, Möglichkeiten, Grenzen, Tübingen 1981

MCCOMBS/SHAW, The Agenda-Setting Function of Mass Media
   McCombs, Maxwell E./ Shaw, Donald L.: The Agenda-Setting Function of Mass Media, in: Public Opinion Quarterly 36/1972, S.176-187

MEYERS großes Taschenlexikon in 24 Bänden
   Meyers grosses Taschenlexikon in 24 Bänden, 3.Auflage Mannheim/Wien/Zürich 1990

MEYN, Massenmedien
   Meyn, Hermann: Massenmedien in der Bundesrepublik Deutschland, Berlin 1985

MÖHN/PELKA, Fachsprachen
   Möhn, Dieter/ Pelka, Roland: Fachsprachen. Eine Einführung, Tübingen 1984

NARR, Verständlichkeit im Magazinjournalismus
  Narr, Andreas: Verständlichkeit im Magazinjournalismus. Probleme einer rezipientengerechten Berichterstattung im Hörfunk. Frankfurt/Bern/New York/Paris 1988

NAWRATIL, Reproduktionsmedizin und Genforschung
  Nawratil, Ute: "Wenig Lärm um viel". Die Berichterstattung über Reproduktionsmedizin und Genforschung. Vergleichende Inhaltsanalyse. Magisterarbeit München 1987 (verv. Ms.)

NELKIN, Selling Science
  Nelkin, Dorothy: Selling Science. How the Press covers Science and Technology. New York 1987

OLIVER/WARD, Wörterbuch der Gentechnik
  Oliver, Stephen G./ Ward, John M.: Wörterbuch der Gentechnik, Stuttgart 1988

OVERHOFF, Die Politisierung des Themas Kernenergie
  Overhoff, Klaus: Die Politisierung des Themas Kernenergie. Regensburg 1984

PETERS, Verarbeitung und Verbreitung von Wissenschaftsnachrichten am Beispiel von 20 Forschungseinrichtungen
  Peters, Hans Peter: Entstehung, Verarbeitung und Verbreitung von Wissenschaftsnachrichten am Beispiel von 20 Forschungseinrichtungen, Jülich 1984

PETERS, Risiken der Kernenergie
  Peters, Hans Peter: Kommunikation über die Risiken der Kernenergie, Arbeiten zur Risiko-Kommunikation, Heft 13, Jülich 1990

PETERS, Der massenmediale Umgang mit technischen Risiken
  Peters, Hans Peter: Der massenmediale Umgang mit technischen Risiken, Arbeiten zur Risiko-Kommunikation, Heft 14, Jülich 1990

PETERS/HENNEN, Tschernobyl in der öffentlichen Meinung
  Peters, Hans Peter/ Hennen, Leo: "Tschernobyl in der öffentlichen Meinung der Bundesrepublik Deutschland - Risikowahrnehmung, politische Einstellungen und Informationsbewertung, Spezielle Berichte Nr.551, Jülich 1990

PETERS/HENNEN, Orientierung unter Unsicherheit
  Peters, Hans Peter/ Hennen, Leo: Orientierung unter Unsicherheit. Bewertung der Informationspolitik und Medienberichterstattung nach "Tschernobyl", in: Kölner Zeitschrift für Soziologie und Sozialpsychologie, Heft 2/1990, S.300-312

PETERS/KRÜGER, Transfer wissenschaftlichen Wissens
  Peters, Hans Peter/ Krüger, Jens: Der Transfer wissenschaftlichen Wissens in die Öffentlichkeit aus der Sicht von Wissenschaftlern. Ergebnisse einer Befragung der wissenschaftlichen Mitarbeiter der Kernforschungsanlage Jülich, Jüich 1985

PFETSCH, Volkszählung
    Pfetsch, Barbara: Volkszählung `83: Ein Beispiel für die Thematisierung eines politischen Issues in den Massenmedien, in: Klingemann, Hans-Dieter/ Kaase, Max (Hrsg.), Wahlen und politischer Prozeß. Analysen aus Anlaß der Bundestagswahl 1983, Opladen 1986, S.201-231

PFUND/HOFSTADTER, Biomedical Innovation and the Press
    Pfund, Nancy/ Hofstadter, Laura: Biomedical Innovation and the Press, in: Journal of Communication, Spring 1981, S.138-154

PÖRKSEN, Deutsche Naturwissenschaftssprachen
    Pörksen, Uwe: Deutsche Naturwissenschaftssprachen. Historische und kritische Studien, Tübingen 1986

QUASTHOFF, Analyse des Stereotyps
    Quasthoff, Uta: Soziales Vorurteil und Kommunikation. Eine sprachwissenschaftliche Analyse des Stereotyps. Frankfurt 1973

RADKAU, Hiroshima und Asilomar
    Radkau, Joachim: Hiroshima und Asilomar. Die Inszenierung des Diskurses über die Gentechnik vor dem Hintergrund der Kernenergiekontroverse, in: Geschichte und Gesellschaft Heft 14/1988, S.329-363

RAGER, Kommentar ohne Meinung
    Rager, Günther: Kommentar ohne Meinung, in: Journalist Heft 10/1987, S.36-38

RAGER/KLAUS/THYEN, Der Reaktorunfall in Tschernobyl
    RAGER, Günther/ Klaus, Elisabeth/ Thyen, Elmar: Thema: Kernenergie. Der Reaktorunfall in Tschernobyl und seine Folgen in den Medien. Eine inhaltsanalytische Untersuchung. Dortmund o.J. (1987) (verv. Ms.)

REHBOCK, Tagespresse am Beispiel Gentechnologie
    Rehbock, Ruth: Wissenschaftsberichterstattung in der Tagespresse am Beispiel Gentechnologie, Abschlußarbeit an der Universität Hohenheim, 1988 (verv. Ms.)

RENCKSTORF, Neue Perspektiven in der Massenkommunikationsforschung
    Renckstorf, Karsten: Neue Perspektiven in der Massenkommunikationsforschung. Beiträge zur Begründung eines alternativen Forschungsansatzes, Berlin 1977

RIFKIN, Genesis zwei
    Rifkin, Jeremy: Genesis zwei. Biotechnik - Schöpfung nach Maß, Hamburg 1988

RIPFEL, Was heißt Bewerten?
    Ripfel, Martha: Was heißt Bewerten?, in: Deutsche Sprache Heft 15/1987, S.151-177

ROSENBLADT, Biotopia
   Rosenbladt, Sabine: Biotopia. Die genetische Revolution und ihre Folgen für Mensch, Tier und Umwelt, München 1988

ROSENFIELD/ZIFF/VAN LOON, Genetik für Anfänger
   Rosenfield, Israel/ Ziff, Edward/ Van Loon, Borin: Genetik für Anfänger, Hamburg 1984

DE ROSNAY, Biokit
   de Rosnay, Joel: Der Biokit. Eine Reise in die Molekularbiologie. Frankfurt/New York 1985

RÖTHLEIN, Kernenergie
   Röthlein, Brigitte: Kernenergie - ein Thema der öffentlichen Meinung. Beschreibung und Analyse eines Kommunikationsprozesses. München 1979

RUHRMANN, "Aidsmäuse und Schlimmeres"
   Ruhrmann, Georg: "Aidsmäuse und Schlimmeres". Risikokommunikation über Gentechnologie - ein systematischer Zugang, in: Medium Heft 1/1990, S.36-38

RUß-MOHL, Was ist Wissenschaftsjournalismus?
   Ruß-Mohl, Stefan: Was ist überhaupt Wissenschaftsjournalismus?, in: RUß-MOHL, Wissenschaftsjournalismus, S.12-15

RUß-MOHL, Wissenschaftsjournalismus
   Ruß-Mohl, Stephan (Hrsg.): Wissenschaftsjournalismus. Ein Handbuch für Ausbildung und Praxis, 2. Auflage München 1986

SANDIG, Ausdrucksmöglichkeiten des Bewertens
   Sandig, Barbara: Ausdrucksmöglichkeiten des Bewertens. Ein Beschreibungsrahmen im Zusammenhang eines fiktionalen Textes, in: Deutsche Sprache Heft 7/1979, S.137-159

SAUSSAURE, Grundfragen
   Saussure, Ferdinand de: Grundfragen der allgemeinen Sprachwissenschaft, Berlin 1931, zweite Auflage 1967 (franz. Original 1916)

SAXER et.al., Massenmedien und Kernenergie
   Saxer, Ulrich/ Gantenbein, Heinz/ Gollmer, Martin/ Hättenschwiler, Walter/ Schanne, Michael: Massenmedien und Kernenergie. Journalistische Berichterstattung über ein komplexes, zur Entscheidung anstehendes, polarisiertes Thema, Stuttgart/Bern 1986

SCHARIOTH/UHL, Medien und Technikakzeptanz
   Scharioth, Joachim/ Uhl, Harald (Hrsg.): Medien und Technikakzeptanz, München/Oldenbourg 1988

SCHIPPAN, Lexikologie
   Schippan, Thea: Lexikologie der deutschen Gegenwartssprache, 2. Auflage Leipzig 1987

SCHMIDT, Verantwortung des Forschung
 Schmidt, Helmut: Verantwortung der Forschung für die Zukunft der Gesellschaft, in: DFG-Mitteilungen, Heft 3/1977, S.I-VIII

SCHMIDT, Umweltthemen in der öffentlichen Diskussion
 Schmidt, Peter M.: Umweltthemen in der öffentlichen Diskussion, Konstanz 1985

SCHÖBERLE, Argumentieren - Bewerten - Manipulieren
 Schöberle, Wolfgang: Argumentieren - Bewerten - Manipulieren. Eine Untersuchung in linguistischer Kommunikationstheorie am Beispiel von Texten und von Text-Bild-Zusammenhängen aus der britischen Fernsehwerbung. Heidelberg 1984

SCHÖNBACH, Das unterschätzte Medium
 Schönbach, Klaus: Das unterschätzte Medium. Politische Wirkungen von Presse und Fernsehen im Vergleich. München/New York/London/Paris 1983

SCHULZ, "Agenda Setting" und andere Erklärungen
 Schulz, Winfried: "Agenda-Setting" und andere Erklärungen. Zur Theorie der Medienwirkung, in: Rundfunk und Fernsehen Heft 2/1984, S.206-213

SCHULZ, Konstruktion von Realität
 Schulz, Winfried: Die Konstruktion von Realität in den Nachrichtenmedien. Analyse der aktuellen Berichterstattung, Freiburg/München 1976

SCHÜTZ, Deutsche Tagespresse 1989
 Schütz, Walter J.: Deutsche Tagespresse 1989, in: Media Perspektiven Heft 12/89, S.748-775

SHELLEY, Frankenstein or The Modern Prometheus
 Shelley, Mary: Frankenstein or The Modern Prometheus. Oxford 1969 (Original 1816-1818)

SIMMEL, Doch mit den Clowns kamen die Tränen
 Simmel, Johannes Mario: Doch mit den Clowns kamen die Tränen, München 1987

SONDERGELD, Wirtschafts- und Sozialberichterstattung
 Sondergeld, Klaus: Die Wirtschafts- und Sozialberichterstattung in den Fernsehnachrichten. Eine theoretische und empirische Untersuchung zur politischen Kommunikation, Münster 1982

STEGER, Sprache im Wandel
 Steger, Hugo: Sprache im Wandel, in: Sprache und Literatur in Wissenschaft und Unterricht Nr.63/1989, S.3-30

STÖTZEL, Konkurrierender Sprachgebrauch
Stötzel, Georg: Konkurrierender Sprachgebrauch in der deutschen Presse. Sprachwissenschaftliche Textinterpretationen zum Verhältnis von Sprachbewußtsein und Gegenstandskonstitution, in: Stötzel, Georg, Schulbezogene Sprachwissenschaft, Düsseldorf 1982, S.135-151

STÖTZEL, Normierungsversuche
Stötzel, Georg: Normierungsversuche und Berufungen auf Normen bei öffentlicher Thematisierung von Sprachverhalten, in: Polenz, Peter von/ Erben, Johannes/ Goossens, Jan, Sprachnormen: lösbare und unlösbare Probleme. Kontroversen um die neuere deutsche Sprachgeschichte. Dialektologie und Soziolinguistik: Die Kontroverse um die Mundartforschung, Tübingen 1986, S.86-100

STRAUß/HAß/HARRAS, Brisante Wörter
Strauß, Gerhard/ Haß, Ulrike/ Harras, Gisela
Brisante Wörter von Agitation bis Zeitgeist. Ein Lexikon zum öffentlichen Sprachgebrauch, Berlin/New York 1989

STRAUß/ZIFONUN, Themen, Meinungen, Wörter der Zeit
Strauß, Gerhard/ Zifonun, Gisela: Themen, Meinungen, Wörter der Zeit, in: Sprachreport Heft 1/1989, S.35-42

TEICHERT, Tschernobyl in den Medien
Teichert, Will: Tschernobyl in den Medien. Ergebnisse und Hypothesen zur Tschernobyl-Berichterstattung, in: Rundfunk und Fernsehen, Heft 2/1987, S. 185-204

THORBRIETZ, Vernetztes Denken
Thorbrietz, Petra: Vernetztes Denken im Journalismus. Journalistische Vermittlungsdefizite am Beispiel Ökologie und Umweltschutz, Tübingen 1986

THUMSHIRN, Biotechnik - Was ist das Überhaupt?
Thumshirn, Werner: Biotechnik - Was ist das Überhaupt?, in: PM Perspektive Biotechnik, Sonderheft 1990, S.6-21

THURAU, Wer kontrolliert die Industrie?
Thurau, Martin (Hrsg.): Gentechnik - Wer kontrolliert die Industrie?, Frankfurt am Main 1989

THURAU, Gute Argumente: Gentechnologie
Thurau, Martin: Gute Argumente: Gentechnologie, München 1990

VOWE, Verlauf, Struktur und Funktion der Enquete-Kommission
Vowe, Gerhard: Die Sicherung öffentlicher Akzeptanz. Verlauf, Struktur und Funktion der Enquete-Kommission "Chancen und Risiken der Gentechnologie", in: Politische Bildung, Heft 2/1989, S.49-62

WAGNER/STARKULLA, Medizin & Medien
Wagner, Hans/ Starkulla, Heinz (Hrsg.): Medizin & Medien. Krankt die Gesundheit am Journalismus?, München 1984

WEBER, Was sind Biotechnologie und Gentechnologie?
  Weber, Alfred: Was sind Biotechnologie und Gentechnologie?, in: Uni HH Forschung, Wissenschaftsberichte aus der Universität Hamburg XXI/1987, S.34-35

WEIDENBACH/TAPPESER, Der achte Tag der Schöpfung
  Weidenbach, Thomas/ Tappeser, Beatrix: Der achte Tag der Schöpfung. Die Gentechnik manipuliert unsere Zukunft. Köln 1989

VON WEIZSÄCKER, Lob des Fehlers
  Weizsäcker, Christine von: Lob des Fehlers, in: ROSENBLADT, Biotopia, S.152-161

WELDON, Die Klone der Joanna May
  Weldon, Fay: Die Klone der Joanna May. München 1990

WILDENMANN/WIDMAIER, Randgruppenpublizistik
  Wildenmann, Rudolf/ Widmaier, Brigitta: Bericht zum Projekt Wissenschafts- und Technologiethemen der Randgruppenpublizistik. Forschungsstelle für gesellschaftliche Entwicklungen der Universität Mannheim o.J. (1988), (verv.Ms.)

WINNACKER, Gene und Klone
  Winnacker, Ernst-Ludwig: Gene und Klone. Eine Einführung in die Gentechnologie, Basel 1984

WRIGHT, rDNA and its Social Transformation
  Wright, Susan: Recombinant DNA Technology and its Social Transformation, 1972-1982, in: Osiris, 2nd series 2/1986, S.303-360

WRIGHT, Sozialgeschichte der Kontroverse
  Wright, Susan: Die Sozialgeschichte der Kontroverse um die rekombinante DNS in den USA, in: Kollek, Regine/ Tappeser, Beatrix/ Altner, Günter (Hrsg.), Die ungeklärten Gefahrenpotentiale der Gentechnologie. Dokumentation eines öffentlichen Fachsymposions vom 7.-9. März 1986 in Heidelberg, München 1986, S.177-187

ZENK, Dankesrede Körberpreis 1989
  Zenk, Meinhart: (ohne Titel) Dankesrede bei der Preisvergabe des Förderpreises für die Europäische Wissenschaft am 1. September 1989 von der Körber-Stiftung Hamburg (verv. Ms.)

ZILLIG, Bewerten
  Zillig, Werner: Bewerten. Sprechakttypen der bewertenden Rede. Tübingen 1982

GLOSSAR

Adenin: Einer der vier "Bausteine" (Basen), aus denen die DNS zusammengesetzt ist. Die anderen drei heißen Cytosin (C), Guanin (G) und Thymin (T). Bei einem RNS-Strang übernimmt Uracil (U) den Platz des Thymin

Aminosäure: Bausteine der Einweiße, kettenartig miteinander verbunden, bestimmen den Charakter des Eiweißmoleküls

BST: Bovines Somatotropin, gentechnisch hergestelltes Rinderwachstumhormon

Chimäre: Lebewesen, das aus Zellen von zwei oder mehr Individuen zusammengesetzt ist, ursprünglich Fabeltier der griechischen Sage

Chromosom: Fadenförmiges, aus DNA und Proteinen aufgebautes Molekül im Zellkern, das das Erbgut enthält. Körperzellen enthalten stets einen vollständigen Chromosomensatz (beim Menschen 2 x 23 homologe Chromosomen), Keimzellen (Spermien und Eizellen) enthalten nur den halben

DNS: Desoxyribonukleinsäure, aus Nukleotiden aufgebautes Molekül, das aus zwei gegenläufigen, komplementären Ketten besteht, die über Wasserstoffbrückenbindungen zu einer Schraube (Doppel-Helix) verbunden sind. Die DNS ist der Träger der Erbinformation (englisch DNA: desoxyribonucleic acid)

Enquetekommissionen: Der Bundestag setzt Enquetekommissionen zur Vorbereitung von Entscheidungen über umfangreiche und komplexe Sachverhalte ein, wenn mindestens ein Viertel der Abgeordneten dies beantragt

Exon: Der Teil der DNS, der die tatsächliche Erbinformation trägt. Die Gene höherer Lebewesen sind mit Bereichen, den sogenannten Introns, durchsetzt, die informationslos sind.

Faktor VIII: Blutgerinnungsförderndes Präparat

Fermenter: Behälter von 10 bis 10 000 Liter Größe, in denen Mikroorganismen-Kulturen unter optimalen Produktionsbedingungen herangezüchtet werden

Gen: Abschnitt auf der DNS, der die Information zur Synthese einer RNS oder eines Proteins (Eiweißstoff) enthält

Gen-Ethisches Netzwerk: Parteiunabhängiger Informationsdienst über Entwicklungen im Bereich der Gentechnik, Gesetzgebungsvorhaben und Bürgerinitiativen. Das Gen-Ethische Netzwerk gibt den Informationsdienst GID heraus

Genom: Das gesamte genetische Material einer Zelle

Gensonde: Radioaktiv markierte DNA als Probe bei der Suche nach einem Gen

Gentherapie: Methoden zum gentechnischen Austausch von Erbinformation in Körper- oder Keimbahnzellen zu medizinischen Zwecken

Gen-Zentren: Vom Bundesforschungsministerium und der Industrie finanziert, entstanden seit 1982 in München, Köln, Heidelberg, Hamburg und Berlin, Forschungsinstitute, in denen Grundlagenforschung betrieben wird

Insulin: Hormon aus der Bauchspeicheldrüse, das den Blutzuckerspiegel reguliert

Interferon: Körpereigene Substanz, die den Immunstatus beeinflußt

Intron: Siehe Exon

in-vitro: Außerhalb natürlicher Umweltbedingungen; "im Reagenzglas"

in-vitro-Fertilisation: Verschmelzung von Ei- und Samenzelle im Reagenzglas, außerhalb der Gebärmutter. Deshalb auch extrakorporale Befruchtung genannt

in-vivo: Unter natürlichen Bedingungen

Klon: Kolonie genetisch einheitlicher Zellen, die sich von einer einzigen Zelle ableiten

Klonieren: Erzeugung genetisch identischer Zellen durch ungeschlechtliche Vermehrung

Nukleinsäuren: RNS oder DNS; aus einzelnen Nukleotiden aufgebautes Molekül

Nukleotid: Bausteine der Nukleinsäuren, der jeweils aus einer Base (siehe Adenin), einen Zuckermolekül und ein bis drei Phosphatgruppen besteht

Öko-Institut: Unabhängiges, weitgehend durch Spenden finanziertes Institut in Freiburg und Darmstadt, das die Risiken von Großtechniken und die Einsatzmöglichkeiten alternativer Techniken erforscht

Plasmid: Meist ringförmige DNA-Struktur, bei Bakterien meist außerhalb des eigentlichen Genoms. In der Gentechnik häufig als Vektor benutzt

Polymerase-Ketten-Reaktion (PCR): Methode, um Erbgut zu analysieren und schnell zu kopieren

Pränatale Diagnostik: Vorgeburtliche Untersuchung des Fötus

Restriktionsenzyme: bakterielle Enzyme, die eine bestimmte Abfolge auf der DNS erkennen und dort den Nukleinsäurestrang spalten. Die R. sind wichtige Instrumente in der Gentechnik, sie erlauben die Isolierung von spezifischen DNS-Fragmenten

Retroviren: Viren, die ihre Erbsubstanz in einem Einzelstrang aus RNS speichern. Ein viruseigenes Enzym namens Reverse Transkriptase übersetzt die RNS in einen Doppelstrang aus DNS, der sich dann in dem Chromosom der Wirtszelle einnistet

Ribozyme: Ribonukleinsäuren, die Teile aus sich selbst herausschneiden und die Enden wieder zusammensetzen können. Dabei müssen keine Enzyme (Eiweißstoffe) anwesend sein

RNS: Ribonukleinsäure, eine einsträngige Nukleinsäure. Kommt in der Zelle als Boten-, Transfer und ribosomale RNS vor

Screening: Experimentelle systematische Suche nach einem genetischen Merkmalen mit biologischen, chemischen oder physikalischen Methoden

Sequenzierung: Bestimmung der Bausteinfolge in einem Molekül

Somatische Gentherapie: Behandlung an Genen der Körperzellen (nicht an Keimzellen)

Springende Gene: Siehe Transposon

Stickstoff-Fixierung: Bestimmte Bakterien können mit Hilfe des Enzyms Nitrogenase den Stickstoff der Atmosphäre zu Ammoniak umsetzen. Dieser dient Pflanzen als Nährstoff

Transgene Tiere: Tiere mit neuen Eigenschaften als Ergebnis gentechnischer Eingriffe an der befruchteten Eizelle

Transposon: Bewegliche genetische Elemente, die von Chromosom zu Chromosom springen können

Vektor: DNS-Molekül, das als Empfänger für fremde DNA dienen kann. Vektoren sind meist Plasmide oder Retroviren

Viren: Kleinste Krankheitserreger, die nur durch den Befall von Tieren bzw. Pflanzen fortpflanzungsfähig sind

Zellfusion: Künstlich eingeleitetes Verschmelzen mindestens zweier Zellen

Zusammengestellt aus:

FRIEDRICHSEN, Gisela: Gentechnologie

KLINGHOLZ, Reiner (Hrsg.): Die Welt nach Maß

ROSENBLADT, Sabine (Hrsg.): Biotopia

THURAU, Martin (Hrsg.): Wer kontrolliert die Industrie?

SPRACHE IN DER GESELLSCHAFT
BEITRÄGE ZUR SPRACHWISSENSCHAFT

Herausgegeben von Jörg Hennig, Erich Straßner und Rainer Rath

Band 1 Rolf Haubl: Gesprächsverfahrensanalyse. Ein Beitrag zur sprachwissenschaftlichen Sozialforschung. 1982.

Band 2 Maria Biel: Vertrauen durch Aufklärung. Analyse von Gesprächsstrategien in der Aufklärung über die freiwillige Sterilisation von Frauen in einer Klinik. 1983.

Band 3 Rainer Rath (Hrsg.): Sprach- und Verständigungsschwierigkeiten bei Ausländerkindern in Deutschland. Aufgaben und Probleme einer interaktionsorientierten Zweitspracherwerbsforschung. 1983.

Band 4 Heimke Schierloh: Das alles für ein Stück Brot. Migrantenliteratur als Objektivierung des "Gastarbeiterdaseins". Mit einer Textsammlung. 1984.

Band 5 Marita Tjarks-Sobhani: Schule lernen. Eine Beschreibung von Aneignungsprozessen situationsbezogenen Sprachhandelns. 1985.

Band 6 Jens Petersen: Sprache in der gesellschaftsorientierten Öffentlichkeitsarbeit. 1986.

Band 7 Ulrike Mühlen: Talk als Show. Eine linguistische Untersuchung der Gesprächsführung in den Talkshows des deutschen Fernsehens. 1985.

Band 8 Eva Neugebauer: Mitspielen beim Zuschauen. Analyse zeitgleicher Sportberichterstattung des Fernsehens. 1986.

Band 9 Wolfgang Ebner: Kommunikative Probleme tagesaktueller Berichterstattung im Fernsehen. Dargestellt am Beispiel der LANDESSCHAU BADEN-WÜRTTEMBERG. 1986.

Band 10 Friederike Batsalias-Kontés: Sprechhandlungen griechischer Grundschüler in deutscher und griechischer Sprache. Eine empirische Untersuchung. 1988.

Band 11 Jobst Thomas: Denn sie leben ja voneinander. Analyse von Sport-Interviews im Zweiten Deutschen Fernsehen und im Fernsehen der DDR. 1988.

Band 12 Andreas Narr: Verständlichkeit im Magazinjournalismus. Probleme einer rezipientengerechten Berichterstattung im Hörfunk. 1988.

Band 13 Matthias Woisin: Das Fernsehen unterhält sich. Die Spiel-Show als Kommunikationsereignis. 1989.

Band 14 Nobuya Otomo: Interlinguale Interferenzerscheinungen im Bereich der Aussprache bei ausländischen Studenten. Untersucht bei Japanern und Englischsprachlern. 1990.

Band 15 Annette Verhein: Das politische Ereignis als historische Geschichte. Aktuelle Auslandskorrespondentenberichte des Fernsehens in historiographischer Perspektive. 1990.

Band 16 Ludwig Kohlbrecher: Differenzen. Untersuchungen zum Sprachbau der Geschlechter. 1990.

Band 17 Peter-Alexander Möller: Bedeutungen von Einstufungen in qualifizierten Arbeitszeugnissen. Möglichkeitsbedingungen zur Identität sprachlicher Zeichen als Problem einer pragmalinguistischen Untersuchung von normierten Texten. Eine empirische Fallstudie. 1990.

Band 18 Ulrich Nill: Die "geniale Vereinfachung". Anti-Intellektualismus in Ideologie und Sprachgebrauch bei Joseph Goebbels. 1991.

Band 19 Ute Burmester: Schlagworte der frühen deutschen Aufklärung. Exemplarische Textanalyse zu Gottfried Wilhelm Leibniz. 1992.

Band 20 Kirsten Brodde: Wer hat Angst vor DNS? Die Karriere des Themas Gentechnik in der deutschen Tagespresse von 1973 – 1989. 1992.